U0360626

新时代外国语言文学
新发展研究丛书

总主编　罗选民　庄智象

功能话语研究新发展

黄国文　赵蕊华 / 著

清华大学出版社
北　京

内容简介

本书讨论了新时代背景下功能话语研究的新发展和新趋势，突出功能话语研究的问题导向、跨学科融合以及本土化特点。本书由理论介绍、研究近况和实证分析三个部分构成。理论介绍部分梳理了语篇分析和话语分析的研究背景，厘清了与语篇分析和话语分析相关的基本概念，讨论了功能话语研究的含义、主要理论假定和科学研究方法。研究近况部分主要展示了近十年来功能话语研究的状况，重点讨论了功能话语研究的分析路径和研究领域的发展以及一些重点话语类型的扩展和理论的细化。实证分析部分主要是关于翻译语篇分析、多模态语篇分析、生态语篇分析以及和谐话语分析的探索。

本书既重视对经典话语分析文献的理解和阐释，更关注功能话语研究目前的成果，同时对功能话语研究的未来发展做出预测。本书将理论结合实践，具有很强的实用性，可供从事话语分析、功能语言学、生态语言学和翻译等研究的人员参考。

版权所有，侵权必究。举报：010-62782989，beiqinquan@tup.tsinghua.edu.cn。

图书在版编目（CIP）数据

功能话语研究新发展 / 黄国文，赵蕊华著. —北京：清华大学出版社，2021.10
（新时代外国语言文学新发展研究丛书）
ISBN 978-7-302-57382-1

Ⅰ. ①功… Ⅱ. ①黄… ②赵… Ⅲ. ①话语语言学－研究 Ⅳ. ① H0

中国版本图书馆 CIP 数据核字（2021）第 020290 号

策划编辑：郝建华
责任编辑：郝建华 曹诗悦
封面设计：黄华斌
责任校对：王凤芝
责任印制：宋 林

出版发行：清华大学出版社
网 址：http://www.tup.com.cn, http://www.wqbook.com
地 址：北京清华大学学研大厦 A 座 **邮 编：**100084
社 总 机：010-62770175 **邮 购：**010-62786544
投稿与读者服务：010-62776969, c-service@tup.tsinghua.edu.cn
质量反馈：010-62772015, zhiliang@tup.tsinghua.edu.cn
印 刷 者：大厂回族自治县彩虹印刷有限公司
装 订 者：三河市启晨纸制品加工有限公司
经 销：全国新华书店
开 本：155mm×230mm **印 张：**22.25 **字 数：**338 千字
版 次：2021 年 11 月第 1 版 **印 次：**2021 年 11 月第 1 次印刷
定 价：128.00 元

产品编号：088052-01

中国英汉语比较研究会
“新时代外国语言文学新发展研究丛书”

编委会名单

总主编

罗选民　庄智象

编　委

（按姓氏拼音排序）

蔡基刚　陈　桦　陈　琳　邓联健　董洪川

董燕萍　顾曰国　韩子满　何　伟　胡开宝

黄国文　黄忠廉　李清平　李正栓　梁茂成

林克难　刘建达　刘正光　卢卫中　穆　雷

牛保义　彭宣维　冉永平　尚　新　沈　园

束定芳　司显柱　孙有中　屠国元　王东风

王俊菊　王克非　王　蔷　王文斌　王　寅

文秋芳　文卫平　文　旭　辛　斌　严辰松

杨连瑞　杨文地　杨晓荣　俞理明　袁传有

查明建　张春柏　张　旭　张跃军　周领顺

总　序

外国语言文学是我国人文社会科学的一个重要组成部分。自1862年同文馆始建,我国的外国语言文学学科已历经一百五十余年。一百多年来,外国语言文学学科一直伴随着国家的发展、社会的变迁而发展壮大，推动了社会的进步，促进了政治、经济、文化、教育、科技、外交等各项事业的发展，增强了与国际社会的交流、沟通与合作，每个发展阶段无不体现出时代的要求和特征。

20世纪之前，中国语言研究的关注点主要在语文学和训诂学层面，由于“字”研究是核心，缺乏区分词类的语法标准，语法分析经常是拿孤立词的意义作为基本标准。1898年诞生了中国第一部语法著作《马氏文通》，尽管“字”研究仍然占据主导地位，但该书宣告了语法作为独立学科的存在，预示着语言学这块待开垦的土地即将迎来生机盎然的新纪元。1919年，反帝反封建的“五四运动”掀起了中国新文化运动的浪潮，语言文学研究（包括外国语言文学研究）得到蓬勃发展。中华人民共和国成立后，尤其是改革开放以来，外国语言文学学科的发展势头持续迅猛。至20世纪末，学术体系日臻完善，研究理念、方法、手段等日趋科学、先进，几乎达到与国际研究领先水平同频共振的程度，取得了令人瞩目的成绩，有力地推动和促进了人文社会科学的建设，并支持和服务于改革开放和各项事业的发展。

无独有偶，在处于转型时期的“五四运动”前后，翻译成为显学，成为了解外国文化、思想、教育、科技、政治和社会的重要途径和窗口，成为改造旧中国的利器。在那个时期，翻译家由边缘走向中国的学术中心，一批著名思想家、翻译家，通过对外国语言文学的文献和作品的译介塑造了中国现代性，其学术贡献彪炳史册，为中国学术培育做出了重大贡献。许多西方学术理论、学科都是经过翻译才得以为中国高校所熟悉和接受，如王国维翻译教育学和农学的基础读本、吴宓翻译哈佛大学白璧德的新人文主义美学作品等。这些翻译文本从一个侧面促成了中国高等教育学科体系的发展和完善，社会学、人类学、民俗学、美学、教育学等，几乎都是在这一时期得以创建和发展的。翻译服务对于文化交流交融和促进文明互鉴，功不可没，而翻译学也在经历了语文学、语言学、文化学等转向之后，日趋成熟，如今在让中国了解世界、让世界了解中国，尤其是“一带一路”建设、人类命运共同体构建，讲好中国故事、传递好中国声音等方面承担着重要使命与责任，任重而道远。

20 世纪初，外国文学深刻地影响了中国现代文学的形成，犹如鲁迅所言，要学普罗米修斯，为中国的旧文学窃来“天国之火”，发出中国文学革命的呐喊，在直面人生、救治心灵、改造社会方面起到不可替代的作用。大量的外国先进文化也因此传入中国，为塑造中国现代性发挥了重大作用。从清末开始特别是“五四运动”以来，外国文学的引进和译介蔚然成风。经过几代翻译家和学者的持续努力，在翻译、评论、研究、教学等诸多方面成果累累。改革开放之后，外国文学研究更是进入繁荣时代，对外国作家及其作品的研究逐渐深化，在外国文学史的研究和著述方面越来越成熟，在文学理论与文学批评的译介和研究方面、在不断创新国外文学思想潮流中，基本上与欧美学术界同步进展。

外国文学翻译与研究的重大意义，在于展示了世界各国文学的优秀传统，在文学主题深化、表现形式多样化、题材类型丰富化、批评方法论的借鉴等方面显示出生机与活力，显著地启发了中国文学界不断形成新的文学观，使中国现当代文学创作获得了丰富的艺术资源，同时也有力地推动了高校相关领域学术研究的开展。

进入 21 世纪，中国的外国语言学研究得到了空前的发展，不仅及时引进了西方语言学研究的最新成果，还将这些理论运用到汉语研究的实践；不仅有介绍、评价，也有批评，更有审辨性的借鉴和吸收。英语、汉语比较研究得到空前重视，成绩卓著，“两张皮”现象得到很大改善。此外，在心理语言学、神经语言学和认知语言学等与当代科学技术联系紧密的学科领域，外国语言学学者充当了排头兵，与世界分享语言学研究的新成果和新发现。一些外语教学的先进理念和语言政策的研究成果为国家制定外语教育政策和发展战略也做出了积极的贡献。

习近平总书记指出：“要着力推进国际传播能力的建设，创新对外宣传方式，加强话语体系建设，着力打造融通中外的新概念新范畴新表述，讲好中国故事，传播好中国声音，增强在国际上的话语权。”为贯彻这一要求，教育部近期提出要全面推进新工科、新医科、新农科、新文科等建设。新文科概念正式得到国家教育部门的认可，并被赋予新的内涵和定位，即以全球新技术革命、新经济发展、中国特色社会主义新时代为背景，突破传统的文科思维模式与文科建构体系，创建与新时代、新思想、新科技、新文化相呼应的新文科理论框架和研究范式。新文科具备传统文科和跨学科的特点，注重科学技术、战略创新和融合发展，立足中国，面向世界。

新文科建设理念对外国语言文学学科建设提出了新目标、新任务、新要求、新格局。具体而言，新文科旗帜下的外国语言文学学科的发展目标是：服务国家教育发展战略的知识体系框架，兼备迎接新科技革命的挑战能力，彰显人文学科与交叉学科的深度交融特点，夯实中外政治、文化、社会、历史等通识课程的建设，打通跨专业、跨领域的学习机制，确立多维立体互动教学模式。这些新文科要素将助推新文科精神、内涵、理念得以彻底贯彻落实到教育实践中，为国家培养出更多具有融合创新的专业能力，具有国际化视野，理解和通晓对象国人文、历史、地理、语言的人文社科领域外语人才。

进入新时代，我国外国语言文学的教育、教学和研究发生了巨大变化，无论是理论的探索和创新，方法的探讨和应用，还是具体的实验和实践，都成绩斐然。回顾、总结、梳理和提炼一个年代的学术发展，尤其是从理论、方法和实践等几个层面展开研究，更有其学科和学术价值及现实和深远意义。

鉴于上述理念和思考，我们策划、组织、编写了这套“新时代外国语言文学新发展研究丛书”，旨在分析和归纳近十年来我国外国语言文学学科重大理论的构建、研究领域的探索、核心议题的研讨、研究方法的探讨，以及各领域成果在我国的应用与实践，发现目前研究中存在的主要不足，为外国语言文学学科发展提出可资借鉴的建议。我们希望本丛书的出版，能够帮助该领域的研究者、学习者和爱好者了解和掌握学科前沿的最新发展成果，熟悉并了解现状，知晓存在的问题，探索发展趋势和路径，从而助力中国学者构建融通中外的话语体系，用学术成果来阐述中国故事，最终产生能屹立于世界学术之林的中国学派！

本丛书由中国英汉语比较研究会联合上海时代教育出版研究中心组织研发，由研究会下属29个二级分支机构协同创新、共同打造而成。罗选民和庄智象审阅了全部书稿提纲；研究会秘书处聘请了二十余位专家对书稿提纲逐一复审和批改；黄国文终审并批改了大部分书稿提纲。

本丛书的作者大都是知名学者或中青年骨干，接受过严格的学术训练，有很好的学术造诣，并在各自的研究领域有丰硕的科研成果，他们所承担的著作也分别都是迄今该领域动员资源最多的科研项目之一。本丛书主要包括“外国语言学”“外国文学”“翻译学”“比较文学与跨文化研究”和“国别和区域研究”五个领域，集中反映和展示各自领域的最新理论、方法和实践的研究成果，每部著作内容涵盖理论界定、研究范畴、研究视角、研究方法、研究范式，同时也提出存在的问题，指明发展的前景。总之，本丛书基于外国语言文学学科的五个主要方向，借助基础研究与应用研究的有机契合、共时研究与历时研究的相辅相成、定量研究与定性研究的有效融合，科学系统地概括、总结、梳理、提炼近十年外国语言文学学科的发展历程、研究现状以及未来的发展趋势，为我国外国语言文学学科高质量建设与发展呈现可视性极强的研究成果，以期在提升国家软实力、构建人类命运共同体过程中承担起更重要的使命和责任。

感谢清华大学出版社和上海时代教育出版研究中心的大力支持。我们希望在研究会与出版社及研究中心的共同努力下，打造一套外国语言文学研究学术精品，向伟大的中国共产党建党一百周年献上一份诚挚的厚礼！

罗选民 庄智象

2021 年 6 月

前　言

本书讨论了在新时代的背景下功能话语研究的新发展，翻译成英文就是 *New Developments of Functional Discourse Studies (in the New Era)*。这里有几个关键词需要说明："新时代""功能""话语""话语研究"和"新发展"。

"新时代"对于本书而言，有三个方面的含义：第一，话语研究与广义上的"政治"关系密切，话语分析者的世界观、人生观、价值观、生态观等都直接影响其对话语的分析、研究和解释；第二，话语研究是在新时代的背景下进行的，要与中国发展、中国走进世界舞台中央和构建话语体系密切联系起来；第三，话语研究要涉及"中国话语"和"话语中国化"等重要概念。关于"新时代"的含义将贯穿于本书的各章之中。鉴于以上三个方面的含义，我们所尊崇的理论、所作的分析和所提供的解释都反映了今天中国话语研究者的价值判断和人生哲学。本书的理论基础是系统功能语言学（Systemic-Functional Linguistics），该理论的创始人韩礼德（M. A. K. Halliday）是马克思主义语言学家，他的理论是新马克思主义语言学理论。本书的讨论表明，话语研究是有价值取向的，主要是基于定性研究的，不过近年来的成果也显示出定量研究的作用日益重要。

"功能"（function）有不同的含义，也有不同的解释。本书采用这样的观点：功能话语研究属于功能主义（functionalism）的研究范畴，具体来说，就是韩礼德的系统功能语言学所采用的语言观。我们认同麦蒂森等人（Matthiessen et al.，2016）关于"功能"的解释："功能"作为术语，有两个不同但相关的意义，一个指语言的使用，这是外在功能（extrinsic functionality）；另一个指语言的内部组织，这是内在功能（intrinsic functionality）。在系统功能语言学中，"功能"通常用于表述内在的功能，即语言系统和语言的内部组织，其中非常重要的是元功能（也称纯理功能）概念，包括概念功能、人际功能和语篇功能。就话语研究而言，外在的功能需要特别的重视。

"话语"在本书中的基本意思是交际中的语言使用，按照韩礼德的说法，“话语”是被视为社会文化过程的语篇（“discourse” is text that is being viewed as a socio-cultural process）（Halliday，2013：55）。根据韩礼德的解释，“话语”（discourse）和“语篇”（text）这两个术语指的是同一个实体（the same entity），但通常是从不同的角度来看待它们的。由于“话语”和“语篇”这两个术语无论是在国外还是在国内都没有普遍认同的定义，所以我们在本书中用“话语”来指英语中的discourse，用“语篇”来指text。但是，在有些地方，这两个术语也可以互换使用，差别不大，因为本质上它们指的是同一个实体。

本书所说的“话语研究”与学界普遍所说的“语篇分析”和“话语分析”相似多于差异。我们所说的功能话语研究，也与一般的语篇分析和话语分析一样，一方面，其研究涉及或借鉴语言学以外的学科的研究成果；另一方面，其研究领域和研究维度也在不断扩大。但是，有一点必须指出：很多话语分析者都认为语篇分析、话语分析和话语研究是语言学理论的应用，或者把它们看作是相对于理论语言学的广义的应用语言学；这就是说，语篇分析、话语分析和话语研究与某一语言学理论是分开的，一个是理论，另一个是对理论的应用；按照这种观点，对于语篇分析、话语分析和话语研究，分析者可以随意选择不同学派的理论、观点和方法来作为其分析的理论支撑或理论解释。学界还有另外一种观点，就是认为语篇分析、话语分析和话语研究是一门独立于语言学以外的学科。我们不认同这两种观点。本书所讨论的功能话语研究，是在韩礼德理论指导下的语篇和话语研究，因此我们认同韩礼德（Halliday，2008：192）的观点，并接受话语研究（语篇分析、话语分析）是系统功能语言学的一个组成部分的说法；这就是说，理论与实践（分析、应用）是一个整体的两个界面，就像气候和天气都属于同一现象一样，或者说是一个硬币的两面。从这一点看，本书所作的话语研究属于系统功能语言学的研究范畴。

“新发展”在本书中的含义是，随着话语研究的迅猛发展，研究的范围越来越广，本书要对最近这些年的话语研究活动有所描述和展现。本书讨论的“翻译语篇分析”（第6章）、“生态话语分析”（第8章）和“和谐话语分析”（第9章）都属于“新发展”的内容。这些内容在很多其他关于语篇分析和话语分析的著作中都没有专门讨论或很少涉及。

本书共由10章组成。第1章对语篇分析和话语分析的一些研究背景和概念进行了梳理，为后面 9 章的讨论提供了研究基础。第 2 章对功能话语研究作了勾画和简单介绍，主要讨论了功能话语研究的理论支撑和功能的概念，并通过一些例子分析说明什么是功能话语研究。第 3 章介绍了功能话语研究的主要理论假定，重点讨论了作为其理论支撑的系统功能语言学的语境思想、韩礼德的马克思主义语言学思想和三大元功能思想，为第 6 章、第 7 章、第 8 章和第 9 章的实证分析打下基础。第 4 章探讨了功能话语研究的科学研究方法，除了展示对作为样本和作为成品的话语和语篇的分析步骤之外，还详细讨论了功能话语研究的三维视角，并通过例子分析演示三维视角的实际操作方式。第 5 章介绍了功能话语研究的成果，包括近年来学术组织的发展、学术会议的召开和学术团队的形成，并利用数据展示近十年来国内外功能话语研究的分析路径和研究领域的发展，还对一些重点话语类型的扩展和理论的细化进行讨论。第 6 章专门对翻译语篇（译文）进行功能分析，讨论的重点是源语篇与翻译语篇的"元功能对等"（metafunctional equivalence），即经验功能对等（the equivalence of experiential metafunction）、人际功能对等（the equivalence of interpersonal metafunction）、语篇功能对等（the equivalence of textual metafunction）、逻辑功能对等（the equivalence of logical metafunction）问题，分析的例子既有日常生活和现代小说的片段，也有典籍英译例子（如唐诗英译和《论语》英译）。第 7 章是对多模态语篇展开的功能分析，主要利用三大元功能（涉及语言和图像）讨论商业广告和公益广告（包括纯文字模式、文字 + 图片模式和视频模式）中处理非人类动物角色的手段。第 8 章是有关生态主题的功能话语分析，主要从批评的视角展示生态语篇和商业语篇中反映和构建生态问题的语言特征。第 9 章是对我们提出的本土化理论——和谐话语分析（harmonious discourse analysis）的应用实践，讨论了如何在系统功能语言学的框架下从和谐的视角展开分析。本章选取了一个汉语语篇和一个英语语篇，用以展示该分析路径在不同语境下的适用性。本书的最后一章是我们对功能话语研究的思考，主要涉及三个方面的内容：一是以问题为导向的功能话语研究；二是与功能话语研究有关的学科交叉融合问题；三是语言分析与话语研究之间的关系。

本书由两位作者分工合作完成，其中黄国文负责全书的整体设计和前言、第 1 章、第 2 章、第 6 章和第 10 章的撰写，赵蕊华负责第 3 章、

第 4 章、第 5 章、第 7 章、第 8 章和第 9 章的撰写。我们多次就全书的内容、体例、分析的例子等问题进行讨论，最终达成共识。定稿前我们通读了本书的各个章节。

感谢中国英汉语比较研究会和清华大学出版社推出“新时代外国语言文学新发展研究丛书”，给我们提供了撰写本书的机会。感谢上海交通大学杨炳钧教授对本书初稿提出宝贵的建议和修改意见。感谢本书的责任编辑郝建华编审对本书提出的意见和建议以及给予我们各方面的支持和帮助。

黄国文 赵蕊华

2020 年 12 月

目　录

图目录

表目录

第 1 章
语篇分析与话语分析

1.1 引言

本书讨论的是“功能话语研究”问题，与话语分析、篇章分析、文本分析、话语研究、语篇分析、篇章语言学和话语语言学都有密切的关系。纵观过去几十年的语言研究文献，与这些关键词相关的论著非常多，涉及的问题也是纷繁多样。我们于 2020 年 10 月 12 日在 CNKI 数据库对这七个关键词进行搜索，得到与此相关的出版物数目情况如表 1–1 所示：

表 1–1　与话语分析和语篇分析等关键词相关的出版物数量（篇）

关键词	出版物来源	
	学术期刊、学位论文、会议、报纸、图书	学术期刊
话语分析	12494	9451
篇章分析	7508	6622
文本分析	6777	4330
话语研究	6238	5536
语篇分析	5585	3782
篇章语言学	638	135
话语语言学	31	26

从表 1–1 可以看出，这些话题是很多人感兴趣的。但是对于大多数人而言，表中的七个关键词的内涵和外延以及它们之间的关系是模糊

的、不易分清的。本章将回顾“话语”与“语篇”的定义，并初步讨论“话语分析”和“话语研究”，目的是为本书的研究做必要的背景介绍，并为接下来的各章奠定研究基础。

1.2 “话语”与“语篇”

关于术语“话语”与“语篇”以及其他相关的术语（如篇章、文本、篇章分析、语篇分析、文本分析、话语分析、话语研究、篇章语言学、话语语言学）的使用，国内外都没有比较普遍认同的看法。本节主要对这两个术语的相关问题进行梳理。

1.2.1 哈里斯的“Discourse Analysis”

要讨论 discourse（这里翻译为“话语”），应该从哈里斯（Zellig Sabbetai Harris）的研究和他于 1952 年在美国的《语言》（*Language*）杂志上发表的题为《话语分析》（“Discourse Analysis”）（Harris，1952）的文章说起。

哈里斯 1909 年 10 月 23 日出生于乌克兰西南部巴尔塔（Balta），1992 年 5 月 22 日在美国纽约逝世。他 1913 年随父母移居美国宾夕法尼亚州费城。先后在宾夕法尼亚大学获得学士、硕士和博士学位。1931 年起在其母校任教，并于 1966 年成为语言学教授，主要从事布龙菲尔德（Leonard Bloomfield）的结构主义语言学（structuralist linguistics）研究，其研究成果之一是发现音素（phoneme）和语素（morpheme）的“线性分布关系”（the linear distributional relations）。

哈里斯的《结构语言学方法》（*Methods in Structural Linguistics*）（Harris，1951）奠定了他作为理论语言学家的学术声誉。在随后的话语分析研究中，哈里斯建议使用转换（transformation）作为将其描述性分析方法扩展到跨句子边界的一种方法。他是明确提倡“话语分析”的第一人，也是开创“转换分析”的第一人。哈里斯在学界的声誉，一方面是因为他的学术研究（尤其是他 1951 年出版的《结构语言学方法》

一书和 1952 年发表的《话语分析》一文），另一方面是因为他是乔姆斯基（Noam Chomsky）的老师。由于哈里斯和乔姆斯基的师生关系，一些语言学家认为乔姆斯基的转换语法是受到哈里斯的影响，因此乔姆斯基关于“转换”的概念也就没有普遍所描述的那样具有如此巨大的革命性或原创性。另外一些人则认为，哈里斯和乔姆斯基是在不同的语境中根据不同的目的发展了自己的语言学理论。对于哈里斯来说，转换关系到表层结构的句子形式，而不是像转换语法那样将深层结构转换为表层结构的手段。

哈里斯 1952 年关于话语分析文章的第一段话是这样说的：

> This paper presents a method for the analysis of connected speech (or writing). The method is formal, depending only on the occurrence of morphemes as distinguishable elements; it does not depend upon the analyst's knowledge of the particular meaning of each morpheme. By the same token, the method does not give us any new information about the individual morphemic meanings that are being communicated in the discourse under investigation. But the fact that such new information is not obtained does not mean that we can discover nothing about the discourse but how the grammar of the language is exemplified within it. For even though we use formal procedures akin to those of descriptive linguistics, we can obtain new information about the particular text we are studying, information that goes beyond descriptive linguistics. (Harris, 1952: 1)

> 这篇论文提出了一种分析连续言语（或文字）的方法。这种方法是形式化的，只依赖于作为可区分成分的语素的出现；它不依赖于分析者对每个语素特定意义的了解。同样，这种方法并没有给我们提供任何关于正在被研究的话语中被传达的个体语素意义的新信息。但是，虽然没有获得这些新的信息，这并不意味着我们不能发现关于话语的任何东西，我们可以发现语言的语法是如何在话语中体现出来的。因为即使我们使用类似于描写语言学的形式程序，也可以获得关于我们所研究的特定语篇的新信息，而这些信息超出了描写语言学的范畴。

从哈里斯上面这段话可以看出，结构分析是很有意义的，句与句之间的关系与句中的成分分布情况是很值得研究的。

哈里斯在文章中还说到：

> One can approach discourse analysis from two types of problem, which turn out to be related. The first is the problem of continuing descriptive linguistics beyond the limits of a single sentence at a time. The other is the question of correlating "culture" and language (i.e. non-linguistic and linguistic behavior). (Harris, 1952: 1)
>
> 话语分析可以从两类相互关联的问题入手。第一类问题是超越句子层面继续使用描写语言学。另一类是文化与语言（即非语言和语言行为）的关联问题。

20世纪50年代初期的结构主义语言学和描写语言学一般只研究句子内部成分之间的关系，即把句子作为语法研究的最大单位。在哈里斯看来，语言学探索的本意是研究不同成分之间的相互关系，这些成分可以出现在一个句子中，也可以出现在不同的句子中；因此，有必要超越句子的界限，把研究范围扩大。至于文化与语言的关系，这也是应该引起语言学研究者注意的。20世纪50年代初期的描写语言学，并不是很关心文化与语言的关系问题；而语言都是处于一定的文化语境当中的，也是文化传承的载体，因此有必要考虑文化与语言的关系。

哈里斯的《话语分析》（Harris，1952）一文的重要贡献在于：他开启了话语分析的先河，打破了语言研究以句子为最大单位的局限。从历史的角度看，在那个几乎人人都认为句子就是语法研究的最大单位的美国，哈里斯能够冲破句子的局限研究语言和话段（utterance），是具有很大的学术胆识和学术勇气的。

在这篇著名的文章中，哈里斯同时使用discourse和text这两个英语单词，如在第30页（Harris，1952：30）中就有这么一句话："Discourse analysis yields considerable information about the structure of a text or a type of text, and about the role that each element plays in such a structure."（话语分析产生了大量关于语篇结构或语篇类型的信息，以及每个元素在这种结构中所起的作用的信息）。

1.2.2 关于 discourse 和 text

术语 discourse 是当今人文社会科学领域最重要的概念之一，它经常出现在不同学科的英文著作中。或许正是因为它的这种普遍性，不同的学科在使用该术语和概念时，很少有人对它进行准确的界定，而是把它默认为作者和读者所共有和共知的概念。因此，很多学者（如 Schiffrin，1994：5）认为，discourse 是一个最宽泛、也最缺少界定的概念。因此，要对它进行准确的定义是非常困难的，这主要源于其使用的多样性以及不同学科背景下的人的使用。如上面（1.2.1 节）所述，作为学术术语，英语中的 discourse 来自美国学者哈里斯的 "Discourse Analysis" 一文；虽然哈里斯也使用 text 这个词，但它并不是作为一个专门术语出现的。

作为术语的 text（即 text analysis 或 text linguistics）起源于德国。第一个使用 text linguistics 的学者是德国语言学家哈特曼（Peter Hartmann），他于 1964 年发表了题为《单语篇、多语篇及语篇类型》（"Text, Texte, Klassen von Texten"）的著名论文，后来他被认为是 text linguistics 的创始人（参见 Vitacolonna，1988：423）。

据我们所见到的文献，有很多人（包括 Widdowson，2004，2012）试图严格区分 discourse 和 text（本书分别翻译为"话语"和"语篇"）这两个术语，但他们所提出的区分并未被普遍接受。我们不妨看看几个相关定义。

贝克和埃利斯（Baker & Ellece，2016：33–34）认为 discourse（话语）这一术语用得比较松散，表达几个相关的意思。他们从七个方面对 discourse 进行定义，其中前四个与本书的讨论关系紧密：

（1）在最普遍的用法中，discourse 可以指任何形式的使用中的语言（Brown & Yule，1983）或自然产生的语言。

（2）discourse 还可以更具体地指口头语言。斯塔布斯（Stubbs，1983：9）对 discourse 和 text 作了区分：discourse 是互动的，而 text 则是非互动的独白。

（3）discourse 是 "language above the sentence or above the clause"（句子之上或小句之上的语言）（Stubbs，1983：1）。

（4）discourse也可以用来指代语言使用的特定语境，从这个意义上说，它与体裁或文本类型等概念相似。

从贝克和埃利斯（Baker & Ellece，2016：33–34）这四个定义看，话语是使用中的语言，指的是口头语言，是互动的，它大于句子或小句，用于特定的语境中。

席夫林等人（Schiffrin et al.，2001：1）认为，discourse的所有定义大抵可以分为三类：一是句子以上的形式单位；二是语言使用；三是一种更广泛的社会实践。

这三种不同的定义反映了观察话语的三种不同视角，具有重要的理论与实践意义。第一种定义主要受形式主义和结构主义的影响，从结构角度去审视话语，关注话语的形式和结构特征。哈里斯（Harris，1952）所说的话语分析就属于这一种。第二种定义主要受功能主义和交际语言观的影响，突出语言在交际中的作用，强调人们如何在具体的语境中，通过话语完成特定的交际目的和交际任务。韩礼德（Halliday，1985）所作的有关讨论就属于这一种。第三种定义主要指构建现实的话语，即话语反映社会实践。根据这一观点，话语并不仅仅是一个创造意义的过程；人们还通过它来建构社会身份、社会关系和社会现实。话语研究的目的是研究人们如何通过话语来构建、维持和颠覆特定的现实、存在的权势关系以及人们信奉和践行的信念和价值观。费尔克劳夫（Fairclough，1989）所作的话语分析就属于这一种。

这三种视角既相互关联，又相互独立。如果只研究话语的结构和意义，其实际意义就有所限制；如果不了解话语是如何组织的，以及人们如何在具体的语境中使用语言来做事，就很难对权势和意识形态做出具体的解释。

这些不同的视角引出了话语分析的不同研究路径。顾名思义，话语分析是用来分析话语的研究。但话语分析并不只代表一种分析方法，而更是一组分析方法的集合。一般认为，话语分析是指在语境中研究语言的使用。话语分析之所以成为一门独立的学科，不仅仅源于它所包含的一系列关于语料收集和分析的方法和实践，还源于它所蕴含的一些基本假设。如果不了解这些基本的理论假设，话语分析就有可能被当作用来分析话语的一些零散的实证方法。

库克（Cook，1994：24–25）对话语和语篇进行了区分。他认为：话语是使用中的语言片段，它在语境中为使用者呈现意义，并被他们理解为有目的、有意义和相互联系的。而语篇指语言中的一段语言形式以及对它们的解释，这种解释不因语境而变化。库克的这种区分是很有意义的，但威多森（Widdowson，2012）说得更加清楚。

威多森（Widdowson，2012：4–7）也对话语和语篇进行区分，他首先对 text 进行定义："A text can be defined as an actual use of language, as distinct from a sentence which is an abstract unit of linguistic analysis."（语篇可以定义为语言的实际使用，不同于句子，句子是语言分析的抽象单位。）他接着又说，"We identify a piece of language as a text as soon as we recognize that it has been produced for a communicative purpose. But we can identify a text as a purposeful use of language without necessarily being able to interpret just what is meant by it."（一旦我们认识到一个语言片段是为了交际目的而产生的，我们就认为它是一个语篇。但是，我们可以把语篇看作是一种有目的的语言使用，而不必解释它所表达的意思。）

威多森在这里所说的有两点很重要：一是语篇是用于交际的，因此它与用于语言分析的抽象单位的句子是不同的；二是我们即使无法理解语篇表达的意义，也可以断定它是个交际行为。我们不妨举个例子来说明威多森在这里所说的意思。

假设有这样一个情景：有一个人（A）站在海边眺望星空，另外一个人（B）在不远处看到 A，他（B）大声对着 A 喊："Qid, xuuu yuuu feee errr!"。在这里，"Qid, xuuu yuuu feee errr!" 就是一个语篇，它用于交际（B 对 A 传递某一信息）。作为话语分析者，我们可以断定它是用于交际的，B 说这个话段是有目的和意义的，应该是要引起 A 的注意（如"危险，不要站得太近！"）或者是一种提醒（如"注意，这里水很深！"）或警告（如"小心，海里有鲨鱼！"）等。如果是同样的情景，但 B 不是大声地对着 A 喊，而是轻声地说或者羡慕地说，"Daq, errr feee yuuu xuuu."，我们同样知道它是用于交际的，B 说这个话段是有目的和有意义的，可能是 B 在表达自己的感叹（如"嗯，这才是忙里偷闲。"）

或评论（如“我觉得，此人有故事。”）或赞美（如“啊，这是一幅美景。”）等。

在定义了 text 之后，威多森（Widdowson，2012：6）接着解释了 text 与 discourse 的关系，他认为人们制作语篇来传递信息，表达想法和信仰，解释某些事情，让他人做某些事情或以某种方式思考等。我们可以把这种有交际目的的复杂过程称为话语的基础，因为它是产生话语的动力。但是在信息的接收端，读者或听众必须从语篇中找到所表达的意义，使之成为一种交际的现实。换句话说，他们必须把语篇解释为在他们看来是有意义的话语。根据这种观点，语篇不包含意义，而是用在话语之间，起中介作用。按照我们对这个观点的理解，语篇的发出者是有特定的目的的，他是出于一定的交际动机来发出语篇的，但是，他的意义能否被信息的接收者所理解，主要是取决于接收者；这就是说，读者或听众根据自己的认知、能力、判断和预测来理解语篇。正因为这样，威多森（Widdowson，2012：6）说，“Texts... do not contain meaning”（语篇不包含意义）。这点从上面举的“Qid, xuuu yuuu feee errr!”和“Daq, errr feee yuuu xuuu.”可以得到证明。

在定义并解释了 text 之后，威多森（Widdowson，2012：7）就给 discourse 做出这样的定义：“the term discourse is taken here to refer both to what a text producer meant by a text and what a text means to the receiver”（话语这个术语既指语篇生产者使用语篇所要表达的意思，也指语篇对接收者意味着什么）。按照这个定义，从语篇的角度看，上面的“Qid, xuuu yuuu feee errr!”传递了 B（语篇发出者）所要表达的意思，是有交际目的的；但从话语的角度看，“Qid, xuuu yuuu feee errr!”究竟是表达引起注意或者是提醒或者是警告，这完全在于 A（受话人）的理解。

从理论上说，威多森（Widdowson，2012：4–7）对话语和语篇的区分是清晰的，但是在实际操作中，还是有问题的。我们不妨举个简单的例子。现在我们写下“She has written a poem.”这个英语句子。这是个句子，从语法来说它是个简单句、陈述句、主动句、完整句等。但它是不是 text？它可以是抽象句型（如主谓宾结构中的“X does Y”）的体现形式，也可以是用于实际交际过程中的语篇（如发话人告诉受话人说，某人写了一首诗）。这是因为，我们可以用这个句子来告诉读者（学英语的学生），这是一个简单句、陈述句、主动句、完整句等，它有别于复合句（如 “She has written a poem and she is writing a novel.” 或 “Although she has written a poem she is not a poet.”）、疑问句（如 “Has she written a poem?”）、被动句（如 “The poem has been written by her.”）、省略句（如对话中的 she has：“A: Has she written a poem? / B: Yes, she has”）。课堂上教师读出（或写下）“She has written a poem.” 这句话，肯定是有交际动机的，因此这一句话就从句子变成了语篇再变成了话语。从人类社会的交际活动来说，每一句话或每个话段都发生在一定的交际语境景中，是离不开话语出现的场景的。既然有场景，就有语篇的发话者和语篇的接收者。

1.2.3 其他学者的观点

有很多话语分析者想区分 discourse 和 text，但其实都觉得不容易，所以很多时候就按照自己的理解方式去区分，或者有时就不区分了；至于学界是否认同，那是另外一回事。

斯塔布斯（Stubbs，1996：4）指出，在语言学中，诸如 discourse 和 text 等术语的使用方式有很大的差异；有时，这种术语的变化标志着重要的概念区别，但事实往往又不是这样的；关于术语的辩论通常没有什么意义；这些术语和概念上的区别只会偶尔与自己的论点相关，当它们与自己的论点相关时，就会提请读者注意。从斯塔布斯所说的看，很明显，他不想严格给 discourse 和 text 下定义。但是，由于斯塔布斯（Stubbs，1996）没有对二者进行严格的区分，所以威多森（Widdowson，2004：5）对这种观点作了尖刻的批评。威多森说：对斯塔布斯来说，text 和 discourse 这对术语是 “confusing and ambiguous”（令人困惑和模棱两可的），但这并不重要，因为对他来说，text 和 discourse 没有什么本质上的区别——他 1983 年的书（Stubbs，1983）叫作《话语分析》（*Discourse Analysis*），他后来的书（Stubbs，1996）在书名中却又用了语篇分析（text analysis）这一术语；很显然，在他自己的著作中，这两个术语没有区别，他似乎对其他人的著作中所作的区别持怀疑的态度。从我们所接触的文献看，斯塔布斯所采取的态度虽然有些“模糊”，但也是有其原因的。当大家都不想或无法对 text 和 discourse 做出明确的区分时，选择不区分也是一种态度。

理查德等人（Richards et al.，1992/2000）在《朗文语言教学与应用语言学词典》（*Longman Dictionary of Language Teaching and Applied Linguistics*）中分别对 discourse 和 text 进行定义：

> Discourse: a general term for examples of language use, i.e. language which has been produced as the result of an act of communication. Whereas grammar refers to the rules a language uses to form grammatical units such as CLAUSE, PHRASE, and SENTENCE, discourse refers to larger units of language such as paragraphs, conversations, and interviews. (Richards et al., 1992/2000: 138–139)
>
> 话语：语言使用实例的总称，即交际行为所产生的语言。语法指的是一种语言用来形成语法单位的规则，如小句、短语和句子，而话语是指较大的语言单位，如段落、对话和访谈。
>
> Text: a piece of spoken or written language. A text may be considered from the point of view of its structure and/or its functions, e.g. warning, instructing, carrying out a transaction. A full understanding of a text is often impossible without reference to the context in which it occurs. A text may consist of just one word, e.g. DANGER on a warning sign, or it may be of considerable length, e.g. a sermon, a novel, or a debate. (Richards et al., 1992/2000: 474–475)
>
> 语篇：一种口头语或书面语。语篇可以从其结构和/或功能的角度考虑，例如警告、指示、执行交易。如果不考虑语篇发生的背景，对语篇的完整理解往往是不可能的。一个语篇可能只有一个词，例如警告标志上的“危险”，也可能相当长，例如一场布道、一本小说或一场辩论。

如果我们认真研究理查德等人对话语和语篇的定义，就会发现一些问题。在他们的定义中，“话语”和“语篇”是不容易区分的，一场布道、一本小说或一场辩论不能是话语吗？张贴在有关场所的警告标志“危险”不能是话语吗？如果一场辩论是语篇，那一场对话或一场访谈就不能是语篇吗？

从理查德等人所给的定义可以看出，对很多人而言，要严格区分 discourse 和 text 这两个术语是不容易的，所以，斯塔布斯（Stubbs，1996：4）认为关于术语的辩论是没有意义的。从这一点看，威多森（Widdowson，2004：5）对斯塔布斯（Stubbs，1996）的批评就过于尖刻了。

系统功能语言学研究者对“话语”与“语篇”有一些不同的看法，本书采用的也是这些看法，我们将在第 2 章进行讨论，并重点介绍韩礼德对这两个术语的解释（详见本书第 2 章 2.2.5 节）。

1.2.4 关于 discourse 和 text 的汉语翻译

黄国文（1988：3–4）在《语篇分析概要》中已经注意到不同学者对 discourse 和 text 的不同用法以及不同用法所产生的不同含义。有些学者用 text 指书面语言，用 discourse 指口头语言；有些学者用 text 指句子的联结（sentences in combination），用 discourse 指句子的使用（the use of sentences）（如 Widdowson，1979：90）；有些学者用 text 指书面语言和口头语言，也有学者用 discourse 指书面语言和口头语言。从文献上看，到目前为止，学界在对 text 和 discourse 的使用方面还没有形成比较一致的看法，而且今后很长一段时间也不会有普遍认同的看法。正因为国际上对 discourse 和 text 没有统一的看法，国内学者在使用二者时情况也是比较混乱的。因此，与这两个术语有关的 discourse analysis 和 text analysis 的翻译也存在分歧。

胡壮麟在与朱永生一起访谈韩礼德时（Halliday et al.,2010：22–23）说到，text 在汉语中可以翻译为“篇章”，而 discourse 则翻译为“话语”；但是，根据他（胡壮麟）的记忆，许国璋曾用“语篇”来指“篇章”和“话语”。胡壮麟还说到，文学批评的学者也用 text 这一术语，但把它翻译为“文本”，而不是“语篇”。他还说，由于这是术语的汉译问题，所以是中国语言学者要解决的问题。韩礼德听后评论说，“我猜你们多用‘语篇’，少用‘话语’”，胡壮麟回应说，现在有更多的人使用“话语”了。

从文献看，text 的常见翻译包括：语篇、篇章、文本、话语；而 discourse 的常见翻译则有：话语、语篇、语段。我们查阅了过去几年出版的关于 text analysis 和 discourse analysis 方面的一些专著和教材，翻译也是没有统一的。

就书名而言，情况是这样的：在丁言仁（2000）、黄国文（2001a）、曹春春等（2003）、黄国文和葛达西（2006）、张应林（2006）、Wood & Kroger（2008）、Widdowson（2012）、张德禄（2012）中，书名中的 discourse analysis 被翻译为“语篇分析”；而在王得杏（1998）、Gee（2000）、李悦娥和范宏雅（2002）、张发祥等（2009）、Baker & Ellece（2016）中，书名中的 discourse analysis 则被翻译为“话语分析”。

黄国文（1988）书名中“语篇分析”的英文翻译是 text analysis，辛志英（2019）书名中“语篇分析”也翻译为 text analysis。王秀丽（2008）的书名是“篇章分析”，对应的法语是 analyse textuelle，也相当于英语的 text analysis。

廖秋忠（1992）是我国最早着手研究篇章分析（语篇分析、话语分析）的学者之一，他于 1987 年发表在《国外语言学》（第 4 期）上关于 Brown & Yule（1983）的 *Discourse Analysis* 一书的书评，就把书名翻译为“篇章分析”。

胡壮麟（1994：3）认为，可以用“语篇”统称“篇章”和“话语”，“在使用场合确有特指的情况下才分说‘话语’或‘篇章’”。胡壮麟还认为，“‘语篇语言学’或‘语篇分析’两种说法基本上是同义的，视个人所好。在这个意义上，‘语篇研究’可谓理想的折中的说法。”胡壮麟所说的“语篇研究”英文应该是 discourse studies。与这几个术语有关的是 text linguistics，大多数人都把它翻译为“篇章语言学”（如刘辰诞，1999；卫真道，2002）或“语篇语言学”（胡曙中，2012）；姜望琪（2011）用 discourse linguistics 来翻译“语篇语言学”；史铁强和安利（2012）的《语篇语言学概论》主要讨论俄语问题，所说的“语篇语言学”用的俄语是 лингвистике текста。如果把这本书的俄语标题

“очерки по лингвистике текста”翻译成英语，就应该是“Introduction to Text Linguistics”。

在本书后面的讨论中，除了特别说明以外，“话语”指的是discourse，“语篇”指的是text。就这两个术语的区分而言，我们采用韩礼德（如Halliday et al.，2010：22；Halliday，2013：55）的观点，即如果把话语看作是一个语言对象、一个语言片段，就用“语篇”；而如果从外部来观察语篇的使用，则用“话语”；语篇和话语是同一种事物，但“语篇”是作为语言过程的话语的产品，而“话语”则是社会文化语境中的语篇。当然，我们也必须承认，在很多情况下，要严格进行区分是困难的。因此，本书有时也会出现“语篇”和“话语”、“语篇分析”和“话语分析”以及“语篇研究”和“话语研究”交替使用而不进行严格区分的情况。

1.2.5 语篇的特征

如果一个语篇由一个句子、短语、词组或单词体现，它必须要用于合适的场合，其意义的表达要依靠语境（如加油站的“禁止吸烟”）；如果语篇的意义由两个或更多的句子来体现，那句子之间通常既有结构的衔接（cohesion），也有意义的连贯（coherence）；这就是说，语篇要具有语篇特征（texture）。分析语篇中的衔接，要找的是结构上的联结，如照应（reference）、省略（ellipsis）、替代（substitution）、连接（conjunction）等；但对连贯的理解，交际双方的共有知识和各自的百科知识则起着关键的作用。韩礼德和韩茹凯（Halliday & Hasan，1976）详细地讨论了英语中的衔接机制（cohesive devices），并提出“衔接 + 语域一致性 = 连贯”的模式。他们后来（Halliday & Hasan，1985）又对其 1976 年关于衔接的论述作了补充和扩展，提出了其他的衔接手段和衔接关系。

博格兰和德雷斯勒（Beaugrande & Dressler，1981）则认为，语篇之所以能够被认定是语篇，是因为它符合有关的语篇标准：衔接、连贯、目的性（intentionality）、可接受性（acceptability）、信息性

（informativity）、情境性（situationality）和互文性（intertextuality）。在大多数情况下，语篇表达的意义是连贯的，体现其意义的语法结构之间是衔接的。

1.3 话语分析

话语分析就是对语篇和话语所作的分析。在语言学领域，话语分析注重的是体现意义的语言和语言在语境中的使用情况，涉及的因素包括海姆斯（Hymes，1972）所提出的SPEAKING（S–Setting, P–Participants, E–Ends, A–Act sequence, K–Key, I–Instrumentalities, N–Norms, G–Genre）模式中的各个元素：背景（setting）、场合（scene）、发话人（speaker）或发送人（sender）、信息发送人（addressor）、听话人（hearer）或接收人（receiver）或听众（audience）、信息接收人（addressee）、目的（purpose）或结果（outcome）、目标（goal）、信息形式（message form）、信息内容（message content）、风格（key）、渠道（channel）、言语形式（form of speech）、互动规范（norm of interaction）、解释规范（norm of interpretation）和体裁（genre）。

正如话语有许多意义，人们对话语可能产生很多不同的理解一样，话语分析也同样是个丰富的概念，有着不同的操作方法和解释方式。随着时间的推移，话语分析就会出现新的研究方式和新的研究目标。一些话语分析者关注语篇中的意义是怎样表达的；有些人则关注结构与意义之间的关系；还有一些人，特别是自20世纪90年代以来，从批评的视角进行话语分析，通过话语分析来研究社会中有关权力、不平等和意识形态的问题。

话语分析主要是一种定性的分析形式。长期以来，话语分析主要注重对语篇的仔细阅读和评论，但最近十多年来，越来越多的话语分析者借助定量分析方法或语料库辅助方法从事话语研究（详见第4章4.5节）。

根据贾沃斯基和库普兰（Jaworski & Coupland，1999，2014）、席夫林等人（Schiffrin et al.，2001）、海兰和帕特里奇（Hyland &

Paltridge，2013）、吉和汉德福德（Gee & Handford，2012）以及贝克和埃利斯（Baker & Ellece，2016）等人的观察和分析，话语分析是个发展很快的领域，研究涉及不同的学科和各种各样的议题，包括语篇的产生、语篇的理解、语篇的组织、语篇的模式、语篇分析与话语分析、话语分析与语言学以及其他学科的关系、话语分析的应用（如话语分析方法应用于政治学、传播学、认知心理学、社会心理学等）。其他学科的学者（如文学批评家、批评理论家、地理学家、政治学家、社会学家、心理学家）越来越对话语分析感兴趣，他们在自己的研究领域也通过话语分析拓宽自己学科的研究。在一定程度上，话语分析已经从早期的语言学研究向跨学科研究迈进。

20 世纪末，英国学者库克（Guy Cook）先后出版了两本关于话语分析的著作（Cook，1989，1994），对话语分析提出了重要的观点。按照他后来（Cook，1998/2001：99–102）的归纳，话语分析根据不同的研究目标、研究内容、研究方法、理论来源、研究重点等可以分为三种：一是英美学派（the British-American school）所作的话语分析；二是以法国哲学家福柯（Michel Foucault）的理论为基础的学派的话语分析；三是批评话语学派（the school of Critical Discourse Analysis）所作的话语分析，即批评话语分析。虽然库克（Cook，1998/2001）的分类比较简单，也不是特别准确，但对一般读者来说，这样的分类是有帮助的。我们（黄国文、徐珺，2006）也曾作了相关介绍。有关这些不同学派所作的话语分析，还可参阅过去二十年来出版的重要专著和论文集，包括 Schiffrin et al.（2001）、Jaworski & Coupland（1999，2014）、Malmkjaer（2004）、Paltridge（2006，2012）、Alba-Juez（2009）、Gee & Handford（2012）、Hyland & Paltridge（2013）等。

1.3.1 英美学派

英美学派是最早研究语篇分析和话语分析的，可追溯到 20 世纪 30 年代伦敦学派奠基人弗斯（John Rupert Firth）和马林诺斯基（Bronislaw Malinowski）关于语境中言语意义的研究。这一学派的研究所用的术语“话语分析”是哈里斯（Harris，1952）首先提出来的，但英美学派的研究理念和理论支柱主要是从伦敦学派所开拓的研究路径建立起来的。米切尔（Mitchell，1957）虽然没有明确表示他是做话语分析的，但在其关于昔兰尼加（Cyrenaica）市场买卖的语言的论文中，他对买卖对话中的话语结构进行了描述，把整个交易过程分为类别和阶段：类别包括拍卖、商店交易、其他市场交易；阶段包括打招呼 → 询问被卖的物品 → 检查被卖的物品 → 讨价还价 → 买卖结束。米切尔的研究为后来的话语研究和会话研究奠定了重要的基础。但可惜的是，哈里斯（Harris，1952）和米切尔（Mitchell，1957）的开拓性研究在后来学者的研究中都没有得到应有的重视和发掘。

必须指出的是，虽然现在从事英美学派话语分析研究的学者遍布世界各地，尤其是在欧洲大陆，但由于这一研究传统是从英国（如弗斯）和美国（如哈里斯）开始的，所以就称这一学派为“英美学派”。欧洲大陆的很多研究者，所采用的名称通常是“语篇语言学”（text linguistics）、“语篇分析”（text analysis）、“语篇语法”（text grammar）或“话语研究”（discourse studies）。

就研究成果而言，采用英美学派的传统和方法开展话语分析和语篇分析的论著很多，比较重要的包括：Harris（1952）、Mitchell（1957）、van Dijk（1972，1977）、Halliday（1973，1985，1994）、Halliday & Hasan（1976）、Coulthard（1977，1985）、Widdowson（1978，1979，2004，2012）、Beaugrande & Dressler（1981）、Coulthard & Montgomery（1981）、Brown & Yule（1983）、Hoey（1983，1991，2001）、Stubbs（1983，1996）、Cook（1989，1994）、Swales（1990）、McCarthy（1991）、Hatch（1992）、Renkema（1993，2004）、McCarthy & Carter（1994）、Schiffrin（1994）、Georgakopoulou & Goutsos（1997）、Gee（1999，2011）、Schiffrin et al.（2001）、Wetherell et al.（2001）、Johnstone（2002）、Hoey et al.（2007）、Bhatia et al.（2008a）、Renkema（2009）、Gee & Handford（2012）、Jones（2012）、Hyland & Paltridge（2013）、Jones et al.（2015）等。

这个学派主要活跃在广义的应用语言学和语言教学领域，其理论基础和根据主要是广义的功能语言学或功能导向的理论（包括系统功能语言学、社会语言学、语用学等），研究重点是交际活动中的语言使用，研究的主要内容包括：衔接与连贯、语篇组织（textual organization）、话语结构（discourse structure）、信息结构（information structure）、语篇类型（text type）、话语类型（discourse type）、话语语法（discourse grammar）、图式理论（schema theory）、体裁理论（genre theory）、会话分析（conversation analysis）、言语行为理论（speech act theory）、互动社会语言学（interactional sociolinguistics）、交际文化学（the ethnography of communication）、语用学（pragmatics）、变异分析（variation analysis）、中介话语分析（mediated discourse analysis）、多模态话语分析（multimodal discourse analysis）等。从历史发展的角度看，该学派研究重点从语言结构的使用（如上下文语境和情景语境）逐渐向图式、体裁（如文化语境）转移，但研究内容一直是从语言开始，而语言在语境中的使用始终是研究的核心。

如前所述，不同的学者对话语和语篇有不同的解释，由此产生不同的定义，形成不同的研究重点；但无论如何，英美学派所作的话语分析和语篇分析的出发点和注重点都是语言和语言的使用。他们在开展分析时，当然会考虑到语言的组织（包括组合关系、聚合关系）、语言成分出现的语境（如上下文语境和情景语境），也会考虑到言语活动的参与者以及与言语活动和言语活动参与者有关的其他各种因素，如文化语境。

国内出版的话语分析方面的很多著作都属于英美学派研究。这些著作包括：黄国文（1988，2001a）、胡壮麟（1994）、王得杏（1998）、刘辰诞（1999）、丁言仁（2000）、李悦娥和范宏雅（2002）、卫真道（2002）、曹春春等（2003）、黄国文和葛达西（2006）、张应林（2006）、张发祥等（2009）、姜望琪（2011）、胡曙中（2012）、张德禄（2012）、杜金榜（2013）、辛志英（2019）等。

1.3.2 福柯学派

福柯是法国哲学家、社会思想家和历史学家，他在文学评论及其理论、哲学、批评理论、历史学、科学史、批评教育学和知识社会学等领域都有很大的学术影响。福柯学派所作的话语分析与英美学派所研究的重点不同；福柯学派感兴趣的是话语秩序（order of discourse）、意识形态（ideology）、社会关系（social relationships）、社会联盟（social alignment）等有关社会实践（social practices）和社会变革（social changes）的问题，研究的重点不是语言和语言使用，而是语言使用所带来的社会实践、社会变革和话语秩序。因此，语言在社会交际活动中的使用不是这个学派的学者所关心的主要问题；他们更关心的是怎样通过话语和话语分析来考察和批评社会现实以及与这些问题紧密联系的社会实践。对这个学派的话语分析者而言，语言不仅反映现实和社会秩序，而且形成、建构、影响、强化社会秩序和社会现实；语言还用于建构人与人、人与机构和社会的互动。语言、语篇和话语非常有效地建构社会现实，调节并控制知识、社会关系和机构；语言、语篇和话语本身的意义不是最重要的，更加关键的是它们建构社会现实，并体现人的社会身份、指导人的行为。

正因为福柯学派的这种研究兴趣和研究重点，才吸引一批哲学家、传播学家、政治学家、心理学家、社会学家、人工智能专家、文学批评家、批评理论家、地理学家、人类学家等语言（学）领域以外的学者，他们对话语分析产生兴趣，并通过话语分析为自己的研究目的服务。该学派的理论指导首先来自福柯，但由于涉及不同学科，理论指导也比较多样。在过去几十年中，福柯学派所作的话语研究中比较有代表性的论著是 Foucault（1970，1972，1997）。有关福柯学派的研究综述，可参见 Jaworski & Coupland（1999，2014）、Wodak（2005，2006）和 Pitsoe & Letseka（2013）。

相对于英美学派所作的话语分析研究，在我国，属于福柯学派的研究比较少，尤其在语言学、应用语言学和外语教学界。对这个学派研究有兴趣的可参考辛斌（2005）、胡春阳（2007）和田海龙（2009）中的有关论述。

1.3.3 批评话语学派

批评话语学派一方面从英美学派和福柯学派所作的话语分析中得到启发，另一方面从批评语言学（如 Fowler et al.，1979；Fowler，1986）找到理论支持，并采用了韩礼德（如 Halliday，1973，1978）关于语言是社会意义（language as social semiotic）的观点（参见 Cook，1998/2001：101）。这个学派的研究方法和研究视角受到系统功能语言学的影响，有些方法和分析思路直接来自系统功能语言学，但其研究目标和手段又与福柯学派有相似之处。批评话语学派的关注点是社会问题，它以社会的、文化的实践和结构为出发点去研究语言的作用，而非为了语言分析而关注语言使用（Fairclough & Wodak，1997）。他们关心的是语篇和话语中语言的选择是怎样反映发话者和受话者之间的"权势关系"（power relation）的，人们是怎样通过使用语言、语篇和话语操纵社会活动，怎样通过使用语言、语篇和话语来保持、强化和创造社会的不平等和不合理结构；他们探讨语言、语篇和话语是怎样在社会、政治、意识形态和文化环境中生成、再创造、再现权力和权势，涉及的问题是社会中权力、权势支配和不平等的结构和关系以及这些不合理、不公平的现实是怎样被合法化和合理化的。批评话语分析的目的不是对语篇和话语进行描述性分析，而是解释话语，并把话语与社会实践联系起来。从事批评话语分析最终的目标是批评、改变社会的不平等现实或者阻止不平等现象的发生。因此，批评话语分析的政治倾向是非常明确的。

1989 年费尔克劳夫（Norman Fairclough）出版了《语言与权力》（*Language and Power*）一书，该书成为交际分析的一种重要形式。费尔克劳夫所作的话语分析与英美学派所作的话语分析不同。在费尔克劳夫看来，话语分析的目的不仅是描述话语和语篇，而且要解释它如何影响目标受众，如何唤醒人们关注社会问题。在批评话语分析中，语篇和话语建构社会结构和社会实践，也被社会和社会实践所建构。批评话语分析者认为，语言的惯用（usage）和使用（use）都带有意识形态因素，因此语言本身就是社会实践。批评话语分析的目的是揭露、批判并抵制现实社会中权力的不平衡、社会的不平等、社会中不合理的行为等一切不公平现象，最终改变社会活动，消除不公平。

国内外语言学界有很多批评话语分析研究者。近年来，国外批评话语学派在话语分析方面呈现出丰富的研究成果，可参见 Fowler（1986）、van Dijk（1985a，1985b，1985c，1985d，1998）、Fairclough（1989，1995，2003）、Kress（1991）、Wodak（1996，2005，2006）、Wodak & Meyer（2001）、Toolan（2002）、O'Halloran（2003）、Chilton（2004）、Locke（2004）、Wodak & Chilton（2005）、Paltridge（2012）、Flowerdew & Richardson（2018）；也有学者专门从系统功能语言学角度进行批评话语研究（参见 Young & Harrison，2004）。我国学者也越来越注意国外批评话语学派的研究，相关讨论可参见陈中竺 (1995)、廖益清（2000，2008）、辛斌（2005）、田海龙（2009）等。

值得注意的是，批评语言学对社会实践和社会事实采取揭露和批评的态度，对权势关系和权力因素的分析比较尖刻，给人们展示的是一个相对不平等、不合理的世界。近年来，马丁（Martin，2004）提出了"积极话语分析"（positive discourse analysis）。他主张对社会实践和社会事实的分析应该采取正面、积极、友好的态度，这样不仅有利于自己，也有利于对立的一方；通过积极话语分析，可以增强人与人之间的理解和沟通，最终建构一个宽松、和解、和平共处的和谐人类社会（参见 Martin，2004；朱永生，2006；Bartlett，2018）。积极话语分析不是要代替批评话语分析，而是提倡在批评话语分析框架中也采取正面的、积极的态度和方法，两种分析路径是互补的关系。非常可惜的是，提出积极话语分析的马丁（James Martin）后来并没有继续对这个问题作进一步的研究。

1.3.4 三种话语分析的关系

黄国文和徐珺（2006）对上述三种话语分析的关系作了一些比较和讨论，他们认为，这三个学派的研究虽然都与语言、语篇和话语有关，但由于三者有着不同的研究目标、研究方法、理论来源和研究重点，因此各自所关注的问题是不同的或有所侧重的。他们把上述三种话语分析放在一个“语言—社会”的连续统上，如图 1–1 所示：

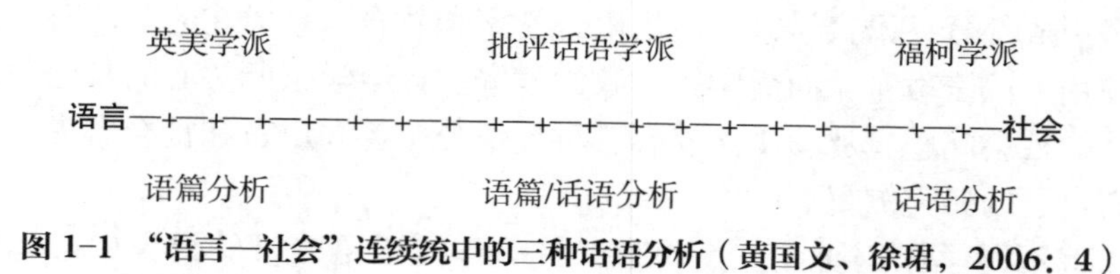

图 1–1　“语言—社会”连续统中的三种话语分析（黄国文、徐珺，2006：4）

黄国文和徐珺（2006：4）的图解突出的是：英美学派所作的话语分析更多地考虑语言，把语言和语篇作为研究重点；福柯学派所作的话语分析更多地考虑社会因素；批评话语学派则处于中间位置。从本书对语篇和话语的区分看，上图中的“语篇分析”应该就是指语言分析和文本分析；也就是说，英美学派所作的话语分析把研究重点放在语言层面，福柯学派所作的话语分析则把研究重点放在社会层面。

黄国文和徐珺（2006）还从研究的宽度（范围）区分上述三种话语分析，如图 1–2 所示：

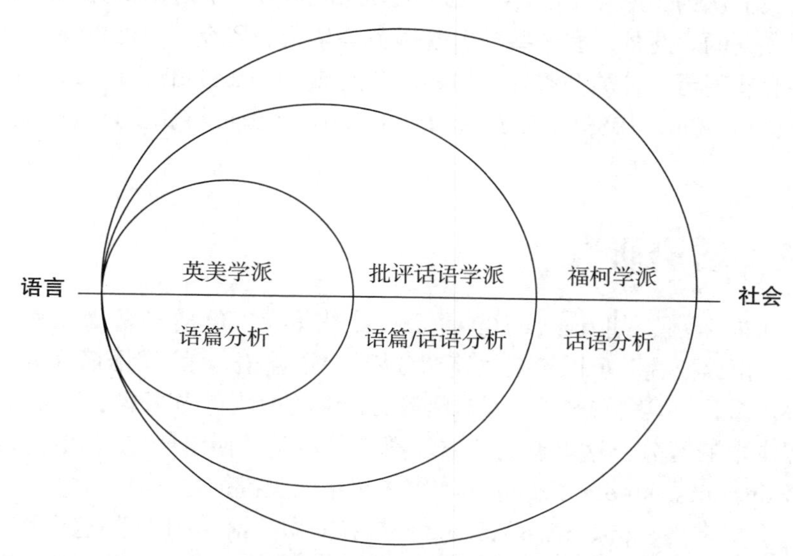

图 1–2　三种话语分析的研究宽度（黄国文、徐珺，2006：4）

图 1–2 表明，福柯学派的话语分析涉及的面比批评话语学派的要

大，而批评话语学派的又比英美学派的要大。语言是社会和社会实践的一个组成部分；语言学家、应用语言学家和教育学家关注的是语言、语言使用和语言教育，而哲学家、政治学家、社会学家所关心的是比语言更大的社会问题。从图 1-2 看，三种话语分析都与语言和社会有关，但又有自己的研究侧重点。

就不同学派的研究重点而言，英美学派话语分析的研究中心和研究重点在于语言和语言的使用，因此很多人称之为“语篇分析”（详见 1.3.1 节的讨论）；相比之下，福柯学派话语分析的研究中心和重心是社会，语言只是其中一个部分，所以他们所作的分析不会被称为“语篇分析”；批评话语学派所作的研究位于二者之间，虽然批评话语分析的目标接近福柯学派，但在分析方法上更接近语言学家和应用语言学家所作的话语分析。可能也是出于这个原因，critical discourse analysis 既被翻译为“批评语篇分析”（辛斌，2007），也被翻译为“批评话语分析”（辛斌、高小丽，2013）。

我们认为，库克（Cook，1998/2001：99-102）对话语分析的分类是粗线条的。此外，有一些学者既做英美学派的研究，也做批评话语分析，有些甚至三种类型的分析都做，像范戴克（van Dijk，1972，1977，1985a，1985b，1985c，1985d，1998，2011）就应该属于这种情况。

1.4 话语研究

如前所述，胡壮麟（1994）认为，“语篇”包括“篇章”和“话语”，“语篇研究”可以囊括“篇章分析”“语篇语言学”“语篇分析”等说法。因此，“语篇研究”“可谓理想的折中的说法”（胡壮麟，1994：3）。按照本书的区分，这里说的“语篇研究”就是“话语研究”，用英语说就是 discourse studies；这也是本书书名中的关键词之一。

从文献看，discourse studies（本书采用“话语研究”这个翻译）广泛用于话语分析和话语研究学界，还有期刊以 discourse studies 作为刊名，如 *Discourse Studies: An Interdisciplinary Journal for the Study of Text and Talk*，可以看出，这里的 discourse 包括了 text 和 talk。

荷兰蒂尔堡（Tilburg）大学的任科马（Jan Renkema）教授是国际知名的话语研究专家，著述颇丰，他于 1993 年出版了《话语研究：入门教程》(*Discourse Studies: An Introductory Textbook*),2004 年出版了《话语研究导论》(*Introduction to Discourse Studies*)。我们发现，在任科马早期的学术论文（如 Renkema，1984）中，他也使用 text linguistics 这一术语，但后来就用 discourse studies 了。据我们猜测，他后来选择使用话语研究这一术语，应该是因为该术语涵盖的面比语篇语言学要宽广，更能反映话语分析和话语研究的内容和涉及的各方面因素。

任科马的《话语研究导论》共由 15 章组成，除了第 1 章引言外，其余 14 章谈论的话题分别是：作为行为的交际、交际中的话语、话语类型、结构性内容、话语连接、语境现象、文体、会话分析、信息性话语、叙事、论证与说服、话语与认知、话语与机构、话语与文化。从这些关键词看，该书所涉及的内容比一般的话语分析的著作要更宽广，有些内容已经超出一般语言学者所关注的范围。这也可以说明为什么作者采用“话语研究”而不是“语篇语言学”作为书的名字。

作为语篇分析和话语分析研究者，笔者已经出版了三本语篇分析方面的著作（即黄国文，1988，2001a；黄国文、葛达西，2006），本书书名采用“话语研究”一词主要出于两方面的考虑：一方面，本书拓宽了研究内容，如第 6 章的“翻译语篇分析”、第 7 章的“多模态语篇分析”、第 8 章的“生态话语分析”和第 9 章的“和谐话语分析”，这些都是上述三本书没有涉及的内容；另一方面，“话语研究”在学术视野和研究范围上要比“语篇分析”宽广一些。

虽然我们与任科马（Renkema，1993，2004）一样，都采用了“话语研究”这一概括性较强的术语，但与其最大的不同是，我们的讨论重点不是普通的话语研究，而是以系统功能语言学为理论指导的“功能话语研究”(详见第 2 章、第 3 章、第 4 章的讨论)。

当然，在实际操作中，“话语研究”与“话语分析”这两个术语常常是可以互换使用的，它们之间的差别在很多时候是不容易说清楚的。

1.5 结语

前文的讨论主要以美国学者和欧洲学者的研究思路为依据。之所以选择欧美的语篇和话语研究者的研究视角，主要是我们所接触到的论著使然。这并不是说欧美学者的观点比其他地区的研究要好。中国学者这些年来对汉语所作的篇章分析、语篇分析和话语分析也是令人瞩目的，但限于我们的研究兴趣和研究能力，本书提及不多。

史铁强和安利（2012）在《语篇语言学概论》中讨论了俄罗斯学者对语篇的研究。他们认为，比较全面反映语篇语言学学科内容的是俄罗斯《语言学百科词典》所给的定义："语篇语言学是研究连贯语篇建构规则及其语篇意义范畴的语言学学科"（史铁强、安利，2012：5）。从史铁强和安利（2012）所讨论的问题看，俄罗斯学者所作的话语研究涉及的范围要比英美学者的研究范围要窄些，分析的对象也相对较少。姜望琪（2011）也对俄罗斯的语篇研究作了一些重要的描述。

语篇分析、话语分析和话语研究从研究大于句子的语言现象开始，经历了多学科的融合，发展到今天具有交叉学科和跨学科的特色（参见 Bhatia et al.，2008b：1）。但是，正如我们（黄国文，2001a：28）所说的，语篇分析（话语分析）是一门尚未定性或难以定性的学科，它没有一个单一的理论作为指导，也没有公认的分析步骤和分析方法（另见黄国文，1988：7；Hatch，1992：1；Schiffrin，1994：1）。在讨论各种理论应用于语篇分析时，分析者往往首先对相关理论进行概述、定义，然后进行实例分析，最后对运用该理论开展语篇分析的尝试进行总结、归纳。

关于语篇分析、话语分析和话语研究的学科属性问题，目前有三种不同的观点：一种观点认为它是一个独立学科，或跨学科研究领域；另一种观点认为它是理论的应用学科，即相对于理论语言学的（广义的）应用语言学；还有一种观点认为它是一个理论模式的组成部分。我们将在第 2 章说到，本书认同韩礼德（Halliday，2008）的观点，接受话语分析（语篇分析、话语研究）是语言学理论模式的一个组成部分的说法。因此，从某种意义上说，本书的讨论属于系统功能语言学研究，因此所涉及的理论指导和研究框架源自系统功能语言学（详见第 3 章、第 4 章、第 5 章）。

第2章
功能话语研究简介

2.1 引言

第1章的讨论表明，语篇分析和话语分析有不同的定义和不同的名称，各个学派所研究的内容、范围、重点、方法也有很大的差异。其实，这些差异主要是因为不同的学者采用了不同的理论支撑。一种常见的话语分析方法是：把语篇当作研究对象，视研究的目标和问题寻找理论指导。这样一来，就出现了理论和方法混用的现象。

大约20年前，我们（黄国文，2001a：29）说到，“我国很多语篇分析者都是Halliday理论的支持者和应用者，但令人遗憾的是几乎没有一个学者在进行语篇分析时只用系统功能语法作为理论指导”，实际上，“系统功能语法是一种比其他理论更适合于语篇分析的理论，我们在语篇分析中完全可以用这一理论作为指导”。早在1994年，埃金斯（Eggins，1994：308–309）就提出了“系统语篇分析”（systemic text analysis），并简单介绍了它的目标。2000年以来，我们（如黄国文，2001a；黄国文、葛达西，2006）一直尝试在系统功能语言学框架中开展“功能语篇分析”（functional discourse analysis）。无论是埃金斯所说的系统语篇分析，还是黄国文所说的功能语篇分析，其理论指导都是来自韩礼德（Halliday，1985，1994）的系统功能语言学。

巴西亚等人（Bhatia et al.，2008b：2–3）认为韩礼德的系统功能语法对当代许多话语流派都产生了深远的影响，包括批评话语分析、中介语篇分析和多模态语篇分析。黄国文（2001a：29–30）认为，系统功能语法完全可以作为语篇分析的理论框架，它是一种操作性强、实用性强的语篇分析理论，完全可以与席夫林（Schiffrin，1994）所说的六种理论（言语行为理论、互动社会语言学、交际文化学、语用学、会话分析、变异分析）媲美。

本章拟对功能话语研究进行简单介绍，主要讨论三个方面的问题：一是功能话语研究的理论支撑；二是功能的概念；三是功能话语研究举例说明。

2.2 功能话语研究的理论支撑

本书讨论的功能话语研究的理论支撑是系统功能语言学。该理论的创始人韩礼德在《功能语法导论》（*An Introduction to Functional Grammar*）（Halliday，1985，1994）一书中明确指出，他建构功能语法的目的是为语篇分析提供一个理论框架，这个框架可用来分析现代英语中任何口头语篇或书面语篇。韩礼德在谈到他的这本书应该包括多少内容时说到：

> In deciding how much ground to try to cover, I have had certain guiding principles in mind. The aim has been to construct a grammar for purposes of text analysis: one that would make it possible to say sensible and useful things about any text, spoken or written, in modern English. (Halliday, 1985: xv, 1994: xv)
>
> 在决定要覆盖多少内容时，我心里有一些指导原则。我的目的是为语篇分析构建一种语法：这种语法能够对现代英语的任何语篇（口语或书面）说一些有意义和有用的话。

韩礼德这里说得很清楚：他在选择《功能语法导论》一书要涵盖多少内容时，心中想的是为语篇分析构建一个分析框架和提供分析工具，这样分析者就可以对语篇进行解释和评论。

在《功能语法导论》的第三版（*An Introduction to Functional Grammar*）（Halliday & Matthiessen，2004）和第四版（*Halliday's Introduction to Functional Grammar*）（Halliday & Matthiessen，2014）中，韩礼德和麦

蒂森说了与韩礼德（Halliday，1985，1994）相似的话：

> In deciding what parts of the grammar to cover, and how far to go in discussion of theory, we have had in mind those who want to use their understanding of grammar in analyzing and interpreting texts. This in turn means recognizing that the contexts for analysis of discourse are numerous and varied—educational, social, literary, political, legal, clinical and so on; and in all these the text may be being analysed as specimen or as artefact, or both. (Halliday & Matthiessen, 2004: 4, 2014: 4)
>
> 在决定包括语法的哪些部分，以及在理论讨论中要走多远时，我们考虑到那些想用他们对语法的理解来分析和解释语篇的人。这还意味着认识到话语分析的语境是多种多样的——教育的、社会的、文学的、政治的、法律的、临床的，等等；在所有这些情形中，语篇本身可能被分析为样本或成品，或者两者兼而有之。

从上面两段话可以看出，韩礼德是为了给语篇分析提供一个语法框架而撰写《功能语法导论》一书的。埃金斯（Eggins，1994）所说的系统语篇分析和黄国文（2001a，2001b）所说的功能语篇分析，其理论来源都是韩礼德的系统功能语法。

本书所讨论的功能话语研究与埃金斯（Eggins，1994）和黄国文（2001a，2001b）所说的系统语篇分析和功能语篇分析的相同之处是都以韩礼德的系统功能语言学为理论支撑，不同之处在于本书所描述的功能话语研究所涉及的范围要比系统语篇分析和功能语篇分析更广。

根据系统功能语言学的观点，语言（语篇、话语）是人际沟通的重要方式；特定的语言形式在特定的语境中表达特定的意义。语言可以用来描述世界（现实世界和内心世界）、传递人际意义、表达态度、组织话语等。系统功能语言学（如Halliday，1985，1994；Halliday & Matthiessen，2004，2014）把这些功能称为元功能（metafunction），分为概念功能（ideational metafunction）、人际功能（interpersonal metafunction）、语篇功能（textual metafunction）（详见本书第3章3.4.1节）。韩礼德（如Halliday，2008：192）明确指出，话语分析是语言学理论的一个核心部分，而不是语言学的应用。这就是说，系统功能语言学理论中也包括话语分析部分。

2.2.1 作为成品的语篇

韩礼德和麦蒂森（Halliday & Matthiessen，2014：3）谈到，对于语法学家来说，语篇是一个丰富的、多方面的现象，通过许多不同的方式表达意义；语法学家可以从许多不同的角度来探讨语篇。但是我们可以区分两种主要的视角：一是关注语篇本身，把它作为一个研究对象；二是把语篇分析看作是发现其他东西的工具。前者就是把语篇视为成品（artefact）。

在系统功能语言学中，为了研究语言在交际中的作用，即语言的交际功能，一般把语篇看作是成品。当我们在交际中用某一语篇来达到某一交际目的时，这个语篇就有自己特定的价值和意义；这时可以把语篇看作是成品，作为单独的研究对象。在这种情况下，我们关心的问题是：语篇为什么会表达它所表达的意义？特定的语篇为什么有特有的交际价值？为什么有的语篇是成功的，有的是不怎么成功的，有的是失败的？

我们先看一个例子：

【例 1】A: Close the door!

B: Close the door, please.

C: Can you close the door?

D: Could you close the door?

E: I wonder if you can close the door.

F: I wonder if someone can close the door.

就经验意义的表达而言，例 1 中各句是一样的，都是要求某人关上门，所涉及的核心过程是 close（关）。但是，就各句的使用而言，它们是在不同场合对不同的人说的。简单地说，句 A 直截了当，是一种命令。句 B 也直截了当，但由于使用了 please 而变成一种请求。相比之下，句 C 没有那么直截了当，是一种比较直接的请求。句 D 跟句 C 一样，也是一种请求，与句 C 相比，句 D 显得更加客气。句 E 比前五句都客气，而且显得比较委婉。句 F 是这六句话中最客气的表达。

以上哪句话最直截了当，哪句话最客气，是基于语言结构的功能意义。之所以说句 A 和句 B 直截了当，是因为祈使句的基本功能是用于发出命令，直接导致行动的发生，根本没有什么商量的余地。句C和句D没有句A和句B那么直截了当，是因为它们采用了疑问句的形式，而疑问句的基本功能是期待受话人有反应并给受话人留有选择，也就是说，用疑问句来表示请求，是与受话人商量的，是想让受话人有选择的余地。句E和句F不但不是直截了当的命令，而且显得很委婉。这是因为，句E和句F都是采取陈述句形式；陈述句的基本功能是发话人向受话人提供信息，而受话人常常是静静地听就可以。从这一点看，句E和句F也可以理解为发话人的自言自语，与受话人无关。所谓的客气，其实就是距离，距离越远就越客气。就这六个句子的语言结构和词语使用看，句A和句B是对着受话人说的，毫无商量的口气；句C和句D使用了疑问句形式，因此比句A和句B要委婉；句D比句C还要委婉，是因为使用了通常表示过去时间和意义的could，这就产生了距离，好像是在讲过去的请求；句F比句E更加委婉，是因为此句根本不是对某一特定受话人说的，前五句话的受话人都是you（句A和句B中的you没有在形式上出现，因为它们是祈使句），唯独句F中没有提到you，而是用无确指意义的someone。

上面的分析和解释只限于对语言形式所具有的功能的讨论。在特定的交际场合中，采用哪种形式要视交际双方的关系而定。例如，如果交际发生在老板与不熟悉的下属之间，老板不高兴时可能会说句A或句B，平时可能就说句C，但绝对不会说句D、句E或句F。如果老板与下属比较熟悉，不高兴时也不太可能会说句A，平时可能就说句C，偶然说句D，但应该不会说句E或句F——除非老板要表达讽刺、挖苦等意思，这是另一方面的研究课题。

人际交流是个非常复杂的过程，涉及很多因素，包括海姆斯（Hymes，1972）所说的SPEAKING的八个因素。什么人在什么场合用什么形式表达意义，是每个人都要考虑的问题。从这一点说，交际过程就是语言选择的过程；我们对语言的选择有时是无意识的，有时是有意识的。但是，对话语研究者来说，每一个语篇都可以进行研究，都可以探讨为什么在某一语境中发话人会采用某一种形式和结构来表达意义。通过对话语的研究，就可以回答本节最初提出的那几个问题。

2.2.2 作为样本的语篇

如果把语篇看作是发现其他东西的工具，就要研究语篇是怎样揭示它所使用的语言系统的。在系统功能语言学中，为研究语言系统和语言结构、构建语言理论，一般把语篇看作样本（specimen）。当我们把语篇当作发现其他东西的工具时，就可以通过某一语篇来发现同类和不同类的语言现象；在这种情况下，特定的语篇就是样本了。我们可以通过样本来发现同类的语言现象、语言系统和系统中同类或不同类的语言结构（包括音、词、短语、小句等）及功能。我们不妨再看看例 1：

A: Close the door!
B: Close the door, please.
C: Can you close the door?
D: Could you close the door?
E: I wonder if you can close the door.
F: I wonder if someone can close the door.

如果把语篇看作样本，就可以通过上面的六句话来研究语言的系统。从语气的角度看，可以有祈使（句 A、句 B）、疑问（句 C、句 D）和陈述（句 E、句 F）之分：祈使句的形式是小句的主语（you）不出现，疑问句的形式是限定成分（can，could）位于主语之前，陈述句的形式是限定成分（can，could）位于主语之后。从句子的功能看，不同类型的句子可以用来表达相同或相近的功能；它们之间的不同与句式的不同和词语的选择关系密切。

我们再看两个例子：

【例 2】In the Holyrood Pollock Village there was a middle-aged man, whose hair was turning grey, and who had two sweethearts at the same time. One of them was young, and the other was well advanced in years. Both women liked him very much. But he loved the younger one more...

【例 3】On the wall of Mr. Brown's living room there is an oil painting, which looks very old, and which has a cracked frame. But to my surprise Mr. Brown loves it, and he enjoys the peaceful country scene in the painting...

从意义的角度看，例 2 和例 3 都是在讲故事，但时间和内容完全不同。例 2 是在讲过去的故事，叙述以男主人公为主线；例 3 则是讲现在的故事，主要讲述一幅油画。

从语言的结构看，例 2 和例 3 有很多相似的地方：其一，两个例子都以表示地点的介词短语开始（In the Holyrood Pollock Village、On the wall of Mr. Brown's living room）；其二，两个例子都是用 there+be 结构，引出表非确定意义的名称词组，指人（a middle-aged man）或物（an oil painting）；其三，故事的主要人或物后面都有两个进一步说明各自情况的关系小句（"whose hair was turning grey, and who had two sweethearts at the same time"，"which looks very old, and which has a cracked frame"）；其四，两个例子都有通过连词 but 引出的表示转折关系的小句；其五，两个例子中由 but 引出的小句都是用于表达某种情感的；其六，两个例子都出现了表示喜爱的动词，分别是 liked、loved 和 loves、enjoys。

但是，例 2 和例 3 也有一些不同的地方：其一，例 2 和例 3 的故事发生时间不同，所以动词采用了不同的时态（例 2 用一般过去时，例 3 用一般现在时）；其二，用于说明、修饰故事叙述对象的关系小句因其所指成分的生命性不同而采用不同的关系代词（例 2 用 who 和 whose 指代人，例 3 用 which 指代物）；其三，例 3 中的连词 but 引出的是一个小句复合体，包括两个表示喜爱的动词（loves、enjoys），而例 2 中虽然也有两个表示喜爱意义的动词（liked、loved），但只有一个出现在连词 but 后面；其四，例 2 有进一步描述故事主体（a middle-aged man）所涉及的对象（two sweethearts）的句子（"One of them was young, and the other was well advanced in years."），而例 3 则没有；其五，例 2 中表示感情意义的小句都出现了表达喜爱程度的状语（即 very much 和 more），而例 3 则没有类似表达；其六，例 3 中出现了 to my surprise 这种发话人对事情的评论，表明了发话人不仅描述事情，还做出个人的评论。

从语篇的宏观结构看，例 2 和例 3 是非常相似的，而从叙述的角度看，它们也是采用同样的方式。这种宏观结构和叙述角度是叙事的一种典型的方式。这就是说，当我们要讲述某个故事时，常常会采用像例 2 和例 3 那样的宏观结构和叙述角度。

从小句的结构和用词来看，我们也可以发现一些有规律的处理方式：第一，there+be 结构通常用于引出表示非确定意义的名词词组（如 a middle-aged man 而非 the middle-aged man；an oil painting 而非 the oil painting）；第二，虽然 like 和 love 都表示喜爱意义，但程度不同，所以例 2 中 like 比 love 先出现，表示意义的递进和程度的提高；然后，特定词语的使用是根据意义表达来选择的，如连词 and 表示叙述的继续，连词 but 表示前后意义的对比或转折；第三，名词词组有不同的结构，如 Mr. Brown（例 3：一个中心词 / 专有名词）、the painting（例 3：定冠词 + 中心词）、Mr. Brown's living room（例 3：专有名词 + 所有格 + 复合名词）、the younger one（例 2：定冠词 + 形容词 + 中心词）、the peaceful country scene in the painting（例 3：定冠词 + 形容词 + 名词 + 中心词 + 介词短语），等等。

就语法结构而言，要说的问题非常多。比如，John、Mr. Brown、the Holyrood Pollock Village、the peaceful country scene、the peaceful country scene in the painting 等的结构也是不一样的。从语法描述角度看，通过把例 2 和例 3 当作语言的样本，我们就发现语篇分析可以用来发现同类和不同类的语言现象。

我们再看一个语篇：

【例 4】CHENGDU—A giant panda named "Lei Lei" died of epilepsy on Wednesday at the age of about 31, the China Conservation and Research Center for the Giant Panda said Friday.

The center, located in Southwest China's Sichuan Province, said that since September Lei Lei had lost the ability to exercise and needed artificial assistance in consuming food, resulting in weakness.

Lei Lei's ailment was due to the combined effects of epilepsy and senile disease, the center added.

Experts and veterinarians treated Lei Lei while breeders were on duty round the clock to take care of it. But Lei Lei's seizure caused a respiratory failure leading to its death.

Lei Lei was rescued in the wild in 1992. It was presumed born in 1989 and has nurtured five pandas in its lifetime.

从话语结构看，例 4 是一篇新闻报道，第一句就把事情发生的地点（成都）、时间（周三、周五）、事件主体（一只名为“雷雷”的大熊猫死于癫痫、享年约 31 岁）和消息的来源（中国大熊猫保护研究中心）交代清楚，然后再对事件主体提供补充信息（自 9 月以来，雷雷失去了锻炼能力，在进食方面需要人工帮助，导致身体虚弱，雷雷的病因是癫痫和老年病的综合征；专家和兽医治疗雷雷，同时饲养员还 24 小时照顾它；但雷雷癫痫发作导致呼吸衰竭死亡；雷雷于 1992 年在野外获救，它出生于 1989 年，一生中养育了 5 只熊猫），此外，还对消息的来源机构进行补充说明（该中心位于中国西南部的四川省）。由于例 4 是一篇新闻报道，所以语篇中使用了几个表示消息来源方给予信息的言说动词（said、added）。

就该例小句的结构和用词而言，我们也可以发现一些与例 2 和例 3 同样的语法规则。例如，例 3 中的 on the wall of Mr. Brown’s living room 和 the peaceful country scene in the painting 这两个名词词组都含有后置修饰成分（介词短语：of Mr. Brown’s living room、in the painting），但例 4 还出现了另一种后置修饰成分：a giant panda named “Lei Lei” 和 the center, located in Southwest China’s Sichuan Province；在这两个例子中，充当后置修饰成分的是省略关系小句（试比较：a giant panda which was named “Lei Lei”；the center, which is located in Southwest China’s Sichuan Province）。

此外，由于例 4 的话题是“动物死亡”，所以语篇中出现了很多与疾病有关的术语：die、epilepsy（癫痫）、ailment（疾病）、senile disease（老年病）、veterinarians（兽医）、(epileptic) seizure（癫痫的突然发作）、respiratory failure（呼吸衰竭）、death。

如果从例 2、例 3 和例 4 中的语言使用来探讨语言系统问题，可以讨论的问题还有很多。但这里的分析已经表明，当我们把语篇作为语言系统的样本来研究时，就可以发现语篇（和语言使用、语言结构）背后所隐藏的语言系统以及语法结构的组织原则和规律。

2.2.3 成品与样本的互补性

韩礼德和麦蒂森（Halliday & Matthiessen，2014：3）在谈到作为成品的语篇和作为样本的语篇的不同后指出，这两种观点是互补的。对于作为成品的语篇，只有把语篇与整个语言系统联系起来，才能解释某一个语篇为什么能够表达它所表达的意义；同样，只有理解语篇所表达的意义后，才能把它看作语言系统的窗口。在这两种情况下，语篇有不同的地位：要么被视为成品，要么被视为样本。

现在我们回头看看作为成品语篇的例 1。在前面 2.2.1 节的讨论中，我们根据例 1 中句子的不同类型对其所表示的不同程度的“客气”进行了解释，这就涉及语言系统问题。在系统功能语言学中，“系统”有其特殊的含义，指的是由两个或更多的选项构成的组织关系。例如，当入列条件是“语气”时，小句可以有“直陈句”和“祈使句”两个选项；如果一个小句的语气是“直陈”，那它就不可能同时是“祈使”。在例 1 中，六个句子表达的意义可以构成一个系统，这些句子所表达的意义就是选项。一旦选了句 A，就不能选句 B、句 C、句 D、句 E 或句 F；如果选了句 B，就不能选句 A、句 C、句 D、句 E 或句 F；其他也是这样。由此可见，作为成品的语篇，它反映的是其背后的语言系统。

如果将例 1 视为作为样本的语篇，我们一方面可以从语气的角度观察句子是祈使语气、疑问语气，还是陈述语气；其意义表达可以说明不同类型的句子的基本功能和作用。发话人选择祈使句，就是期待受话人有所行动；选择疑问句，就是给受话人留有考虑的余地；选择陈述句，就是把要求（请求）降低到好像与受话人无关。

从语法隐喻（grammatical metaphor）（Halliday，1985，1994；Halliday & Matthiessen，2004，2014）角度看，句 A 和句 B 是一致式（congruent form），而句 C、句 D、句 E 和句 F 是隐喻式（metaphorical form）。（详见第 3 章 3.4.6 节）

2.2.4　语篇分析与语言理论模式构建

系统功能语言学首先是个普通语言学理论；普通语言学的终极目标是要研究和解释所有人类的语言，找出人类语言的共同特点和普遍规律，“把意义从个别语言的语言系统体现中‘解放’出来，建立功能语义学，从而实现对意义的普通描写”（辛志英、黄国文，2010：54）。要实现这一伟大的理想和目标，首先必须做话语分析和语篇分析。正因如此，韩礼德（Halliday, 2008：192）认为，话语分析不是语言学的应用，而是语言学的一部分。话语分析和语篇分析是语言学理论的一个重要组成部分，因为话语分析和语篇分析是对语言的实例描述，而实例描述本身就是语言学研究和理论构建的组成部分。因此，在系统功能语言学中，语言系统和语篇不是两个不同的现象，因为语言系统事实上是“语篇潜势”（text potential）；语篇分析就是要把语篇与语篇背后的潜势（即语言系统）联系起来（Halliday，2008：192）。

麦蒂森（如 Matthiessen, 2009, 2014）多次对系统功能语言学中的“描述”和“分析”等关系作了阐述。他（Matthiessen，2009：48–52，2014：140–143）勾画了构建一个语言学理论模式所涉及的四个阶段：分析 → 描述 → 比较 → 理论化，表明对语言系统的描述和对语篇的分析是密不可分的。研究者可以通过分析作为样本的语篇，对语言系统进行更细致、更精确的描述；研究者对作为成品的语篇进行分析，可以为语言描述提供证据。在麦蒂森构建的模式中，有几个步骤：首先在特定的理论框架中对各类语篇进行分析，接着根据一定数量的、各种类型的语篇分析，在特定的理论框架中对语言进行描述，然后根据描述，从类型学的角度对语言进行对比、划分和归类，最后构建语言理论模式。这就是说，语言理论的构建首先从语篇分析开始，用现有的理论对语言使用进行考察，接着对单个的语言进行描述，再根据类型学的理论对多个语言进行描写和归类，最终构建语言学理论。具体步骤如图 2–1 所示：

Theorizing language 语言理论化
↑
Typologizing languages (based on existing descriptions) 语言类型化
↑
Describing a language (based on texts, using an existing theory) 语言描述
↑
Analyzing texts (using an existing description) 语篇分析

图 2–1　构建语言学理论模型的步骤（根据 Matthiessen，2009）

从图 2–1 可以看出，语篇分析在语言学理论模型的构建中占有非常重要的位置，这也是为什么系统功能语言学特别重视语篇分析，并且把语篇分析当作是语言学理论本身的一个部分，而不是理论的应用（Halliday，2008：192）。语篇分析的目的就是发现问题、分析问题和解决问题。一方面把语篇看作成品，看它在交际中的功能；另一方面把语篇当作样本，看它是怎样反映语言系统的。

2.2.5　韩礼德关于语篇与话语的观点

我们在第 1 章 1.2 节中谈到不同学者对“话语”与“语篇”的定义和理解，并指出本书所采取的解释是系统功能语言学的观点。这里以韩礼德的观点作为主要依据。

韩礼德多次谈到 discourse 和 text 的区别。早在《功能语法导论》（Halliday，1985：318，1994：339）中他就给出了两者的定义和区分：“Discourse is a multidimensional process; ‘a text’... is the product of that process.”（话语是一个多维度的过程；“语篇”……是这个过程的产物）。在这里，韩礼德从“过程”和“结果”两个角度来区分这两个术语。

韩礼德（Halliday，1985：290，1994：311）又指出：“Text is something that happens, in the form of talking or writing, listening or reading. When we analyze it, we analyze the product of this process; and the term ‘text’ is usually taken as referring to the product... ”（语

篇是以说话、写作、倾听或阅读的形式发生的事情。当我们分析它的时候，我们分析这个过程的产物；“语篇”这一术语通常被认为是指过程的产品……）。在这里，韩礼德再次强调他的观点——语篇是交际结果。

2009 年在清华大学召开的第 36 届国际系统功能语言学大会期间，韩礼德接受了胡壮麟和朱永生的公开访谈（Halliday et al.，2010）；胡壮麟专门问韩礼德对 discourse 和 text 的区分。韩礼德（Halliday et al.，2010：22）说，“我发现‘语篇’和‘话语’这两个术语都是有用的：如果我把一个话语看作一个语言对象，一个语言片段，我倾向于用‘语篇’；而如果我谈论‘话语’，我想到的是更多地从外部看的语篇，可能是‘话语分析’的一种，它们关注的是语言，而不是把它作为一种语言对象。所以对我来说，这只是焦点或指向的不同，我是这样来区分这两个术语的。我从未见过关于这两个术语的使用所作的系统研究”。

后来，我们读到韩礼德关于这两个术语的区分。韩礼德说到：

> Some while back I was asked about the terms “discourse” and “text”: were they the same thing, and if not, how would I distinguish between them? They refer to the same entity, I suggested; but looked at from different points of view. “Text” is discourse that is being viewed as a linguistic process (hence “texts” are pieces of language), while “discourse” is text that is being viewed as a socio-cultural process (so “discourses” are kinds of language) (and cf. Halliday, 2008: 77–78). This means that “discourse” is likely to refer to texts of more than minimal length; apart from that, any passage of wording may be referred to in either way. (Halliday, 2013: 55)
>
> 不久前，有人问我“话语”和“语篇”这两个术语：它们是同一回事吗？如果不是，我是如何区分它们的？我说，它们指的是同一个实体，但是我们是从不同的角度来看的。“语篇”是被视为语言过程的话语（因此“语篇”是语言的一部分），而“话语”则是被视为社会文化过程的语篇（因此“话语”是语言种类）（参见 Halliday，2008：77–78）。这意味着“话语”很可能指的是长度超过最小长度的语篇；除此之外，任何一段措辞都可以看作是话语或语篇。

从韩礼德所说的看，他心中对这两个术语是有区分的。根据我们的理解，如果把一个语言使用单位作为分析的客体，就称它为text，如果从外部的因素（包括语境）来看一个语言使用单位，则称它为discourse。这两个术语之间的不同在于关注点的不同。

上面的讨论表明，很多人在定义"话语"时都说到，"话语"在结构上比句子大。例如，斯塔布斯（Stubbs，1983：1）认为话语是"language above the sentence or above the clause"（句子之上或小句之上的语言）。理查德等人（Richards et al.，1992/2000：139）则通过比较语法和话语来说明"discourse refers to larger units of language such as paragraphs, conversations, and interviews"（话语是指较大的语言单位，如段落、对话和访谈）。

从文献看，很多人都认为text是结构单位，是比小句或句子更大的单位。例如，当理查德等人（Richards et al.，1992/2000：475）说"A text may consist of just one word."（一个语篇可以由一个单词构成）时，就是把text当作一个结构（语法）单位。

根据韩礼德（Halliday，1985：xvii，1994：xvii）的观点，text是一个语义单位（semantic unit），而不是语法单位。text与句子（小句复合体）、小句、词组、词等语法单位之间的关系不是大小的关系，而是体现（realization）关系。这就是说，text不是比句子或小句大或者小的问题，而是说text的意义可以由小句或小句复合体（等形式）来体现，或者说小句或小句复合体等形式可以用来体现text的意义。既然text是语义单位，那么它与小句、句子（小句复合体）以及其他形式之间的关系就不是大小高低的关系，因为后者是语法单位，二者属于不同的语言学范畴。

韩礼德多次说到text是语义单位而不是语法单位这一观点。例如，在《功能语言学导论（第二版）》（Halliday，1994）中，我们看到多处关于这个观点的论述：

> "A text is a semantic unit, not a grammatical one."（语篇是语义单位，而不是语法单位。）（Halliday，1994：xvii）
>
> "The organization of text is semantic rather than formal, and... much looser than that of grammatical units."（语篇的组织是语义的而

不是形式的，而且……比语法单位的组织要松散得多。）（Halliday, 1994：311）

"A text is the product of ongoing semantic relationships, construed by a variety of lexicogrammatical resources."（语篇是持续存在的语义关系的产物，由各种词汇语法资源构建。）（Halliday，1994：312）

"A text has structure, but it is semantic structure, not grammatical."（语篇有结构，但它是语义结构，而不是语法结构。）（Halliday, 1994：339）

"A text does not consist of clause complexes."（一个语篇不是由小句复合体构成的。）（Halliday，1994：339）

韩礼德关于语篇是语义单位的观点在系统功能语言学研究界家喻户晓，但在其他领域并未被广泛接受；绝大多数的话语分析者都把 text 当作一个结构（语法）单位。第 1 章 1.2 节所引用的一些关于"话语"和"语篇"的定义已经表明了这一点。

《功能语法导论（第四版）》（Halliday & Matthiessen，2014：3）对 text 是这样定义的："The term 'text' refers to any instance of language, in any medium, that makes sense to someone who knows the language; we can characterize text as language functioning in context."（"语篇"这个术语指的是语言的任何实例，无论在何种媒介中，对懂这一语言的人来说都是有意义的；我们可以将语篇描述为语境中的语言使用。）这里将语篇看作一个交际单位，也是有意义的。

2.3　功能的概念

"功能"既是一个普通名词，也是一个专业术语，如"功能话语研究"。该术语常见于功能主义语言学的各个语言学流派的文献中，包括关于功能语言学（functional linguistics）和功能语法（functional grammar）的论述。

我们多次（如黄国文，2009，2020）谈到，当代语言学有形式主义和功能主义两大主流，它们之间的差异表现在哲学基础、研究目标、研究内容、研究方法等方面。属于功能主义的语言学流派或语法模式非常多，如欧洲的功能主义就有布拉格学派（the Prague School）、哥本哈根学派（the Copenhagen School）、伦敦学派（the London School）、马丁内学派（the Martinet School）和狄克学派（Dik's Functional Grammar），美国的有派克的法位学（Pike's Tagmemics）、兰姆的层次语法（Lamb's Stratificational Grammar）、切夫语法（Chafe's Grammar）、吉冯的功能语法（Givón's Functional Grammar）、角色参照语法（the Role and Reference Grammar）、久野的功能句法（Kuno's Functional Syntax）和修辞结构理论（Rhetorical Structure Theory）（参见朱永生等，2004；黄国文、辛志英，2014）。此外，俄罗斯的功能语言学研究也很有特色（参见王铭玉、于鑫，2007）。

"功能"是个用得非常宽泛的词；作为术语，它在不同的学科中有着不同的解释。麦蒂森等人（Matthiessen et al.，2016：114–116）对作为专业术语的"功能"进行了定义和解释；他们认为，语言是功能性的，功能是语言系统的组织原则。作为一个技术术语，"功能"有两种不同但相关的意义，一个指语言的使用，即语言的外在功能；另一个指语言的内部组织，即语言的内在功能。他们（Matthiessen et al.，2016：115）明确指出，在系统功能语言学中，"功能"通常用于表述内在的功能，即语言系统和语言的内部组织。

就内在功能而言，语言学家关注的是"the overall organization of language"（语言的整体组织）和"the local organization of the structure of a unit"（语言单位结构的局部组织）（Matthiessen et al.，2016：115）。在系统功能语言学中，元功能是一个非常重要的概念，包括概念功能、人际功能和语篇功能；其中概念功能由经验功能（experiential function）和逻辑功能（logical function）组成。有关元功能的概念，我们将在第3章作详细的讨论。

在本书中，"功能"既指外在功能（即语言的使用在交际中的意义和作用），也指内在功能（即语言系统和语言的内部组织）。当我们讨论语篇结构和语篇组织时，主要是看语言的内在功能；当我们分析语言、语篇与语境和其他交际因素的关系时，主要看语言的外在功能。

2.4 功能话语研究举例

下面我们通过一个简单的语篇分析，初步展示功能话语研究的步骤和方法。必须指出的是，下面的分析不是全面的，更不是穷尽的。正如黄国文（1988：36–37）所说的，从理论上说，对一个语篇可以进行多视角、多层次的分析，但在实际操作中，这是不经济的，有时也是没有意义的。因此，虽然下面的分析和讨论是部分的，不是面面俱到的，但是足够说明我们这里所关心的问题。

2.4.1 一个简单语篇的分析

在本书的后半部分，我们会通过不同类型的语篇来讨论话语研究问题。在这里，我们通过一个非常简单的语篇来讨论外在功能和内在功能（为了便于分析，我们对正文的句子进行编号）。

【例 5】The Man and His Two Sweethearts

[1] Once upon a time there was a middle-aged man, whose hair was turning grey, and who had two sweethearts at the same time. [2] One of them was young, and the other well advanced in years. [3] The elder woman didn't like having a lover who looked so much younger than herself; so, whenever he came to see her, she used to pull the dark hairs out of his head to make him look old. [4] The younger one, on the contrary, didn't like him to look so much older than herself, and thus she took every opportunity of pulling out the grey hairs, to make him look young. [5] In the end the poor man had not a hair left on his head. [6] The moral of the story is: Those who seek to please everybody please nobody.

需要说明的是，上例是以句子为单位进行划分的；在下面的元功能分析（尤其是及物性和过程类型分析，详见本章 2.4.3 节下“元功能分析部分”）过程中，是以限定小句为单位进行分析的。

2.4.2 外在功能

例 5 是一则伊索寓言，它的外在功能是给人思考和启发，通过简单、生动的语言来传递深刻的道理。说它简单，是指故事情节平铺直叙，陈述直截了当，结构和用词没有任何复杂性。它的目标读者是普通大众，不需要具备什么专业知识就可以明白其中的道理。就例 5 而言，其功能是给人这样一个启示：那些想取悦所有人的人最终取悦不了任何人。该语篇的外在功能也会引导读者从多个角度对其进行解释。例如，同一个语篇，对成年男性和对成年女性的启示有哪些不同；如果把语篇中主人公的性别进行调换（如“The Woman and Her Two Sweethearts”），会有什么不同的效果。对于外在功能，不同的人会有不同的理解和解释，这与读者的意识形态、生长环境、教育程度、生活阅历、家庭背景等有很大的关系。

2.4.3 内在功能

从语言系统和语言的内部组织角度看，关于例 5 可以说的地方非常多，这里只简单说几点。在下面的分析中，涉及的主要是属于内在功能的话语结构（discourse structure）和韩礼德（Halliday，1985，1994；Halliday & Matthiessen，2004，2014）所说的元功能。

1. 话语结构

话语结构指语篇中信息的分布和语法结构对语篇意义的体现。就“The Man and His Two Sweethearts”的结构而言，标题是“点题”，即直接告诉读者这是关于一个男人与其两个爱人的故事。第 [1] 句和第 [2] 句是对故事中三个人物情况的描述：第 [1] 句讲述男主人公的情况（人到中年、头发开始变得灰白、有两个他爱的女人），第 [2] 句讲述两个女主人公（一个年轻，另一个年纪大）；第 [3] 句讲述年龄大的女主人公对男主人公年龄的态度和她想怎样解决问题（找到平衡）；第 [4] 句讲述年纪轻的女主人公对男主人公年龄的态度和她想怎样解决问题；

第 [5] 句讲述两个女主人公的行为所导致的结果；第 [6] 句是故事给人的启示。这个话语结构可以视为“问题—解决办法”（problem-solution）的话语模式（黄国文，2001a：230–245）。

2. 元功能分析

韩礼德（Halliday，1985，1994；Halliday & Matthiessen，2004，2014）的元功能由三个功能组成，但为便于此处的分析和讨论，我们根据汤普森（Thompson，2014）的做法，把概念功能中的经验功能和逻辑功能单独列出来，与人际功能和语篇功能一起讨论。实际上，韩礼德提出的三大元功能中的概念功能也是进一步分为经验功能和逻辑功能两个部分的。

（1）经验功能。经验功能主要考察小句的及物性（transitivity），包括过程类型（process）、过程参与者（participant）和环境成分（circumstantial element）。从语言的语义角度分析，过程是由动词体现的，一个有动词的结构就是小句（clause）。为了便于分析，这里对例 5 的小句进行编号。

{1} Once upon a time there was a middle-aged man, {2} whose hair was turning grey, {3} and who had two sweethearts at the same time. {4} One of them was young, {5} and the other well advanced in years. {6} The elder woman didn't like having a lover {7} who looked so much younger than herself; so, {8} whenever he came to see her, {9} she used to pull the dark hairs out of his head to make him look old. {10} The younger one, on the contrary, didn't like him to look so much older than herself, {11} and thus she took every opportunity of pulling out the grey hairs, to make him look young. {12} In the end the poor man had not a hair left on his head. {13} The moral of the story is: Those who seek to please everybody please nobody.

从例 5 中的 13 个限定小句看，过程类型的情况是：关系过程 7 个（用于体现过程的动词是 was turning、had、was、was、looked、had、is，其中一个过程在语言层面省略了动词 was——the other well advanced in years)，物质过程 3 个（用于体现过程的动词是 came、pull、took），心理过程 2 个（用于体现过程的动词是 like、liked），存在过程 1 个（用于体现过程的动词是 was）。从话语研究的角度看，我们要问的问题很多，例如，不同过程的出现与意义表达的关系是什么？为什么这个故事中关系过程的比例会这么高？过程类型的选择是怎样体现语篇的交际功能的？等等。

（2）逻辑功能。逻辑功能主要用于分析小句复合体（clause complex），考察小句之间的语义关系：依赖关系（interdependency relationship）和逻辑语义关系（logical-semantic relationship）。前者是考察一个小句是依赖还是控制另一个小句（即从属关系，hypotaxis），或二者处于平等的关系（即并列关系，parataxis）；后者则是看一个小句的意义是对另一个小句的意义进行扩展（expansion）还是投射（projection）。扩展指一个小句以不同的方式对另外一个小句的意义进行扩充，可以进一步分为三类：解释（elaboration）、延伸（extension）和增强（enhancement）。投射指在一个小句复合体中，一个小句所讲述的内容已经在别的地方出现过，这个内容要么是原话引述（quote）或间接引述（report），要么是"事实"（fact）。例 5 中的前四个句子都是小句复合体，后面两个句子是简单句。四个小句复合体的依赖关系和逻辑语义关系的情况是这样的：第 [1] 句（"Once upon a time... at the same time."）是"从属，扩展 → 解释"，第 [2] 句（"One of them... in years."）是"并列，扩展 → 延伸"，第 [3] 句（"The elder woman... look old."）是"并列，扩展→延伸"，第 [4] 句（"The younger one... look young."）是"并列，扩展→延伸"。从话语研究看，可以讨论的问题包括：为什么第一个小句复合体是"从属，扩展→解释"关系，而第二个、第三个、第四个小句复合体都是"并列，扩展→延伸"关系？为什么第 [5] 句和第 [6] 句是简单句？

（3）人际功能。人际功能指语言（小句）如何表达交际中双方的关系，涉及的问题包括交际双方的言语角色、信息的传递、信息的求取、行为的发起、对事件和人物的评价等。就语言分析而言，主要通过语气、情态（modality）和评价（appraisal）等方式来探讨人际意义的表达。对于例 5，发话人通过使用陈述句来给予信息，受话人没有参与语篇意义的构建。从人际功能看，可以问的问题包括：为什么这个语篇没有把受话人当作语篇意义构建的参与者？为什么这个语篇没有特别明显表达情态和评价意义的语言形式？试比较：在例 1 中，句 A（“Close the door!”）、句 B（“Close the door, please.”）、句 C（“Can you close the door?”）、句 D(“Could you close the door?”）和句 E(“I wonder if you can close the door.”）都通过 you 的使用要求受话人参与并完成发话人所期待的行为。又如，例 3 中的 to my surprise 表达的是讲话人对事件的评论（态度）。

（4）语篇功能。语篇功能指小句的结构组织对语篇意义的体现，主要通过主位结构（thematic structure）和衔接机制来考察语篇意义的实现。例 5 中六个句子的主位分别如下：第 [1] 句是 Once upon a time，第 [2] 句是 One of them，第 [3] 句是 The elder woman，第 [4] 句是 The younger one，第 [5] 句是 In the end，第 [6] 句是 The moral of the story。对于这种情况，我们要问的是：为什么是这些成分充当主位？这些主位之间的关联是什么？主位成分的选择与话语结构之间是什么关系？

从衔接机制看，这里要讨论的有四种关系：照应、省略、替代和连接。

①照应。标题中的 the man 属于照应，属于下指（cataphoric reference），它的所指对象是正文第 [1] 句中的 a middle-aged man。第 [2] 句中的 them 属于回指（anaphoric reference），指的是第 [1] 句中的 two sweethearts。

②连接。第 [2] 句中的 and 表达“延伸”意义；第 [3] 句中的 so 表达“结果”意义；第 [4] 句中的 on the contrary 表达“对比”意义，and 表达“延伸”意义，thus 表达“结果”意义。

③省略。第 [2] 句中的第二个小句省略了 was，该小句的完整形式是“and the other was well advanced in years”。第 [4] 句中的 the younger 后面省略了 woman，使用了 one 来替代；该省略是为了叙述的紧凑和连贯，这里的 the younger (woman) 与上一句的 the elder woman 形成呼应，即指第 [1] 句中的 two sweethearts。

④替代。第 [4] 句中的 the younger one 中的 one 是替代，被替代的是 woman。

3. 语言的选择问题

在语篇分析和话语研究的过程中，语言分析的作用是不可低估的。语言结构和词语体现的是语篇的意义，也是发话人的交际意图。黄国文（2001a：44）说到，在通过语言进行交际的过程中，我们每时每刻都在对语言形式进行选择，而每次选择通常都是有意义的；即使有时所作的选择不是有意识的，但这种选择仍然有意义，因此，“选择就是意义”（Choice is meaning.）是一条可以广泛应用的原则。从语篇分析和话语研究看，“形式是意义的体现”（Form is the realization of meaning.）（黄国文，1999：106–115）；特定的形式表达体现了特定的意义。结构不同、形式不同，所表达的意义就不会是一样的。有些相似或相近的结构表达的意义十分相似，但认真研究就会发现，它们在意义表达方面还是有差异的。本章 2.2.1 节中对例 1 的分析也表明了这一点。

就例 5 而言，语篇开头所用的 Once upon a time 就预示着这个语篇应该是则寓言，因为 Once upon a time 已经是寓言这种语篇类型的典型开头语。又如，本章 2.2.2 节例 4 的第一句话是典型的新闻“导语”，它把事情发生的地点、时间和消息发布的时间、事件主体、事件的主要行为和原因以及消息的来源都交代得很清楚。

语言、语篇类型和语境是相互预测和相互制约的。例如，“百年好合”是一种对新婚夫妇的祝愿，发生的场景通常是婚礼现场或婚礼前后；如果某人说“节哀顺变”，那就是受话人有亲人离世了。

2.4.4 功能话语研究的简单陈述

上述讨论主要是对本书所作的功能话语研究的理论支撑、功能解释和功能话语研究步骤的初步展示。简单地说，本书所讨论的功能话语研究有如下特点：

（1）研究的内容是使用中的语言，即用于交际的语篇。分析和研究的基础是语篇中的语言，但重点在于语言形式是怎样表达意义的、怎样在交际中达到合适的交际效果的。

（2）对语篇的分析和研究的理论依据是系统功能语言学，所采用的方法也是系统功能语言学的方法，这两个方面的内容将分别在第 3 章和第 4 章中进行描述和讨论。

（3）本书所说的功能话语研究所涉及的内容比一般的功能语篇分析（如黄国文，2001a；黄国文、葛达西，2006）要更多，涉及的面要更广，如“翻译语篇分析”（第 6 章）、“生态话语分析”（第 8 章）和“和谐话语分析”（第 9 章），这些都是一般的话语分析著作或教材不讨论或者较少涉及的内容。

（4）功能话语研究采用的是“功能语篇分析”（黄国文，2001a，2006）所提倡的六个步骤：观察（Observation）→ 解读（Interpretation）→ 描述（Description）→ 分析（Analysis）→ 解释（Explanation）→ 评估（Evaluation）。功能话语研究特别注重对语篇的评估，这是因为它不仅仅是一种“说明性活动”（interpretive activity），更是一种“解释性活动”（explanatory activity）。详见本书第 4 章 4.3 节。

（5）本书所进行的话语研究，与同类的著作的最大不同是：使用特定的理论指导，坚持功能的导向和原则，讨论的范围比较宽广。

2.5　结语

本章初步讨论了功能话语研究的理论支撑，即韩礼德的系统功能语言学，为第 3 章和第 4 章的详细讨论作了铺垫；本章还对“功能”这一概念进行回顾，区分了外在功能和内在功能，并通过实例分析初步展示了功能话语研究的一些方法和步骤。

正如第 1 章所介绍的，话语和话语分析是很多学科的学者都在研究的话题，很多人把话语分析或话语研究当作是一种实践活动，其理论可以来源于其他学科或多个语言学流派。本书所讨论的功能话语研究是系统功能语言学框架中的内容，话语研究与语言学理论的构建和语言的交际功能之间的关系是非常密切的。因此，接下来的第 3 章和第 4 章会比较详细地对功能话语分析的理论支撑和研究方法作进一步的讨论。

第3章 功能话语研究的主要理论假定

3.1 引言

我们多次强调，本书谈论的功能话语研究是以韩礼德的系统功能语言学为理论指导的。我们在多个地方（如黄国文，2001b，2007）也都说过，以系统功能语言学为指导的功能话语分析可以媲美其他任何一种话语分析方法。之所以这样说，首先是由系统功能语言学的研究目的，或者说话语分析和语篇分析在系统功能语言学中的地位决定的。在第2章2.2节我们已经提出，不管是在第一版、第二版还是第三版、第四版的《功能语法导论》中，韩礼德（Halliday，1985，1994）以及韩礼德和麦蒂森（Halliday & Matthiessen，2004，2014）都清楚地表达了这样一个观点：系统功能语言学构建语法的目的就是为了“服务”语篇分析，帮助分析者理解、解释和评估语篇。其次，系统功能语言学作为适用语言学（appliable linguistics）具有很强的可操作性和实用性，其理论适用于各种类型的话语研究，可以解决话语研究中的各种问题。

功能话语研究涉及的核心要素包括社会文化、认知、语篇和语言。其中，语言被视为载体，社会文化结构以及认知现象由语言反映和构建。韩礼德和麦蒂森（Halliday & Matthiessen，1999）通过层次化（stratification）这一概念将语言、社会文化和认知这三个核心要素之间的关系展示出来，如图3-1所示。

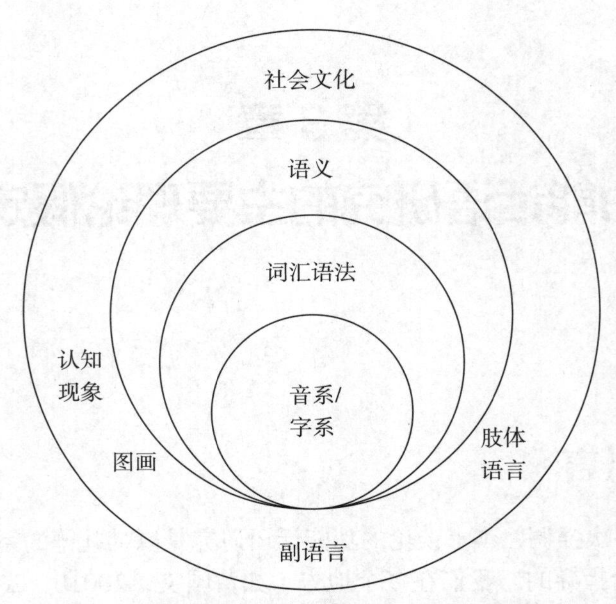

图 3–1 语言与语境（根据 Matthiessen，2007a：11）

图 3–1 展示了语言系统与语境的关系。语境包含多种要素，主要包括社会文化语境和认知现象，这也是初期功能话语研究重点关注的。随着功能话语研究的不断发展，图画、副语言和肢体语言等要素也逐步被纳入研究范围；这些要素反映在语言系统的选择中。语言系统是一个意义系统（semiotic system），由至少三个层面组成——语义层（stratum of semantics）、词汇语法层（stratum of lexicogrammar）和音系 / 字系层（stratum of phonology/graphology）。其中，语义层与语言外部的语境互动，将语境中的经验类型和互动关系投射到语言系统中。更为重要的是，语义并非局限于以词或者小句为单位的意义，而是扩展到语篇和话语意义层面；有关语篇和话语意义的研究被称为“话语语义学”（discourse semantics）（Martin，1992）。语言系统中的三个层面之间是一种体现关系，即在语义层上的选择由词汇语法层上的选择体现，而词汇语法层上的选择则由音系 / 字系层的选择体现；其中词汇语法层是语言系统的核心（Halliday, 1994：15）。但是，相对于措辞（词汇语法层）与意义（语义层）之间的“自然的”（natural）体现关系（Halliday,

1994：xviii），措辞与其声音 / 书写（音系 / 字系层）之间的体现一般是"任意的"（arbitrary）。这是因为语义层和词汇语法层都属于内容层（stratum of content），而音系 / 字系层则是属于表达层（stratum of expression）。实际上，韩礼德（Halliday，1992/2002：356）认为，语义层上的选择由词汇语法层上的选择体现，而词汇语法层上的选择由音系 / 字系层的选择体现的这种说法是"rather seriously misleading"（严重误导人的），容易让人误认为语义层和词汇语法层之间的关系与词汇语法层和音系 / 字系层之间的关系是相同的。基于音系 / 字系层为表达层、语义层和词汇语法层为内容层的看法，对这三个层面之间关系更准确的描述应该是：语义层的意义由词汇语法层的选择体现，并由声音或文字表达出来。例如，想要表达一种开心的情绪，说话者通常选择关系过程"我很开心"，也可以选择行为过程"我笑了"。这是一种自然的关系。然而，当要利用文字表达这一意义时，我们可以用正规的文字书写，也可以用符号甚至是交流者之间所能理解的任何一种形式来代替。

对语言形式的选择是由人们的交际需要决定的。比如，当我们想要描述一个动作的时候，通常选择物质过程；当我们想要表达感观、情绪、态度、意见等，通常选择心理过程；当我们想要描述两者（事物或事件）之间的关系时，则通常采用关系过程。再比如，当我们想要传递信息时，通常选择陈述句；当我们想要求取信息时，通常选择疑问句；当我们想要发出命令时，通常选择祈使句（详见本章 3.4.1 节对系统功能语言学三大元功能的解释）。但是这些并非一一对应的关系；在某些情况下，人们可以选择另一种语言形式来表达意义（详见本章 3.4.6 节对语法隐喻的阐释）。对语言形式的选择体现了特定的意义，而选择的结果则构成了语篇和话语。

以此为依据，本章从两个层面对功能话语研究的主要理论依据进行讨论，分为宏观指导层面的韩礼德的马克思主义语言观（a Marxist view of language）、语境（context）思想和系统类型说（a typology of systems），以及微观语言层面的元功能、评价系统、衔接和语法隐喻。当然，随着系统功能语言学理论的不断扩展、细化和修正，对一些理论的看法就会发生改变；而当前的跨学科研究趋势以及话语研究范围的不断扩大（详见本书第 5 章）也将其他学科和其他语言学流派的理论和思想带入功能话语研究，融入其分析框架中。但是，上述几个方面仍然是开展功能话语研究的基础和重点。在讨论元功能、衔接以及语法隐喻时，我们以韩礼德的解释作为标准，而在讨论评价系统时则以马丁的解释作为参考。

3.2 韩礼德的马克思主义语言学思想

韩礼德马克思主义语言学的核心思想是语言的"实践观"，包含两方面的意思。一方面，语言学理论来自社会实践，与语言存在、发展的社会环境相关；另一方面，将语言和语言学研究置于社会语境中，从而发现、评估和解决社会中任何与语言相关的问题。因此，语言学不能停留在描述现实的层面，而是要作为一种干预方式（a mode of intervention）对人们的语言生活、所思所想产生影响和反作用。在社会实践中构建语言学理论并不是全部，甚至可以说并不是最重要的；语言学理论构建的主要目的和最终目的应该是将其用于社会实践，解决社会问题，推动社会发展。

韩礼德多次（如 Halliday，1993/2007：223；Martin，2013：118）明确表示，在他的语言研究中使用的是马克思主义语言观（韩礼德等，2015：1）。例如，他说，"我一直将马克思主义语言学视为自己追求的长远目标，即致力于在政治语境中研究语言"（参见 Martin，2013：118，另见何远秀，2016）；"我是用马克思主义的语言观和方法来研究语言的"（韩礼德等，2015：1）。在政治语境中研究语言就是要将语言置于社会环境中，研究其本质和特征，注重其社会理据；同时，将语言和语言学研究用于社会，对社会实践进行审视和批评，这要求语言学家理论联系实际，突出了"语言学家的社会责任"（黄国文、文秋芳，2018：12）。从这个意义上来说，具有马克思主义语言学特征的理论须为有社会担当的语言学（a socially accountable linguistics）。从强调语言的社会属性到强调语言对社会现实和社会活动的干预，系统功能语言学已不再是传统的马克思主义语言学研究，而是发展成为"a neo-Marxist linguistics"（新马克思主义语言学）（Martin，2000：92）。

受实践观的影响，韩礼德所构建的系统功能语言学不单单是“应用的”（applicable），而是“适用的”（appliable）。“应用的”只是针对某一局部领域，有具体的应用对象。而说系统功能语言学是“适用的”，是指它适用于各种操作环境和广泛的研究领域，可以被运用到各个学科的研究中，如翻译、外语教学、语法研究、临床医学、法律、生态环境等。基于此，韩礼德多次强调系统功能语言学是“适用语言学”，而他创建系统功能语言学的目的之一是为解决潜在的语言学消费者所面临的各种问题提供一个理论（Coffin，2001：94，参见 Halliday，2006；黄国文等，2006)。这里的各种问题包含了与语言和语言使用相关的方方面面，如教学问题、生态问题、医患问题、国际关系问题等。在话语研究中，系统功能语言学的地位比较突出，成果也尤其丰富。这是作为适用语言学的系统功能语言学密切联系社会现实的重要表现之一。

在第 1 章 1.3.3 节我们回顾了批评话语分析的主要研究对象，即通过对语言的分析批判社会中的不公正和不平等，展现的是各种力量在话语中的较量和斗争。而系统功能语言学可以有效地揭示话语的意识形态和价值观，两者也因此而紧密联系（Alba-Juez，2009；Flowerdew，2008；Wodak，2011）。批评语言学的创始人之一福勒（Roger Fowler）也明确谈到：“鉴于价值这么彻底地隐含于人们的语言用法之中，我们有理由建立并实践一种趋向于理解这种价值的语言学……韩礼德的系统功能语言学特别适合于把结构与交际功能联系起来，所以他为我的描述提供了工具……”（Fowler，1991：156，转引自何远秀，2016：52）。

然而一味采取对抗的、批判的立场也可能给读者带来失望和不安，不一定能达到最佳效果。因此，有学者提出不同的看法。例如，沃达克（Wodak，2011：40）对 critical 的含义进行了解释，认为 critical 不是指“否定”（negative），而是指“不想当然”（not taking things for granted），是要挑战“还原主义”（reductionism）、“教条主义”和“二分法”，是要自我反思，也包括提出不同的选择方式。再如，克莱斯（Kress，1996，2000）和卢克（Luke，2002）等人也提醒到，要把解构转化为一种建构，“通过揭示不平等去创造一个公平的社会，不要让人们感觉自己生活在一个十分不好的环境里”（黄国文，2018a：35）。以此为背景，马丁提出了积极话语分析，描述了“和平语言学”（peace linguistics），向读者展示一个美好的未来。除此之外，积极话语分析不同于批评话语分析的另一个突出特点在于两者的语篇选择倾向。批评话语分析通常选择具有明显冲突性的话语，而积极话语分析在此基础上还关心“外交、斡旋、谈判、会议和咨询等语篇”（朱永生，2006：39）。简单来说，批评话语分析更倾向于选择充满对抗的话语，而积极话语分析则更倾向于选择展示团结美好的话语。在新的发展形势下，这两个路径的分析对象都在不断扩大，除了传统的政治、军事问题，还关注经济、民生、社会、生态等问题（详见本书第 5 章），它们在语料选择中的重叠区域也越来越多。

随着话语研究对象的扩展，从 20 世纪 90 年代起，韩礼德将研究范围从人类社会拓展到生态系统，由此产生了生态语言学的一个经典研究模式——系统生态语言学（systemic ecolinguistics）（Halliday，2007），对生态话语分析（包括对生态类话语的分析和对话语的生态分析）产生深远影响。在这样的背景下，生态话语分析借用了很多系统功能语言学的研究理论和分析方法。生态话语分析作为生态语言学的主要分析路径之一（Alexander & Stibbe，2014），普遍从“批评”的视角揭示话语中对生态环境以及其他非人类有机体产生破坏性影响的语言特征，批判人类中心主义。但是，也有学者从不同的视角展开研究，以期丰富生态话语分析的研究路径和研究成果，其中较为突出的有斯提布（Arran Stibbe）的“积极”视角以及黄国文提出的“和谐”视角。斯提布（Stibbe，2018：165）在积极话语分析的框架下讨论了这样一个问题：“What role can ecolinguistics play in the search for positive new discourses to live by that work better in the conditions of the world we face than the dominant discourses of an unsustainable civilization.”（生态语言学在寻找人们赖以生存的积极的新话语中可以扮演什么样的角色，这些新的话语比非可持续文明主导话语更能帮助我们应对这个世界）。斯提布（Stibbe, 2018: 165）认为，从批评的视角发现“消极话语”（negative discourses）、揭露语言所带来的生态问题只是生态话语分析的第一步，更重要的是要寻找有利于社会和生态系统可持续发展的语言形式，否则对生态话语进行批评性分析的影响是有限的。积极话语分析下的研究既为生态话语分析提供了新的视角，同时也拓宽了积极话语分析的研究领域。黄国文（2016a，2018b）在中国的语境下提出和谐话语分析，提倡用和谐的视角观察、分析和评估生态系统中人与自身、人与人、人与自然环境、人与其他动物以及生态与语言的关系，从而为在不同语境下（不同社会文化背景和不同发展轨迹下的国家和地区）开展生态话语分析提供另一种选择。不论是采用批评的视角、积极的视角还是和谐的视角，生态话语分析的产生和发展都是由不断加剧的生态问题推动的。语言学者关注气候变化、环境污染、物种多样性丧失等生态问题，其最终目的是对这些生态问题做出思考，提出解决建议。

由此可见，当前语言学者的社会责任已经扩展至更广阔的领域，他们不仅要关注社会中人的问题，还要关注生态系统中各个参与者的问题。这就是以问题为驱动，重视社会实践，有社会担当，突出体现了系统功能语言学的马克思主义语言学思想。

系统功能语言学在话语研究中的张力和广阔视野展现了其源于社会并用于社会实践的马克思主义语言观，反映了辩证唯物主义的思想，是推动功能话语研究不断向各个领域、各个维度和各个层面拓展的关键因素。

3.3　语境

韩礼德（Halliday，2008：192）将语言系统等同于“语篇潜势”。功能话语研究首先要把“语篇与语篇背后的潜势（语言系统）联系在一起”，并考虑其语境（文化语境、情景语境、上下文语境）因素（黄国文，2018a：34）。要理解语言系统以及语境的概念，首先要清楚语言系统在物质世界中的定位及其与其他各种类型系统的关系。

3.3.1　系统类型说

本章 3.1 节图 3-1 中的语境将社会文化、认知现象、图画、副语言、肢体语言等呈现在同一层面，是泛泛而谈的。具体来说，它们可以从两个方面进行划分：一是按照要素类型划分为社会的、认知的和物理的；二是按照系统类型，划分为概括程度和复杂程度都不同的子系统。

韩礼德和麦蒂森（Halliday & Matthiessen，1999）将语言视为世界的一个组成部分。世界是由不同的系统构成的，包括物理系统（physical system）、生物系统（biological system）、社会系统（social system）和意义系统（semiotic system）。以物理系统为基点，随着属性的增加，这些系统的复杂程度依次增加，概括程度依次降低：生物系统由包含 [生命] 属性的物理系统构成；社会系统由包含 [价值] 属性的生物系统构成，也就是由包含 [生命] 和 [价值] 属性的物理系统构成；意义系统由包含 [意义] 属性的社会系统构成，也就是由包含 [价值] 和 [意义] 属性的生物系统构成或者由包含 [生命]、[价值] 和 [意义] 属性的物理系统构成。这四个系统之间的关系可以由图 3–2 展示。

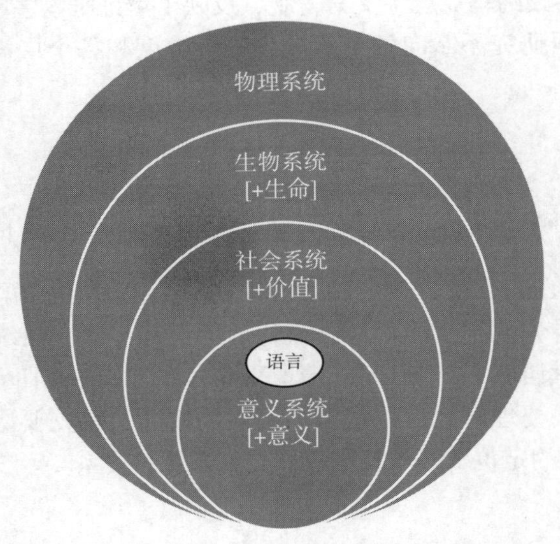

图 3–2　系统类型和语言的位置

语言作为一种意义系统，包含了意义系统的 [意义] 属性、社会系统的 [价值] 属性和生物系统的 [生命] 属性。但是如图 3–2 所示，语言作为意义系统的一部分，与社会系统更为接近，而与生物系统尤其是物理系统的距离较远。语言系统的外部环境包括认知环境和社会文化环境，这两个环境与韩礼德（Halliday，1991/1999）所阐释的系统功能语言学语义理论的来源相关。认知环境受萨丕尔（Edward Sapir）和沃尔夫（Benjamin Lee Whorf）的影响，将语言视为一种反思的形式（a form of reflection），而社会文化环境受马林诺斯基和弗斯的影响，将语言视为一种行动的形式（a form of action）。韩礼德将这两种语境融合到语言系统，实现了语言外部环境与语言内部环境的有机结合。从图 3–2 可以看出，语言系统的外部环境远不止认知环境和社会文化环境两个方面，而是包含了更广意义的生态系统中的物理系统和生物系统。但不可否认的是，认知和社会是最接近语言系统的，也是最复杂的，因此在话语研究中自然而然地吸引了研究者更多的目光。

语言系统与其外部环境是个双向作用的过程。语境中的事物（实体）和事件（过程）由语言系统的语义层体现，并进一步由词汇语法层的选择体现。从另一个方向来说，通过分析说话者在语言系统中词汇语法的选择，研究者可以揭示话语背后的社会文化和认知现象，甚至是生物环境的发展变化。近期，一些系统功能语言学研究者注意到语境更广泛的含义，将语境扩展到包含社会在内的生态环境，关注生态问题，分析生态话语，拓展了功能话语研究的应用范畴。

3.3.2 韩礼德的语境思想

语境是影响话语研究的重要思想之一。一些著名的批评话语分析研究者（如 Fowler，1991；Flowerdew，2008）明确肯定了系统功能语言学语境思想对批评话语分析所产生的深刻影响。语境可以分为文化语境（context of culture）、情景语境（context of situation）和上下文语境（context of co-text）。这里，我们重点讨论语言的两类外部语境——文化语境和情景语境；上下文语境将在本章第 3.4.5 节中进行阐释。

系统功能语言学的语境思想始于伦敦学派，主要受马林诺斯基（Malinowski，1923，1935）和弗斯（Firth，1957）的影响。马林诺斯基（Malinowski，1923：307）首先提出了“情景语境”，即话语或者行为发生的即时环境（immediate context）。他明确指出，只有在相应的情景语境下话语才能传递其意义，也就是说，语境对理解话语至关重要，而意义是通过话语在情景语境中的功能获得的。随后，他（Malinowski，1935）进一步提出“文化语境”。不同于情景语境，文化语境并非发生在话语或者行动产生的当下，而是指广泛的社会文化背景。

虽然马林诺斯基提到了语言，但是他的研究是基于人类学的，而不是在语言学视角下展开的。弗斯（Firth，1957）强调语言的社会属性，采用社会学的研究方法将马林诺斯基的情景语境和文化语境应用于语言研究。弗斯在语言的各个层面上讨论意义及其体现，认为情景语境位于意义层的最高层面，包含三个要素：言语行为参与者的相关特征（包括个人、个性、参与者的言语行为和非言语行为）；关联的对象；言语行为产生的效果。但是，弗斯本人“未能实现根据”马林诺斯基的“情景语境建立一种语言学理论的目标”（Robins，1967/2001：247，参见黄国文，2009：19）。

韩礼德将语境思想系统化，区分了文化语境、情景语境和上下文语境，并就它们之间的关系进行了论述。

1. 文化语境

语言是一个意义系统，它反映社会现状，受社会的各个要素影响，并对社会进行反作用。具体而言，社会中的每个言语社团都有自己特定的历史背景、发展阶段、文化传统、风俗习惯、思维模式、道德伦理、价值观念等，这些是抽象的、宏观的，具有民族性。这些反映特定言语社团特点的方式和因素构成了话语研究者所说的“文化语境”（黄国文，2001b）。简单地说，文化语境可以解释为：“语篇在特定的社会、文化中所能表达的所有的意义（包括交际目的、交际步骤、交际形式、交际内容等）”（黄国文，2001b：2，2002：27）。语篇和话语的发生和作用都有其特定的文化语境，从而实现其特定的社会目的和交际功能。因此，语篇和话语所在的特定文化语境影响着研究者对语篇和话语的理解、分析、解释和评估。同一语篇和话语在不同文化语境下可能有不同的解释，而不同的语篇和话语在相同的文化语境下也可能产生理解趋同。

文化语境反映在体裁中。韩茹凯（Hasan，1978，1985）认为，体裁的确认与语境配置（contextual configuration）相关；每个体裁都有“体裁结构潜势”（generic structure potential）。而马丁则持不同看法。在他（Martin，1992）看来，体裁是一个由发话者以文化社团成员身份参与的有阶段、有目标、有目的的活动，每个体裁都有它的“纲要式结构”(schematic structure)。选择何种观点指导话语研究，可以根据分析者实际需要解决的问题和研究目的进行选择。

2. 情景语境

在特定的文化背景中，交际双方在某个时间和地点，根据双方关系和交际目的，就某个话题，利用某种手段或者渠道展开交流。这里涉及的时间、地点、双方关系、话题、渠道等是构成情景语境的要素，被归纳为情景语境的三个功能变量（functional variable），即语场（field of discourse）、语旨（tenor of discourse）和语式（mode of discourse）。语场指的是正在发生什么，与话语的主题相关；语旨指的是事件发生所涉及的各个参与者，包括个人基调和功能基调；而语式指的是语言的角色以及话语产生的渠道或者媒介。情景语境，或者说语域（register），是关于语言使用（use of language）的意义概念，通常被理解为语言的功能变体。

就语境来说，韩礼德最重要的贡献应该是将情景语境的三个功能变量内化到语言系统，与语言系统中的语义层糅合并由词汇语法层体现，由此将语言的外部环境与内部系统衔接起来，这是话语研究中至关重要的一个环节。按照韩茹凯（Hasan，1995：222）的说法，系统功能语言学中语域的三个变量（即语场、语旨和语式）与三大元功能（即概念功能、人际功能和语篇功能）之间存在着“耦合”（hook-up）关系。语域的三个变量在语言系统的语义层上分别体现为概念意义、人际意义和语篇意义。在词汇语法层，概念意义主要由及物性系统、依赖系统和逻辑语义系统体现；人际意义主要由语气系统、情态系统和评价系统体现；

语篇意义主要由主位系统、信息系统和衔接机制体现。

相比较而言，情景语境是语篇和话语发生和作用的直接语境，而文化语境则位于更抽象的、更概括的层面。因此，如果将语言系统外的语境层进一步细化，可以认为文化语境层位于更高的层面，并体现在情景语境层之中。如果从体裁和语言的关系来看，体裁反映在语言中，但是这一过程需要通过语域来调节。因此，我们可以通过考察语言的选择来判断其体裁和语域特征，也可以通过体裁和语域特征来预测、评估语言的选择倾向（详见第 4 章 4.4.2 节）。这一关系可以通过图 3-3 更直观地表示出来。

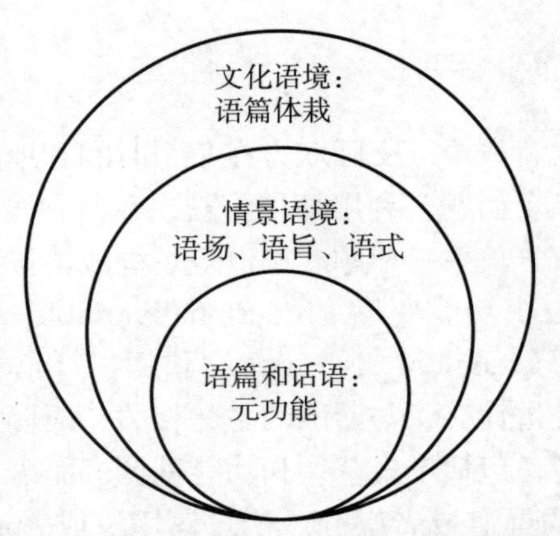

图 3-3 文化语境、情景语境与语篇和话语的关系

对话语和语篇的研究不可能脱离语境来讨论，因为语境与话语和语篇是无法割裂的（Halliday & Hasan，1985）。语境影响、预测了话语和语篇在风格、词汇语法、组织结构等方面的选择，而话语和语篇的特征则反映甚至反作用于语境。因此，功能话语研究是一定要考虑语境因素的，离开了语境分析，话语分析就可能成为简单的语言分析了。

3. 行为潜势和意义潜势

文化语境和情景语境分别与行为潜势（behaviour potential）和意义潜势（meaning potential）相关联。在社会意义学（social semiotics）视角下，韩礼德（Halliday，1978）区分了三个层次，分别是“能做”

（can do）、“能表”（can mean）和“能说”（can say）。“能做”位于最高层面，指特定语境下人们可能开展的各种行为及其开展方式，即“行为潜势”。“能表”位于中间层面，指人们的行为反映在语言系统中的可能性，即“意义潜势”。“能说”处于最低或者说最具体的层面，指语言在具体交际环境中的使用，被称为“actualized potential”（现实化的潜势）（Halliday，1978：40）。系统功能语言学认为语言首先是一种行为，而行为在很大程度上受文化语境影响。行为潜势是社会中的行为、现象和语言的存在和发生方式，包括语言的和非语言的。行为潜势由意义潜势体现，限于语言。语言系统作为一种可供选择的潜势，存在于社会个体之中；它是一个由不同子系统组成的系统网络，分为不同层级。说话人完成满足不同入列条件的选择后，便构成了结构。简单地说，这三个层面之间是一种体现关系，“能做”由“能表”体现，“能表”由“能说”体现。从另一个方向来看，也可以说“能说”体现了“能表”，“能表”体现了“能做”。从层次来看，行为系统由语义系统体现，而语义系统由词汇语法系统体现。

韩礼德（Halliday，1994）认为，语言是一个意义系统，而形式则是用来实现意义的结构。意义是系统功能语言学的核心。意义潜势可以从四个方面进行解释。第一，意义的内容。意义分为概念意义、人际意义和语篇意义，这三方面意义覆盖了外部世界、内心世界以及语言组织，具有强大的张力和可扩展性。体现行为潜势的意义潜势从这三类意义系统中选择，并进一步体现为语言系统中的词汇和语法选择。第二，潜势是一种势能，为意义的实现提供了多种可能；意义作为一种资源，由位于语言中心区域的语法驱动。因此，系统功能语言学认为不存在一对一的“意义–形式”体现方式。也就是说，一种意义可能有多种体现方式，而一种体现方式也可能表达多种意义，这展示了意义潜势的弹性。第三，意义是由个体语言行为修饰的系统资源；意义的产生源自社会意义系统中不同社会个体之间的互动。第四，语言是共有资源，用于意义的表达。总的来说，意义潜势传递的思想是：意义产生于“做”（doing）而非“知”（knowing）当中；语言研究需要注重语言能做什么，而不能仅限于语言是什么。

意义潜势中的核心思想是系统，对某一入列条件下的选择与概率

（probability）有关。例如，在语态这一入列条件下，可以选择主动语态或者被动语态，如何选择就是一个概率的问题。一般而言，概率高的被视为无标记（unmarked）选择，反之则被视为标记性（marked）选择。标记性选择并不等于不符合语法的或者不正确的，而是指在约定的情况下较少或者很少使用的情况。举个简单的例子，人们通常所说的“Tom is wise.”，其逆转后的形式“Wise is Tom.”在系统中出现的概率较低，虽然也存在其出现的语境，比如古体英语或者文学写作，但相对而言，这种逆转后的形式还是比较少见的。

影响概率的一个主要因素是话语和语篇类型，正是由于不同类型的话语和语篇有其特定的选择才会呈现出其独有的特征，这也是话语研究者探索的关键问题之一。例如，就语态选择而言，一般情况下主动语态的概率会高于被动语态。但是，在很多科技论文和与生态相关的语篇中，被动语态的出现概率可能会大幅提高。科技论文中被动语态的选择通常与信息组织和与读者的人际互动相关，而生态话语中的被动语态则通常用于展示人与自然环境、自然资源和非人类有机体之间的关系。

3.4 主要语言系统在话语研究中的应用

在韩礼德的马克思主义语言观、系统类型说和语境等思想的指导下，功能话语研究者利用系统功能语言学中的各个系统展开分析；本书主要介绍元功能、评价系统、衔接和语法隐喻。实际上，评价系统可以归属于人际功能，但是由于其提出者是知名学者马丁，而且评价系统在话语研究中有着广泛的影响力，因此我们将它单独列出。

3.4.1 韩礼德的三大元功能

许多语言学家都对语言的功能进行了探索，并总结出不同的类别。与韩礼德提出的语言的元功能关系密切的主要是布勒（Bühlter，1934/1990）提出的语言功能三分系统（tripartite system）和雅各布森

（Jakobson，1960）区分的六种语言功能。布勒（Bühlter，1934/1990）提出了语言功能的“工具”（德语 organon）模式，包含了符号（sign）、客体与情境（objects and states of affairs）、说话者（sender）和受话者（receiver）四个要素，其中，作为符号的语言与其他三个要素相互作用，形成不同的关系，并产生不同的功能。语言符号与客体和情境之间是表现关系，产生的是“再现”功能（representation），用于描述外部世界的事物和事件；语言符号与说话者之间是表情关系，产生的是“表情”功能（expression），用于表达说话者的情感、态度和观点；语言符号与受话者之间是感染关系，产生的是“感染”功能（appeal），用于感染受话者以实现告知、劝说、引导、启发、命令受话者的目的。结合布勒的语言功能观和马林诺斯基提出的语言的寒暄概念，雅各布森（Jakobson，1960）区分了语言的六个功能。雅各布森认为，一切交际行为都基于六个要素，包括语境、信息、说话者（addresser）、受话者（addressee）、接触（contact）和语码（code）；语言的功能主要围绕信息与其他要素的互动展开。信息对语境中事物和事件的描述是指称功能（referential）；信息中传达的说话者的情感和观点是情感功能（emotive）；信息对受话者的影响和引导是意动功能（conative）；信息建构或者拓宽接触是寒暄功能（phatic）；信息对语码的解释是语言元功能（metalingual）；而信息与其本身的互动则是诗学功能（poetic）。

布勒和雅各布森对语言功能的阐述对韩礼德产生了很大影响。韩礼德提出了语言的三个元功能，分别是概念功能、人际功能和语篇功能，其中概念功能进一步分为经验功能和逻辑功能。这三个元功能是三股意义（three strands of meaning）的整合，它们相互作用，有机地结合在一起。

系统功能语法是“自然”语法（Halliday，1994：xiii），解释语言是如何工作的。语言中的意义成分都是功能成分，围绕着“概念”和“人际”两大意义组织，用于认识世界、描述世界，建立、维持或改变人际关系，这是语法的两大元功能，即概念功能和人际功能。具体来说，概念功能展现的是如何利用语言谈论关于物质世界和内心世界的经验、看法和世界上所发生的事情以及与这些事情有关的个体。人际功能是有关语言所展示的交际双方的角色、地位、关系和互动，表达自身的态度和立场，并影响他人的态度和立场，从而建立相应的人际关系，促进人际交往。语篇功能与话语和语篇的连贯相关，用于组织语句和话段，将各个片段链接起来以实现传递信息的目的。语言所传递的经验意义和人际意义是语境中各种经验和人际关系在语言系统意义层面的展现，这两者通过语篇意义组织起来。在词汇语法层，概念功能中的经验功能涉及及物性分析、作格（ergativity）分析和语态（voice）分析；概念功能中的逻辑功能涉及依赖关系分析和逻辑语义关系分析；人际功能涉及语气分析、情态分析和评价分析；语篇功能涉及主位结构分析、信息结构分析和衔接机制分析。对话语和语篇的元功能分析是话语研究中十分常见的。

本章接下来主要介绍及物性系统、逻辑关系、语气和情态系统、以及主位和信息系统，并节选儿童奇幻小说《爱丽丝漫游仙境》（*Alice in Wonderland*）（Carroll，1922）中的一些话段作为例子简要展示如何在话语和语篇中开展元功能分析。

1. 及物性系统

语言的经验功能描述客观世界和主观世界中已经发生了什么、正在发生什么和将会发生什么，包括参与者（人、物或者事件）、参与者涉及的过程以及参与者所处的环境；这些在词汇语法层通过及物性系统实现，分为六种过程类型，包括三类主要过程类型——物质过程（material process）、心理过程（mental process）和关系过程（relational process），以及三类次要过程类型——言语过程（verbal process）、行为过程（behavioural process）和存在过程（existential process）。实现各类过程的小句依次称为物质小句、心理小句、关系小句、言语小句、行为小句和存在小句。小句通常由三个成分组成：过程、参与者和环境；其中，过程是最核心的成分，其次是参与者，而环境则是最边缘的成分。这三个成分分别说明了所发生的事件，事件中涉及的参与者，事件发生的时间、地点、方式、条件和原因等。

物质小句是关于已经做（或发生）了某事、正在做（或发生）某事或者将要做（发生）某事的小句，一般隐含了外部介质的推动，可以分为及物的和不及物的，也可以分为主动的和被动的。物质小句的参与者包括动作者（Actor）和目标（Goal），其中动作者是必需的，而目标则有可能缺失，这视过程所要求的情况而定。与物质小句描述外部世界经验不同，心理小句构建的是内心世界经验。心理小句的两个参与者是感觉者（Senser）和现象（Phenomenon），表达的可以是感觉者对现象的情感（如喜、怒、哀、乐等）和态度（如赞同、反对、中立），也可以是认知（如理解、判断、想象等），还可以是感知（如看到、听到、观察到等）。由此，心理小句进一步分为情感类（affection）心理小句、认知类（cognition）心理小句和感知类（perception）心理小句。关系小句可以用于描述事物和事件的属性和类别，也可以用于识别事物和事件的身份，这就是关系小句的两式，即归属式（attributive），涉及载体（Carrier）和属性（Attribute）两个参与者，以及识别式（identifying），涉及标记（Token）和价值（Value）以及被识别者（Identified）和识别者（Identifier）两组参与者。这两式关系小句各自又分为内包类（intensive）、环境类（circumstantial）和所有类（possessive）三类。言语小句涉及说话者（Sayer）和话语内容（Verbiage）；行为小句构建的是行为者（Behaver）的生理和由心理引起的生理行为，例如咳嗽、打喷嚏、做梦、流泪等；存在小句展示了事物或事件的存在或发生，通常由 there+be 小句实现，涉及一个存在者（Existent）。

下面的例子选自《爱丽丝漫游仙境》第一章《掉进兔子洞》（“Down the Rabbit-Hole”）的后半部分，用于展示如何在语篇中开展及物性分析。但是有两点需要说明的是：第一，You know 作为话语标记（discourse marker），表达的是人际意义，我们不做及物性分析；第二，由 said 实现的言语过程和由 see、wonder 和 fancy 实现的心理过程是小句复合体，对言语内容和现象的标示是指整个小句，然后再进一步对作为言语内容和现象的小句进行成分分析。

【例 1】First, however, [Actor] she [material] waited [Circumstance: time] for a few minutes [Circumstance: purpose] to [mental-perception] see [Phenomenon] if [Actor] she [material] was going to shrink [Circumstance: degree] any further: [Carrier] she [relational-attributive] felt [Attribute] a little nervous [Circumstance: matter] about this; [Quote] “for [Actor] it [material] might end, you know,” [verbal] said [Sayer] Alice [Recipient] to herself, [Quote] “[Circumstance: time] in my going out altogether, [Circumstance: comparison] like a candle. [Senser] I [mental-cognition] wonder [Phenomenon] [Attribute 1] what [Carrier] I [relational-circumstantial] should be [Attribute 2] like [Circumstance: time] then?” And [Senser] she [mental-cognition] tried to fancy [Phenomenon] [Attribute 1] what [Carrier] the flame of a candle [relational-circumstantial] is [Attribute 2] like [Circumstance: time] after [Goal] the candle [material] is blown out, for [Senser] she [mental-cognition] could not remember [Phenomenon] [Circumstance: time] ever [mental-perception] having seen [Phenomenon] such a thing.

上面是对例 1 经验功能的及物性分析，涉及过程、参与者和环境成分。我们首先对其中三个比较复杂的结构进行分层次解释。

（1）在“she waited for a few minutes to see if she was going to shrink any further”一句中，共有三个位于不同层次的过程。在第一层次中，物质过程由 waited 体现，只有 she 这个参与者（动作者），此句中有两个环境成分，分别是表示时间的 for a few minutes 和表示目的的 to see if she was going to shrink any further。在第二层次中，第二个环境成分（表示目的的非限定成分）to see if she was going to shrink any further 同样由小句体现；表示过程的是 see，这是个心理小句，动词后面的 if she was going to shrink any further 是这个过程的现象。在第三层次中，充当现象的 if she was going to shrink any further 是个物质小句，其中 shrink 是过程，she 是动作者，any further 是表示程度意义的环境成分。这里的分析只集中在小句层面的经验功能，而且是粗线条的分析。如果要进行语篇功能分析，则可以把 first 和 however 分别标示为表示顺序关系的主位和表示连接意义的主位。如果这里的经验功能分析要再进一步，还可以对 was going to shrink 进行分析：was going to 是助动词词组，在句法功能上等于“would”。对这个助动词词组可以这样分析：was 是助动词，going 是助动词延长（auxiliary extension）成分，to 是不定式标记。另外，从句法分析看，这里的 to 与“She ought to do it.”

中 to 是一样的。

（2）第二个比较复杂的结构是在“I wonder what I should be like then？”中。虽然其结构没有上面的句子那么复杂，但是它也需要从两个层次进行分析。在第一层次，I 是感觉者，wonder 实现的是表示认知的心理过程，“what I should be like then？”是现象。在第二层次，充当现象的是一个关系小句，其中 I 是载体，(like) what 是属性，then 是表达时间的环境成分；由于属性是 like what，所以在上面的标示中，就有了 [Attribute 1] 和 [Attribute 2]。

（3）在第三个结构“And she tried to fancy what the flame of a candle is like after the candle is blown out, for she could not remember ever having seen such a thing.”中，情况也比较复杂。首先，这是个小句复合体，两个小句处于并列关系。其次，在第一个小句“And she tried to fancy what the flame of a candle is like after the candle is blown out.”中，第一层次的过程由 tried to fancy 体现，这是个心理过程，she 是感觉者，“what the flame of a candle is like after the candle is blown out.”是现象；在第二层次，充当现象的小句是个关系小句，其中的 (like) what 是属性，the flame of a candle 是载体，after the candle is blown out 是表示时间意义的环境成分；与上面第二个复杂结构的第二层次相似，这里的属性是 like what，所以其标示同样出现了 [Attribute 1] 和 [Attribute 2]；在第三层次，充当环境成分的 after the candle is blown out 是物质小句，因为它是个被动小句，所以该小句的主语是目标（the candle）。至于 tried to fancy，我们可以进一步分析：tried to fancy 是个动词词组复合体，两个动词之间是主从关系，核心成分是 fancy（参见黄国文，2000：224）。最后，在第二个小句“for she could not remember ever having seen such a thing.”中，主要的过程是表示认知的心理过程，由 remember 体现，它有两个参与者：she 是感觉者，having seen such a thing 是现象，此外还包括一个表示时间的环境成分，由 ever 体现；在第二层次，充当现象的小句是 having seen such a thing，这也是一个心理过程，由 see 体现，不过表达的是一种感知，所感知的现象是 such a thing。

在分析完三个复杂结构后，我们对这一段短文的及物性特征进行描述。该选文总共出现了五个心理过程、四个物质过程、三个关系过程和一个言语过程。如果作进一步细分，可以发现心理过程主要是感知类和认知类的，描述感觉者的所看和所思，而物质过程主要是非及物过程，描述动作者自身的动作和变化。文中出现的三个关系过程中，第一个是内包类关系过程，表达的是主人公爱丽丝的精神状态 felt a little nervous，与心理过程比较接近；另外两个关系过程都是表示比较的环境类关系过程，描述了主人公脑海中对个人状态和蜡烛火焰状态的疑问。除了心理过程、物质过程和关系过程这三个主要过程，还出现了一个言语过程——爱丽丝自己对自己所说的话，也可以看作是爱丽丝的心理活动。

在上面节选的短文中，三类主要过程类型都出现了，且频次较高，突出表达的是心理或精神状态、行动和关系，而唯一一个次要过程类型（即言语过程）也与心理有着密切联系。要解释心理过程、物质过程和关系过程在选文中的主体地位，需要将语言发生的环境纳入考虑。小说第一章的前半部分交代了这段话发生的背景，即爱丽丝来到了一个新的环境，喝了一瓶未知的水，身体产生了变化。在这样的背景下，语篇首先呈现了“变化”和“观察与认知”两个方面的内容，分别由物质过程和心理过程实现，之后展示了对变化后的状态的好奇，由关系过程实现。在这段话中，也出现了一些环境成分，最常见的是表示时间的成分（for a few minutes、in my going out altogether、then、after the candle is...、ever），其次还有少数表示程度（any further）和比较（like a candle）的成分。时间成分和程度成分主要与主人公的身体变化相联系，强调一种过程；而比较成分与两个环境类关系过程相似，强调一种状态。

由上述分析可以看出，例 1 主要通过心理过程、物质过程和关系过程，以及表示时间、比较和程度的环境成分展示了主人公在陌生的、完全不同于以往认知的环境中的行动和心理活动，强调主体和环境的变化，将“奇幻”投射在人物的所作所为和所思所想之中。

2. 逻辑关系

逻辑系统主要用于描述小句复合体中小句之间的关系（Halliday,

1994），也可以用于阐释小句层面参与者之间和词组复合体中词汇之间的关系（Halliday & Matthiessen，2004，2014）。这里主要介绍和应用的是小句间的逻辑关系。

第2章2.4.3节提到，在小句复合体中，小句之间的关联可以从两个角度进行考察——依赖关系和逻辑语义关系。从依赖关系来看，小句之间可能是并列或者从属关系。并列关系中的各个小句是独立存在的，而从属关系中一个小句的存在依赖于另一个小句。在话语研究中尤为常见的是对小句间逻辑语义关系的分析，包括扩展和投射两大类。扩展进一步细分为解释、延伸和增强三类。解释的基本含义是一个小句对另一个小句意义的解释，可以是评论、阐释细节、举例等；延伸是一个小句对另一个小句内容的增加或改变；增强是一个小句对另一个小句内容的修饰或限制，其最明显的特征是利用表示时间、地点、原因、方式、条件等环境成分构建增强关系。投射按照投射的内容分为投射“言语”（locution，由实现言语过程的动词投射）和投射“观点”（idea，由实现心理过程的动词投射）。

扩展类逻辑语义关系分析也可以应用在小句层面，展示小句中参与者之间的关系。在及物性系统的六类过程中，关系小句所展现的解释、延伸和增强三类扩展关系具有很强的代表性。简单来说，关系小句的内包类小句、所有类小句和环境类小句分别表达了解释关系、延伸关系和增强关系。例如，“Tom is my teacher.”这一内包类关系小句中my teacher是对Tom身份的阐释，两者间是解释关系。在表示“所有”意义的关系小句中，如“The book is Tom’s.”，Tom’s是对the book的所属的判定，是对the book的信息补充，两者间是延伸关系。而在表示环境的关系小句中，如“The book is on the table.”，on the table是对the book所处位置的说明，两者间是增强关系。虽然这样的划分稍显生硬，但可以帮助我们理解逻辑语义关系在小句层面的表现。

对逻辑关系的分析，仍然借用上一段用于及物性分析的语篇。在展开分析前，有必要介绍系统功能语言学用于表示依赖关系和逻辑语义关系的符号（Halliday & Matthiessen，2004：376–377），如表3–1和表3–2所示。

表 3-1　表示小句间依赖关系的符号（Halliday & Matthiessen，2004：376）

依赖关系	首要句（primary）	次要句（secondary）
并列	1（起始句 initiating）	2（继续句 continuing）
从属	α（控制句 dominant）	β（依赖句 dependent）

表 3-2　表示小句间逻辑语义关系的符号及其含义（Halliday & Matthiessen，2004：377）

逻辑语义关系		符号	含义
扩展关系	解释	=	表示对等
	延伸	+	表示增加
	增强	×	表示增强
投射关系	言语	“	投射话语
	观点	‘	投射思想

接下来，我们对选文进行逻辑分析。

【例 2】First, however, she waited for a few minutes to see if she was going to shrink any further: she felt a little nervous about this; “for it might end, you know,” said Alice to herself, “in my going out altogether, like a candle. I wonder what I should be like then?” And she tried to fancy what the flame of a candle is like after the candle is blown out, for she could not remember ever having seen such a thing.

沿用《功能语法导论》（Halliday，1985，1994；Halliday & Matthiessen，2004，2014）的做法，我们利用三条竖直线表示小句复合体的分隔，用两条竖直线表示小句之间的分隔，用尖括号表示插入语。对例 2 中小句复合体的划分如下所示：

||| First, however, she waited for a few minutes || to see || if she was going to shrink any further: || she felt a little nervous about this; || “for it might end, you know,” ≪said Alice to herself,≫ “in my going out altogether, like a candle. || I wonder what I should be like then?” ||| And she tried to fancy || what the flame of a candle is like || after the candle is blown out, || for she could not remember || ever having seen such a thing.|||

该例包含了两个小句复合体，对它们的依赖关系和逻辑语义关系分析如下：

（a）第一个小句复合体

<table>
<tr><td></td><td>First, however, she waited for a few minutes</td><td>to see</td><td>if she was going to shrink any further:</td><td>she felt a little nervous about this;</td><td>“for it might end, you know,”</td><td>said Alice to herself,</td><td>“in my going out altogether, like a candle.</td><td>I wonder</td><td>what I should be like then?”</td></tr>
<tr><td>(i)</td><td>1α</td><td>1×βα</td><td>1×β‘β</td><td>=21</td><td>=2×2“β</td><td colspan="2">=2×2<<α>></td><td>=2×2“βα</td><td>=2×2“β‘β</td></tr>
<tr><td rowspan="4">(ii)</td><td colspan="3">1</td><td colspan="6">=2</td></tr>
<tr><td rowspan="3">α</td><td colspan="2" rowspan="2">×β</td><td rowspan="3">1
“β</td><td colspan="5">×2</td></tr>
<tr><td colspan="2" rowspan="2"><<α>></td><td colspan="2">“β</td><td></td></tr>
<tr><td>α</td><td>‘β</td><td>α</td><td>‘β</td><td></td></tr>
</table>

（b）第二个小句复合体

<table>
<tr><td></td><td>And she tried to fancy</td><td>what the flame of a candle is like</td><td>after the candle is blown out,</td><td>for she could not remember</td><td>ever having seen such a thing.</td></tr>
<tr><td>(i)</td><td>1α</td><td>1‘βα</td><td>1‘β×β</td><td>×2α</td><td>×2‘β</td></tr>
<tr><td rowspan="3">(ii)</td><td colspan="3">1</td><td colspan="2">×2</td></tr>
<tr><td rowspan="2">α</td><td colspan="2">‘β</td><td rowspan="2">α</td><td rowspan="2">‘β</td></tr>
<tr><td>α</td><td>×β</td></tr>
</table>

例 2 的第一个和第二个小句复合体中都既有并列关系也有从属关系。这两个小句复合体中最常见的逻辑语义关系是增强类扩展关系以及对象为言语和观点的投射关系。由于言语类投射小句复合体实际发生在爱丽丝个体本身，而非交流双方，因此也可以看作是爱丽丝观点的言语化表现，可以被视为观点类投射关系的一种。在增强类扩展关系中，表示原因或目的的关系占主要地位，例如，爱丽丝等待的目的 to see if she was going to shrink any further，爱丽丝感到紧张的原因“for it might end, you know... in my going out altogether, like a candle.”，以及爱丽丝展开想象的原因“for she could not remember ever having seen such a thing.”。投射类关系展示了爱丽丝等待过程中观察的内容“if she was going to shrink any further”，爱丽丝解释自己感到紧张的内容“for it might end, you know... in my going out altogether, like a candle.”，爱丽丝想知道的内容“what I should be like then?”，以及爱丽丝想象的内容“what the flame of a candle is like after the candle is blown out.”。这一系列表示原因或目的以及传递观点的小句间关系首先展示了主人公爱丽丝做出某一行动或者产生某种情绪的原因，同时也展示了她的内心活动。

从上述分析可以看出，语篇的逻辑语义关系分析（小句间关系）与及物性分析（小句所构建的经验类型）是紧密相连的。对这一语篇的及物性分析发现，心理过程和物质过程是最主要的过程类型，展现了主人公的心理活动和行动。这与对该语篇的逻辑语义分析的发现基本一致：逻辑语义分析的结果展示了与主人公行动相关的原因以及主人公的内心活动。因此，作为概念功能的两个方面，及物性分析和逻辑语义分析传递了近似的信息，但又各有侧重，两者相互补充。对语篇的及物性分析突出了主人公的行动是什么以及在什么样的行动下产生何种心理状态；对语篇的逻辑语义分析则侧重主人公采取某种行动的原因以及具体的心理活动内容是什么。

3. 语气系统和情态系统

语气系统是人际功能中的主要系统之一，涉及两个变量，分别是言语角色——给予（giving）和求取（demanding），以及言语交际物——物品或服务（goods-&-services）和信息（information）。这两个变量的互动产生了四种言语功能（speech functions），如表 3-3 所示。

表 3-3　言语角色与言语交际物互动产生的言语功能

言语交际物	言语角色	
	给予	求取
物品或服务	提供（offer）	命令（command）
信息	陈述（statement）	提问（question）

说话者在给予受话者物品或服务时实现的是言语的提供功能，在向受话者求取物品或服务时实现的是言语的命令功能；说话者在向受话者传递信息时实现的是言语的陈述功能，在向受话者求取信息时实现的是言语的提问功能。在交际中，说话者对自己的身份进行设定，同时也指派给受话者一个身份。例如，如果说话者将自己设定为物品、服务或信息的提供者，那么不论受话者的本意如何，他在说话者话语发出的一刻就被指定为相应的接收者。小句中的语气由主语（Subject）和限定成分（Finite）构成，其他的是剩余成分（Residue）。主语和限定成分体现了小句的语气选择。同时出现主语和限定成分实现的是直陈语气。直陈语气又进一步分为陈述语气（declarative），其语气构成是“主语 + 限定成分”，如“[Subject] I [Finite] am a teacher.”；yes/no 疑问语气（yes/no interrogative），其语气构成是“限定成分 + 主语”，如“[Finite] Are [Subject] you a teacher?”；以及 WH- 疑问语气（WH- interrogative），其语气成分的出现顺序由 WH- 成分在句中充当主语还是其他成分决定。当 WH- 成分作主语时，其语气构成是“主语 + 限定成分”，如“[Subject] Who [Finite] is singing?”，当 WH- 成分不是主语时，其语气构成是“限定成分 + 主语”，如“What [Finite] did [Subject] you do?”。非标记的肯定的祈使语气不包含任何语气成分。虽然某一种语气可能实现不同的言语功能或者说某一种言语功能可能由不同的语气实现，但是一般情况下，一种语气更倾向于实现某种特定的言语功能，如表 3–4 所示。

表 3–4　言语功能及其典型语气类型

言语功能	语气类型
陈述	陈述语气
提问	疑问语气
命令	祈使语气

情态是说话者对命题（陈述和提问）的判断和对提议（命令和提供）的态度。对命题的判断由情态表达，与命题的概率（probability）和频率（frequency）相关；对提议的态度由意态（modulation）表达，与提议的职责（obligation）和倾向性（inclination）相关。这两类情态系统都存在低值、中值和高值三种形式。

通过分析语气系统和情态系统可以发现交流双方如何利用语言确定自己的身份和地位，分配对方的身份和地位，表达对事物或者事件的态度和判断，从而建立、维持或改变社会交际关系。为了展示如何通过语气系统分析话语中的人际意义，我们从《爱丽丝漫游仙境》第四章《兔子派遣小比尔进屋》（“The Rabbit Sends in a Little Bill”）摘选了一个片段。这里不再采用上文（3.4.1 节中例 1 和例 2）的选段，是因为对人际功能（特别是人际互动）进行研究，选取出现两个或者两个以上参与者的片段更为合适。

【例 3】Next came an angry voice—the Rabbit's—“Pat! Pat! Where are you?” And then a voice she had never heard before, “Sure then I'm here! Digging for apples, yer honour!”

“Digging for apples, indeed!” said the Rabbit angrily. “Here! Come and help me out of THIS!” (Sounds of more broken glass.)

“Now tell me, Pat, what's that in the window?”

“Sure, it's an arm, yer honour!” (He pronounced it “arrum.”)

“An arm, you goose! Who ever saw one that size? Why, it fills the whole window!”

“Sure, it does, yer honour: but it's an arm for all that.”

“Well, it's got no business there, at any rate: go and take it away!”

There was a long silence after this, and Alice could only hear whispers now and then; such as, “Sure, I don't like it, yer honour, at all, at all!” “Do as I tell you, you coward!”

例 3 以对话形式呈现。为了便于分析，下文以角色为单位对说话人所说的单轮话语进行编号，其中有的话轮只包含一个小句（如 [1]），也有的包含两个或两个以上小句（如 [2]、[3] 等），并在每个小句的后面注明其语气类型及其功能（表达的意义）。需要注意的是，由于兔子（Rabbit）使用的语气类型相较于帕特（Pat）更加多变，因此我们对兔子使用的疑问语气（疑问 1—3）、陈述语气（陈述 1—4）和祈使语气（祈使 1—5）按顺序进行编号。此外，在第 [5] 个话论的第三句中，why 也可以视为兔子发出的疑问，但是这个疑问立即由兔子自己回答了，是一个设问句；why 这里更具有的是形式上的意义，是疑问 3 的延续，因此并未将其单独列出。

[1] Rabbit: "Pat! Pat! Where are you?"（提问：疑问 1——询问）
[2] Pat: "Sure then I'm here!（回答：陈述）
Digging for apples, yer honour!"（回答：陈述——解释）
[3] Rabbit: "Digging for apples, indeed!"（重复：陈述 1——强调）
"Here!（祈使 1：发出命令）
Come and help me out of THIS!"（祈使 2：发出命令）
"Now tell me, Pat,（祈使 3：发出命令）
what's that in the window?"（提问：疑问 2——询问）
[4] Pat: "Sure, it's an arm, yer honour!"（回答：陈述）
[5] Rabbit: "An arm, you goose!（重复：陈述 2——质疑）
Who ever saw one that size?（提问：疑问 3——质疑与反驳）
Why, it fills the whole window!"（回答：陈述 3——提出证据）
[6] Pat: "Sure, it does, yer honour:（回答：陈述——肯定）
but it's an arm for all that."（陈述：表达观点）
[7] Rabbit: "Well, it's got no business there, at any rate:（陈述 4：转移话题）
go and take it away!"（祈使 4：发出命令）
[8] Pat: "Sure, I don't like it, yer honour, at all, at all!"（陈述：表达观点）
[9] Rabbit: "Do as I tell you, you coward!"（祈使 5：发出命令）

以上对话的人际功能分析主要从两个方面进行：小句的语气类型及其作用，以及说话者对对方的称谓或呼语（用下划横线表示）。

例 3 出现了陈述语气、疑问语气和祈使语气。但是，不同说话人对语气类型的侧重不同，利用语气所传递的信息也不同。总的来说，兔子使用了三类语气，但是帕特在整个对话中仅仅使用了陈述语气，主要用于回答兔子提出的问题和表达观点。在兔子采用的语气中，最常使用的是祈使语气，其次是陈述语气，最后是疑问语气。祈使语气始终用于向帕特发号施令，而陈述语气传递的信息更为多元化。兔子使用的第一个陈述语气（陈述 1）是对帕特话语的强调，可以视为对帕特的回应。第二个陈述语气（陈述 2）是对帕特的回答的质疑，包含了不满的情绪，表达的含义是：这怎么会是一只胳膊呢！第三个陈述语气（陈述 3）用于回答兔子自己提出的问题，其作用是提供证据支撑自己的观点。兔子使用的最后一个陈述语气（陈述 4）是为了切断上一个话题，转向新的或者转回更早的话题。由此可见，兔子使用的四个陈述语气都不是“常规的”，或者说是“标记性的”；它们在特定的语境下有其特殊的功能。兔子使用的三个疑问语气中，有两个（疑问 1 和疑问 2）用于发出疑问以寻求回答，但是疑问 3 用于提出质疑和反驳，随后自己提出证据（陈述 3）支撑自己的质疑，是一种设问的修辞手法。

这一段对话中，说话者对对方的称谓或呼语存在的差异是非常明显的。从始至终，帕特对兔子的称谓都是“老爷”（yer honour），表达了一种敬畏的情绪。而兔子对帕特的称呼则有明显的变化，由开始的名字（Pat），到“傻瓜、蠢货”（you goose），再到后来的“胆小鬼”（you coward），暗示了兔子的情绪进阶。这些称呼的变化，从常规、到埋怨、再到责备，与兔子使用的语气类型紧密关联。当兔子只是提出疑问时，使用的是名字称谓；当兔子质疑帕特的回答时，使用埋怨的称呼以表达不满；当兔子听到帕特表达自己的情绪而不愿意执行命令时，使用的称呼则表达了明显的愤怒和责备。

从以上分析可以看出，在兔子和帕特的关系中，兔子处于绝对的主导，甚至是领导地位，而帕特处于从属地位。正是在这样一种不平等的关系中，兔子可以质疑、责怪、发号施令、发泄不满，但是帕特只能（或者说被说话人兔子设定为只能）回答问题、服从命令。《爱丽丝漫游仙境》中的这种阶级划分也投射了人类社会的现实。

4. 主位系统和信息系统

主位（Theme）是小句信息的起点；小句剩下的成分是述位（Rheme），是对主位的发展。主位有三种类型，即话题主位（topical Theme）、人际主位（interpersonal Theme）和语篇主位（textual Theme）。话题主位可以是上面 3.4.1 节下“及物性系统”所谈到的小句的过程、参与者或者环境三类经验成分中的任意一个。话题主位是判断小句主位与述位的依据，也就是说，如果一个小句出现了多重主位，那么其主位必须也只能包含一个经验成分。一些学者称包含两种或两种以上成分的主位为“复杂主位”，该术语借用于拉韦利（Louise Ravelli）（参见胡壮麟等，2005），用以区别韩礼德所说的单项主位或者多重主位。例如，贝里（Berry，1992a，1992b，1995）基于写作体裁研究课题中的问题以及解决办法，提出将动词前所有的成分都视为主位。唐宁（Downing，1991）基于语篇分析区分了两类主位，即主位作为信息起点和主位作为话题；该提法得到麦蒂森（Matthiessen，1992）、马丁和罗斯（Martin & Rose，2007）以及福赛特（Fawcett，2008）的认可。在本书中，我们采用的是韩礼德的说法，但是在其他不同的语境中分析者可以根据语篇的特点和实际需要解决的问题进行选择。（更多有关主位的论述可参见黄国文、黄志英，2009；杨炳钧，2011）

小句的信息结构由已知信息（given information）和新信息（new information）构成。已知信息不仅限于前文已经出现过的信息，还包括一些约定俗成的、常识性的知识和社会文化背景。新信息是未出现过的信息，通常是小句的焦点（focus）所在。

一般情况下，主位–述位结构和已知信息–新信息结构是重合的，这也是通常所说的非标记情况。然而，也有主位成分与新信息重合，述位成分与已知信息重合的情况，这是标记性情况。按照韩礼德（Halliday，1994：299）的观点，主位和述位的确定是以发话人为中心的，而已知信息和新信息的确定是以受话人为中心的。这是因为，选择哪个成分作为主位，是发话人的决定，而哪些信息是已知的或新的，主要是根据受话人的判断。

马丁（Martin，1992）在语篇层面讨论了主位与新信息，提出宏观主位（macro-Theme）和超主位（hypo-Theme）以及宏观新信息（macro-New）和超新信息（hypo-New）。宏观主位可以看作是对整个语篇发展的推导，是说话人即将要表达的内容。超主位是语篇发展过程中各个关键阶段的主位，是对某一阶段内容的推导。以此类推，宏观新信息是与宏观主位对接的听话人所获取的新信息，而超新信息则是在语篇的相关发展阶段向听话者传递的新信息。它们与小句主位和小句新信息共同构成了语篇不同层面的主位和新信息：高一层面的主位和新信息预示了低一层面的主位和新信息，也就是说，宏观主位预示了超主位，而超主位预示了小句主位。同样，宏观新信息预示了超新信息，而超新信息预示了小句新信息。

这里选取《爱丽丝漫游仙境》第三章《一场会议式赛跑和一个长故事》（“A Caucus-Race and a Long Tale”）的一段话来展示主位系统在语篇分析中的应用。相对于用于展示及物性分析、逻辑分析和语气分析的三段选文，例 4 选文较长，更有利于展示语篇的主位推进（thematic progression）。

【例 4】They were indeed a queer-looking party that assembled on the bank—the birds with draggled feathers, the animals with their fur clinging close to them, and all dripping wet, cross, and uncomfortable.

The first question of course was, how to get dry again: they had a consultation about this, and after a few minutes it seemed quite natural to Alice to find herself talking familiarly with them, as if she had known them all her life. Indeed, she had quite a long argument with the Lory, who at last turned sulky, and would only say, “I am older than you, and must know better”; and this Alice would not allow without knowing how old it was, and, as the Lory positively refused to tell its age, there was no more to be said.

At last the Mouse, who seemed to be a person of authority among them, called out, “Sit down, all of you, and listen to me! I’LL soon make you dry enough!” They all sat down at once, in a large ring, with the Mouse in the middle. Alice kept her eyes anxiously fixed on it, for she felt sure she would catch a bad cold if she did not get dry very soon.

例 4 由三个自然段组成。为了便于分析，下面对各小句进行编号，并对小句的主位和述位进行标示（下划横线表示主位，下划波浪线表示述位）。需要说明的是，这里对小句的编号不包括插入语（由 <> 表示），以及限定性定语从句和级转移成分（由 [[ ]] 表示）。

Paragraph 1 (P1)

[1] They were indeed a queer-looking party [[that assembled on the

bank]]—[2] the birds with draggled feathers, the animals with their fur clinging close to them, and all dripping wet, cross, and uncomfortable.

Paragraph 2 (P2)

[3] The first question of course was [[how to get dry again]]: [4] they had a consultation about this, [5] and after a few minutes it seemed quite natural to Alice to find [[herself talking familiarly with them]], [6] as if she had known them all her life. [7] Indeed, she had quite a long argument with the Lory, [8] who at last turned sulky, [9] and would only say, [10] "I am older than you, [11] and must know better"; [12] and this Alice would not allow without [[knowing[[how old it was]]]], [13] and, as the Lory positively refused to tell its age, [14] there was no more to be said.

Paragraph 3 (P3)

[15] At last the Mouse, <who seemed to be a person of authority among them>, called out, [16] "Sit down, all of you, [17] and listen to me! [18] I'LL soon make you dry enough!" [19] They all sat down at once, in a large ring, with the Mouse in the middle. [20] Alice kept her eyes anxiously fixed on it, [21] for she felt sure [22] she would catch a bad cold [23] if she did not get dry very soon.

从整体构架来看，P1（第一个自然段）是例 4 的宏观主位，介绍了参与者——怪模怪样的一个群体，以及这个群体的问题——湿漉漉的、狼狈不堪的。P2（第二个自然段）中的第一个小句（[3]）是第二、第三自然段的超主位。[3] 紧接宏观主位中的问题——如何弄干湿漉漉的自己，这是一个各自发表意见的阶段。P3（第三个自然段）继续衔接超主位中的问题，但这一阶段已不再是“各抒己见”的状态，而是出现了一个领导式的人物。

在 P1 中，T1（第 1 个小句的主位，下同）介绍了本文的参与者，并在 T2 中详细解释 they 所指的参与者有哪些。

在 P2 中，T3 是一个介绍式主位，引导接下来要说的话题，包括 P2 和 P3。P2 中的其他主位可以分为五类：以动物或鸟为主位（T4、

T8、T9、T10、T11 和 T13）；以爱丽丝为主位（T6）；以环境成分为主位（T5 和 T7）；宾语前置的 this 为主位（T12）；there 为主位（T14）。需要说明的是，T9 和 T11 中的话题主位由于省略手段的使用而没有直接出现在小句当中；T9 的主位应该是 and [the Lory]，T11 的主位应该是 and [I]。对这些主位类型的划分首先展现了这一段话的主角为动物或鸟，而爱丽丝融入这奇奇怪怪的群体中，成为当中的一分子；其次，两个作为主位的环境成分是标记性主位，分别用于传递时间和确定性。时间信息展示了爱丽丝融入群体的快速性，确定信息展示了爱丽丝与群体成员互动的真实性。T12 的宾语前置也是标记性主位，是为了利用 this 来概括 [10] 和 [11] 中的内容，起到承接和强调的作用。

在 P3 中，主位分为五类：以爱丽丝为主位（T20、T21、T22 和 T23）；以领导式人物老鼠（Mouse）为主位（T18）；以其他动物为主位（T19）；以过程（动词）为主位（T16 和 T17）；以环境成分为主位（T15）。与上一段不同的是，P3 中爱丽丝的个体性又重新凸显，重点描述其行动和心理。此外，领导式人物——老鼠的个体性也十分突出，这不仅表现在以 I 为主位的陈述句中，还表现在老鼠对其他参与者发出的动作要求。最后，P3 一开始的标记性主位 at last 在表示事件进展的同时，也强调一种经过等待之后出现的情况。

该节选出现了多个多重主位（T5、T6、T9、T11、T12、T13、T17、T21 和 T23），是语篇主位和话题主位的组合。上文已经对话题主位所传递的经验意义进行了分析，语篇主位则展示了小句间的逻辑语义关系。该例的语篇主位一方面用于延伸小句的意义，连接两个延续性行为（T9）以及两个事情之间的转折（T12）；另一方面，语篇主位还用于加强小句意义，表示时间（T5 和 T17）、假设（T6）、因果（T11、T13 和 T21）以及条件（T23）。

除了主位类型，主位推进模式（参见 Danes，1970；Fries，1983，1995；Francis，1989；黄国文，1988；胡壮麟，1994；朱永生，1995a）对于语篇的理解和解释也有重要作用。图 3-4 展示了 P2 和 P3 中主位–述位的推进模式。

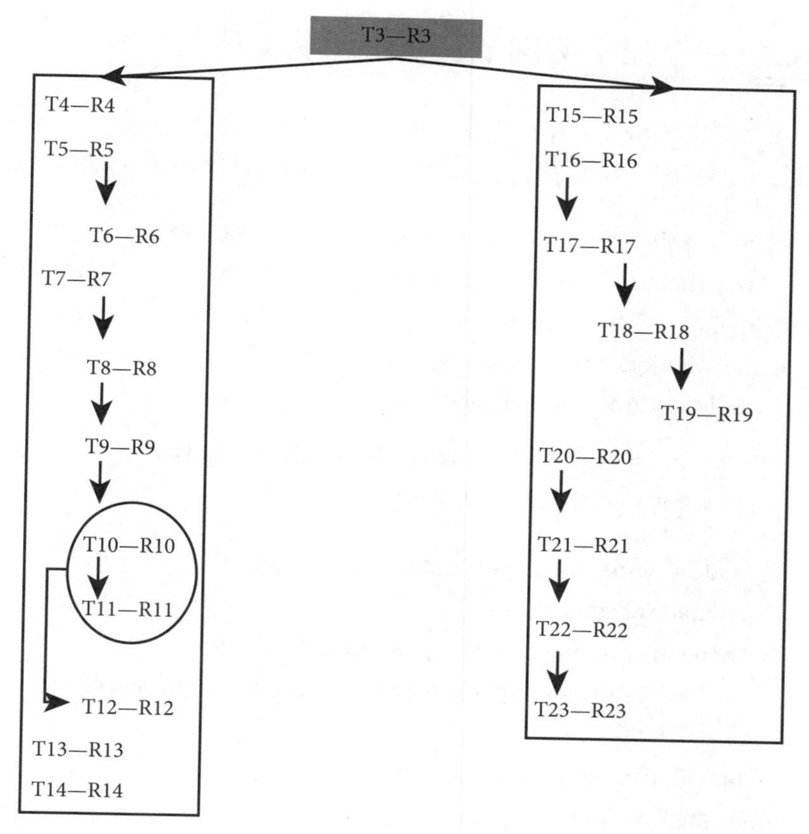

图 3-4 例 4 中的主位推进模式

在 P2 中，有两个明显的延续性阶段，是围绕 T5—R5 到 T6—R6 展开的有关爱丽丝思想的阶段，以及围绕 T7—R7 到 T12—R12 展开的有关爱丽丝与鹦鹉（Lory）的互动阶段。在 P3 中也出现了两个延续性阶段，分别是围绕 T16—R16 到 T19—R19 展开的老鼠对其他参与者发出的动作要求和其他动物接受指令并做出反应，以及围绕 T20—R20 到 T23—R23 展开的爱丽丝的行动和心理活动。

从以上分析可以看出，主位类型与主位推进模式是相辅相成的。P2 中的主位述位选择显示该段的主要参与者是鹦鹉和爱丽丝，而该段中两个主要的延续性主位推进阶段也是围绕这两者展开。同样，P3 中的主要主位和述位选择是爱丽丝和老鼠，而该段出现的两个延续性阶段也与老鼠发出行动指令以及爱丽丝的想法有密切的关系。

3.4.2 一个简单的例子：三个元功能的共同作用

本节通过分析《爱丽丝漫游仙境》第一章《掉进兔子洞》（“Down the Rabbit-Hole”）的节选，展现三大元功能如何共同推动语篇的发展。

【例 5】Suddenly she came upon a little three-legged table, all made of solid glass; there was nothing on it except a tiny golden key, and Alice's first thought was that it might belong to one of the doors of the hall; but, alas! either the locks were too large, or the key was too small, but at any rate it would not open any of them.

例 5 只有一句话，是一个小句复合体，由七个小句组成。为了便于分析，这里将各个小句编号，并各成一行。

[1] Suddenly she came upon a little three-legged table,

[2] all made of solid glass;

[3] there was nothing on it except a tiny golden key,

[4] and Alice's first thought was that it might belong to one of the doors of the hall;

[5] but, alas! either the locks were too large,

[6] or the key was too small,

[7] but at any rate it would not open any of them.

从经验意义看，上面七个小句中有两个物质过程，分别是 [1]came upon 和 [7]open，以及一个存在过程，即 [3]there was；该例中占主要地位的过程类型是关系过程，共计四个。第一个关系过程 [2] 是归属类关系过程，其载体是 a little three-legged table，过程是 (be) made of，属性是 solid glass，表达的是桌子的材质。第二个关系过程 [4] 是一个识别类关系过程，其价值是 Alice's first thought，标记是“that it might belong to one of the doors of the hall.”，表达了爱丽丝的想法；标记这个成分本身也是一个关系过程，表达的是被占有物 it 与占有者 one of the doors of the hall 之间的所属关系，由 belong to 体现。第三个和第四个关系过程（即 [5] 和 [6]）分别展示了锁的特征和钥匙的特征。除了

[4] 以外，其他关系过程都是对人物所处环境中的物品的描写，围绕桌子、钥匙和锁展开；但更确切地说，小句 [4] 这一表达爱丽丝想法的过程同样是关于钥匙和锁的。这七个小句中有四个小句包含环境成分：[1] 通过 suddenly 表示突然性，[3] 通过 on 表示处所和 except 表示例外，[7] 通过 at any rate 表示程度。

从逻辑看，这七个小句之间的关系可以表示为：

|||[1], ||[2]; ||[3], ||[4]; ||[5], ||[6], ||[7]|||
1(α=β)+ 2(1+2)+3(1+2×3)

首先需要说明的是，标示依赖关系中的 1、2 和 3 并非小句编号。上面的 7 个小句由三组小句复合体构成；这三组小句复合体之间可以看作是延伸的关系（由“+”表示），而每个小句复合体中小句间的关系还需要进一步分解。在第一个小句复合体（1）“Suddenly she came upon a little three-legged table, all made of solid glass.”中，控制句“Suddenly she came upon a little three-legged table,”和依赖句“all made of solid glass.”分别由 α 和 β 表示，小句间是一种解释关系（即 α = β），表达了对桌子材质的说明。第二个小句复合体（2）“there was nothing on it except a tiny golden key, and Alice's first thought was that it might belong to one of the doors of the hall.”通过爱丽丝对金钥匙作用的猜测（由 2 表示）延伸了起始句（由 1 表示）的内容。第三个小句复合体（3）“but, alas! either the locks were too large, or the key was too small, but at any rate it would not open any of them.”由三个小句组成，其中前两个小句之间是延伸关系（即“1+2”），它们又与第三个小句形成一个表示结果的增强型关系（即“1+2 × 3”）。对小句间关系的分析显示，节选中占主导地位的是延伸关系。与经验分析中关系小句所展示的一致，这里的延伸关系主要存在于环境中的各个物品之间，即桌子 → 桌子上的钥匙 → 爱丽丝对钥匙归属的判断（属于其中的一扇门）→ 钥匙与门无法匹配 → 导致无法开门的结果。

从语气方面来看，例 5 中所有的小句都是陈述语气，向读者提供信息。其中，有四个小句的主语都由物品实现，另外有两个小句的主语由爱丽丝及爱丽丝的想法实现，还有一个小句的主语由 there 实现。对语气成分的分析进一步证明该例向读者所提供的主要信息是有关物品的，而不是关于人的。至于情态成分，小句 [4] 中的 might 表示爱丽丝对钥匙用途或者归属的可能性的判断，但这是一个低值情态，也就是说爱丽丝对自己的判断是很不确定的。

从主位结构来看，例 5 包含三个单项主位，即小句 [1] 中的 suddenly、[2] 中的 all 和 [3] 中的 there，以及四个多重主位，即小句 [4] 中的 and Alice’s first thought、[5] 中的 but, alas! either the locks、[6] 中的 or the key 和 [7] 中的 but at any rate。四个多重主位都包含了语篇主位，其中两个（[5] 和 [6]）表示延伸，传递了转折和增补的意义，另一个（[4]）表达了爱丽丝的思想，还有一个（[7]）传递了因果的含义。此外，小句 [5] 还包含一个人际主位，表达遗憾的情绪。如果进一步分析小句 [4] 中作标记的成分，that it 也是一个多重主位，其中 that 是语篇主位，it 是经验成分作话题主位。例 5 的主位推进模式可以由图 3–5 表示。

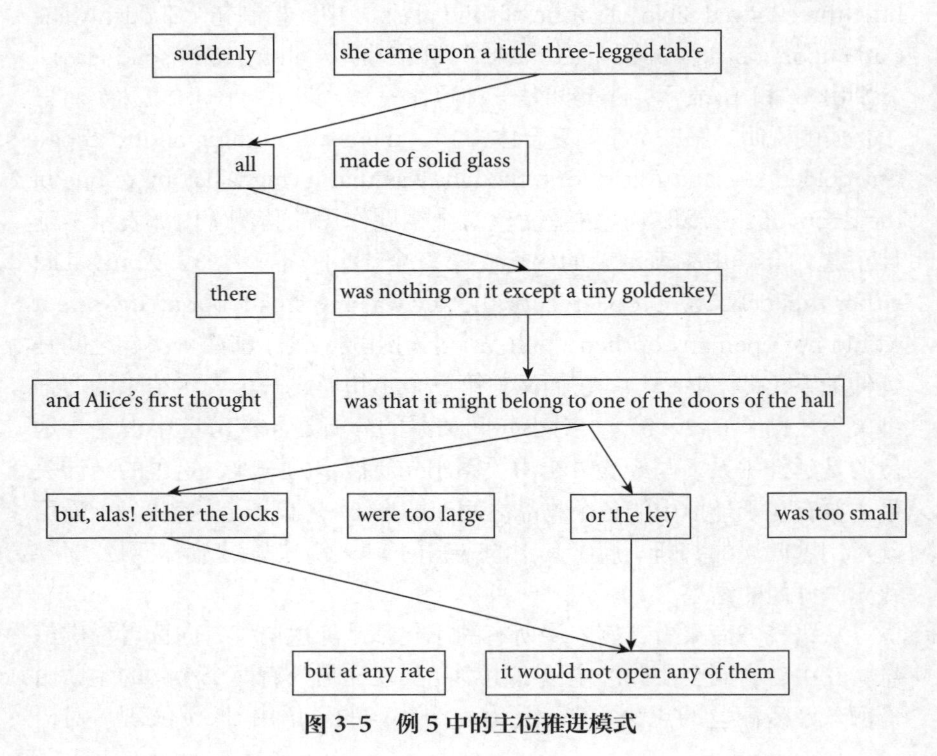

图 3–5　例 5 中的主位推进模式

图 3–5 的箭头展示了语篇的主位–述位的发展线索。小句 [1] 的述位的一部分 a little three-legged table 是小句 [2] 的主位；小句 [2] 的主位 all 是小句 [3] 述位的一部分（it，即桌子）；小句 [3] 述位的一部分 a tiny golden key 是小句 [4] 述位的一部分（it，即钥匙）；小句 [4] 的述位 "it might belong to one of the doors of the hall" 成为接下来两个小句的主位，分别是小句 [5] 的 the locks（锁与门属于同一个语义场）以及小句 [6] 的 the key（也就是小句 [4] 中的 it），而小句 [5] 和小句 [6] 的主位又集中归结在小句 [7] 的述位中。简单来说，该例的主位发展模式较为多样化，主要包括交叉型发展和集中型发展，围绕桌子、钥匙和门锁展开。

通过对例 5《爱丽丝漫游仙境》这一段节选简单的元功能分析可以看出，该段主要描绘一个静态场景，突出了场景中的桌子、钥匙和门锁及其相互关系，集中展现在以关系过程为主的小句过程类型、以延伸为主的逻辑语义类型、以物品作主语为主的语气成分，以及围绕这三个物品展开的主位推进模式之中。

3.4.3　多模态话语分析中的三个元功能

上面3.1 节中的图 3–1 显示，语言系统的外部环境除了社会文化和认知现象以外，还有图画、副语言和肢体语言等，这些都是功能话语研究的对象。近年来，多模态话语分析受到了广泛关注，其研究对象包括文字、图画、雕刻、声音、音乐、舞蹈、手势等，因此多模态文本被视为一种融合多种"符号编码实现意义的文本"（李战子，2003：5）。广义的多模态可以从生物学的角度进行区分，包括视觉模态（visual modality）、听觉模态（auditive modality）、触觉模态（tactile modality）、嗅觉模态（olfactory modality）和味觉模态（gustatory modality）。就当前的多模态话语分析而言，占主体的是视觉模态研究，其次也有部分听觉模态和触觉模态研究。

以系统功能语言学理论为基础的多模态话语分析建立在社会意义（符号）学基础之上。首先，多模态话语分析也从多个层面进行。与文字语言相同，语境层面非文字意义资源在语义层的表现为概念意义、人际意义和语篇意义，它们分别由及物性系统、语气和情态系统以及主位和信息系统实现。

本节的主要内容是介绍三大元功能在多模态话语分析中的应用。克瑞斯和范勒文（Kress & van Leeuwen，1996，2001）将系统功能语言学的元功能思想应用于各种交际系统，探索了视觉图像中的再现意义（representational）、互动意义（interpersonal）和构图意义（compositional），建立了视觉图像的分析框架。

再现意义是语篇的概念意义，展示了语篇中的过程发生以及过程中所涉及的参与者和环境成分，是人类经验在视觉图像中的反映，分为概念再现（conceptual representation）和叙事再现（narrative representation）。概念再现表达了诸如种属关系、整体–部分关系和识别关系等持久的状态或概括的事实，分别由分类过程（classificational process）、分析过程（analytical process）和象征过程（symbolic process）体现。叙事再现展示了参与者的行动、变化、时空变动等发展状态，由动作过程（action process）、反应过程（reactional process），以及言语和心理过程（speech and mental process）体现。区分概念再现与叙事再现的一个重要特征是矢量（vector）：叙事再现会出现矢量，具有方向性，将参与者的一系列成分（如反应过程中的动作以及动作所作用的对象）连接起来，而概念再现不会出现矢量。

互动意义是语篇的人际意义，展示的是意义传递者对接收者的导向以及他们与图像表征物之间的关系，包含了接触、距离（distance）、视点（perspective）三个要素和情态。接触通过分析目光讨论图像参与者面向意义接收者是求取还是提供：如果图像参与者与观察者有直接的眼神接触，那么该图像传递的是求取类信息，反之传递的则是提供类信息。距离展示了参与者与观察者之间的亲疏关系，由取景框架体现：特写镜头（close-up shot）展示了个人距离（personal distance），中景（medium shot）展示了社交距离（social distance），而远景（long distance）展示了公共距离（public distance）。视点指的是角度选择；根据对角度的不同选择，可以展现观察者所感觉到的融入图像参与者的程度，也可以传递一种尊敬的态度或者相反的态度。从水平视点

（horizontal perspective）来看，如果观察者只能从侧面角度（oblique angle）看到参与者，那么传递的是一种脱离的态度，但如果观察者可以从正面角度（frontal angle）看到图像全景，那么传递的是一种融入的态度。从垂直视点来看，如果图像展现的是仰视图中参与者的角度，这暗示着观察者比图中参与者的地位要低，表达的是一种尊敬的态度；如果图像展示的是俯视参与者的角度，则传递相反的信息；如果图像展示的是水平角度，传递的是观察者与参与者之间的平等关系。情态是对真实度和可信度的判断，由八个视觉标记展现，分别是色彩饱和度（color saturation）、色彩区分度（color differentiation）、色彩协调度（color modulation）、语境化（contextualization）、再现（representation）、深度（depth）、照明（illumination）和亮度（brightness）。

构图意义是语篇的谋篇意义，展示了语篇中各个成分的空间布局，分为信息值（information value）、显著性（salience）和取景（framing）。信息值是图像中各个成分占据不同位置所体现的价值。不同的位置分布传递的信息值不同：从左至右依次是已知信息到新信息，从上至下依次是理想信息到现实信息，从边缘到中间依次是非重要信息到重要信息。显著性由亮度、色彩对比度（color contrast）、尺寸（size）、深度、视角和特定的社会文化因素决定。一般来说，图画中参与者的亮度越亮、色彩对比度越明显、尺寸越大，其地位就越显著。取景展示了图像中各个成分之间（也包括图片与文字）的关系布局，主要利用线条和框架进行勾画，也可以利用背景颜色变化和矢量来刻画。取景有两个功能，一是用来分离图像中的各个元素，另一个是将图像中的各个元素联系起来并形成某个特定的关系。

为了简单解释多模态话语分析中的三个元功能，例 6 选取了《爱丽丝漫游仙境》第三章《一场会议式赛跑和一个长故事》中的插图及相关文字（插图出现在该书的第 39 页，紧随第 38 页的 long tale 之后），展示对图像的元功能分析。

【例 6】

CHAPTER II The Pool of Tears

It was high time to go, for the pool was getting quite crowded with the birds and animals that had fallen into it: there were a Duck and a Dodo, a Lory and an Eaglet, and several other curious creatures. Alice led the way, and the whole party swam to the shore.

CHAPTER III A Caucus-Race and a Long Tale

[the birds] → [the animals] → [the Lory] → [Alice] → [the Mouse] → [the Duck] → [the Dodo] → [the Eaglet] → [the large birds] → [the small ones] → [an old crab]+[her daughter] → [one old magpie] → [a Canary]

插图出现的位置是在该书第三章爱丽丝脑海中浮现的故事之后（详见附录 A）。这里有两点需要解释。首先，第二章《眼泪池塘》（“The Pool of Tears”）的最后一节与第三章联系紧密，特别是对池中动物的介绍对接下来的图像分析有关键作用，因此，虽然插图出现在第三章，但是出于分析需要我们同时截取了第二章的最后一节内容。其次，接下来的分析表明，虽然这一幅插图出现在爱丽丝脑海中的故事之后，但它并非服务于第三章的某个部分，而是服务于整个第三章。限于篇幅，这里只按照出场顺序列出第三章中出现的参与者（完整章节详见附录 A）。如果一定要在第三章中找出与该插图联系最为密切的部分，应该是 3.4.1 节中关于如何开展主位分析的例 4 的三个段落。为了便于分析，这里再次呈现这三段的内容。

They were indeed a queer-looking party that assembled on the bank—the birds with draggled feathers, the animals with their fur clinging close to them, and all dripping wet, cross, and uncomfortable.

The first question of course was, how to get dry again: they had a consultation about this, and after a few minutes it seemed quite natural to Alice to find herself talking familiarly with them, as if she had known them all her life. Indeed, she had quite a long argument with the Lory, who at last turned sulky, and would only say, "I am older than you, and must know better"; and this Alice would not allow without knowing how old it was, and, as the Lory positively refused to tell its age, there was no more to be said.

At last the Mouse, who seemed to be a person of authority among them, called out, "Sit down, all of you, and listen to me! I'LL soon make you dry enough!" They all sat down at once, in a large ring, with the Mouse in the middle. Alice kept her eyes anxiously fixed on it, for she felt sure she would catch a bad cold if she did not get dry very soon.

首先，上面第一段开头的 they 是一个回指，衔接第二章结束时提到的池中的鸟和动物。同时，they 也可以理解为一个下指，指代这一段甚至是这一章接下来出现的参与者，即鸟、动物和这一个群体中的所有成员。其次，第二段描述了爱丽丝与鹦鹉的互动，由此推测爱丽丝与鹦鹉是相邻的，至少两者的距离是非常接近的。最后，第三段的第二句话"They all sat down at once, in a large ring, with the Mouse in the middle."描绘了这个群体的状态：坐着，围成一个大圈，老鼠在中间。以上三点在插图中都有所展示。从插图可以看到，这一个群体围成一圈坐在一起，爱丽丝和鹦鹉是相邻的位置，老鼠处于中间。但是这个插图并没有直接传递这三个段落的主旨信息：大家在商讨如何弄干自己。

接下来我们从视觉图像的再现意义、互动意义和构图意义对插图进行分析；这里只分析插图中最突出的特征，用以解释这三种意义在语篇中的表现。正如在第 2 章 2.4 节引言部分强调的，虽然这里不是穷尽的、面面俱到的分析，但是可以解决我们想要说明的问题。

从再现意义来说，这一插图最突出的是反应过程：老鼠站在中间，其他所有参与者围成一圈将视线投向老鼠。老鼠的手部动作出现矢量，这是说话的自然姿势，暗示一个言语心理过程。老鼠的言语与其他参与者的反应形成互动，这是本章的主要内容。但是在文字中，其他参与者还通过言语过程发表了自身的看法，与老鼠之间形成言语互动，这点在插图中并没有表现出来。除了言语心理过程和反应过程，插图中的另一个过程是分类过程。在不同的区分维度下，可以将插图中的参与者进行分类。根据大小，可以分为大型、中型和小型参与者；根据所在位置，可以分为中心区域的老鼠和其他参与者；根据类别，可以分为动物、鸟类和人类。

从互动意义来说，插图中所有的参与者与观察者都没有眼神接触，其主要作用是提供信息。插图展示了大部分参与者的全身，但是没有较为完整的背景环境，这样的取景体现了介于社会距离和公共距离之间的关系。此外，插图提供了一个正面的全景视角，增强了观察者与这些参与者的互动，使观察者更能够融入其中。

最后要讨论的是插图的构图意义。插图中的参与者围成一个圈，因此较难界定已知信息和新信息的分布。但是，仅从距离观察者最近的层面来看，从左至右首先看到的是鹦鹉与爱丽丝，之后是老鼠，再向右是鸭子。这在文字中体现为这些参与者出现的先后顺序。我们也可以从另一个角度分析插图所传递的信息值，即从边缘到中间的变化。中间的老鼠最具有信息价值，是插图的主角。它与周围的一圈参与者互动，是信息的主要发出者、接收者和主导者。老鼠作为这一幅插图的焦点，虽然没有通过较大的尺寸（相对于渡渡鸟、猫头鹰等）来凸显其地位，但是它的黑色身躯以及居中的位置分布成为凸显其地位的重要手段。此外，绘图者利用线条和框架对插图进行分割，主要分为爱丽丝及其周围的参与者、老鼠、螃蟹及其女儿、猫头鹰及其周围的参与者四个部分；如果按照矢量来划分，则可以分为老鼠以及它周围一圈参与者两个部分。

第三章的文字与插图之间是互补的关系；插图的内容传递了某些文字没有表达的信息，而文字也传递了某些插图没有表达的信息（van Leeuwen，2005：230）。插图最重要的一个作用是向读者展示第三章的全貌，包括所有的参与者、参与者的地位、参与者之间的关系（互动与分类）、与观察者之间的关系，等等，这些都可以从插图中获得直接信息。以参与者为例，从插图可以概览第三章出现了哪些参与者；而文字则安排了参与者出场的先后顺序（如例 6 中箭头展示的第三章人物的出现顺序），换句话说，读者从文字获得的信息是分阶段的。再比如，虽然在 3.4.1 节例 4 的分析中推论出爱丽丝与该群体其他参与者的关系，但是文字并没有直接、明确地说明爱丽丝的状态；这一点在插图中得到有效补充。通过插图中爱丽丝的尺寸和她所处的位置可以发现，爱丽丝已经很好地与这些动物和鸟相融合。但是这一幅插图缺少文字中参与者之间的对话和参与者情感等信息，尤其缺少第三章最后由于爱丽丝提及自己的猫而吓走其他动物后的孤独状态。由此可见，第三章插图和文字是互为补充的。

3.4.4 评价系统

马丁在 20 世纪 90 年代提出评价系统。评价系统突破小句层面，利用词汇语法考察人际意义的语篇资源，是在系统功能语言学框架中对韩礼德人际功能的扩展和深化。评价系统关注构建社会关系的各种评价资源，包括“语篇协商中的各种态度、所涉及的情感强度以及表明价值来源和联盟读者的方式”（Martin & Rose，2007：25；陈瑜敏，2008：108），从而揭示语言使用者的态度和立场。可以说，评价系统极大地提升了话语语义方面的分析潜能。

评价系统分为态度（attitude）系统、介入（engagement）系统和级差（graduation）系统，其中，态度是评价系统的核心。根据语义，态度资源可以进一步分为情感（affect）、判断（judgment）和鉴赏（appreciation）。情感是个人感情的表达，可以从表达情感的成分的语法功能和语义两个角度进行划分。从语法功能来说，情感可以由名词词组中的修饰语、小句中的参与者成分或者环境成分实现，例如 a sad moment / “This moment is sad.” / “Sadly, the moment came.”，也可以由实现过程的动词词组实现，例如“She is satisfied with the result.” / “The result satisfied her.”。

从语义来说，情感分类可以从六个方面考虑：第一，情感是积极的（正面的）还是消极的（负面的），如 good vs. bad；第二，情感是直接的心理过程，还是包含了其他的行为或者副语言，如 sad/cry；第三，情感是由触发物引起的还是一般情况下产生的，如"The dog pleased the boy."/"The boy likes the dog. (The boy is happy.)"；第四，情感分级——低值、中值和高值，如 upset → angry → wrathful；第五，情感是否具备主观意图，如"I love roses."/"I want roses."；第六，三组情感——幸福和不幸福、安全和不安全、满意和不满意，例如"She is happy."/"She is sad.","He is confident."/"He feared staying alone.","She is interested in this topic."/"She felt disappointed with the topic."。

判断属于伦理范围，其分析依据是伦理道德标准，包含社会尊严（social esteem）和社会许可（social sanction）两个维度。社会尊严可以从三个因素进行分析——常态（normality）、能力（capacity）和意志（tenacity），它们分别表达了"有多特别""能力有多强""有多可靠"的意义，例如 unusual/rare/extraordinary，common/typical；competent/skilled/endowed，incapable/inept；resolute/determined/firm，hesitative/timid/rash。社会许可与真实（veracity）和礼节（propriety）有关，展现的是说话者是否坦率真实，例如 frank/authentic/true/credible，deceptive/dishonest/untruthful，以及说话者是否有道德，例如 moral/ethical/law-abiding，cruel/corrupt/unfair。这两个维度都可以是积极的，也可以是消极的。

鉴赏是对事物或事件的欣赏评判。鉴赏的一个变量是对事物或事件的反应（reaction），分为影响（impact）和质量（quality）。影响指语篇和过程对读者情感上的影响，例如 attractive/engaging，uninviting/tedious/dull；质量指语篇和过程有多吸引读者或者说读者依据对象的质量做出评价，例如 great/excellent/lovely/perfect，awful/terrible/ugly/horrible/ugly/dreadful。鉴赏的另一个变量是事物或事件本身的构成（composition），分为平衡（balance），即比例分配是否平衡，例如 symmetrical/balanced, discordant/uneven，以及复杂性（complexity），即语篇和过程的细节是否影响对其重要性的判断，例如 simple/easy/

clear/understandable, complex/difficult/opaque。鉴赏的第三个变量是事物或事件的价值（valuation），也就是对语篇和过程的价值（重要与否）的判断，例如 significant/important/fundamental，damaging/detrimental/harmful/unhealthy。同样，鉴赏的三个变量也可以从积极的和消极的两个方面进行区分。

相较态度系统，介入系统和级差系统则没有那么复杂。介入系统是关于态度的来源，包括自言（monogloss）和借言（heterogloss）。自言是个人对命题或提议的直接介入，不借用其他来源或者提供备选。借言存在不同的声音，可以通过不同的语言形式实现，例如情态（may，I think）、投射（she said）、反预期（ever）、否定（she never expected that）等。级差系统划分了态度的等级，是对人际意义的打磨，涉及语势（force）和焦点（focus）两个变量。语势是有关态度强度的等级系统，利用强化词（intensifier）、态度词汇（attitudinal lexis）、隐喻（metaphor）和诅咒语（swearing）等实现态度的升级或者降低。焦点则用于增强（sharpening）或者弱化（softening）不同类别之间的界限。

评价系统有助于深化系统功能语言学在话语研究（尤其是话语的人际意义研究）中的探索。该系统被广泛应用于不同类型的话语分析中，例如埃金斯和斯莱德（Eggins & Slade，2005）对日常交谈的分析，怀特（White，1998）对媒体话语的分析，克斯纳（Kšner，2000）对普通法裁决的对话分析，胡德（Hood，2004）对学术写作的分析，马丁（Martin，2004）对评论的分析等。总的来说，虽然有部分研究者认为评价系统本身具有强烈的主观倾向，可能会影响分析结论的客观性和说服力，但不可否认的是，评价系统拓展了语篇人际意义研究的深度、广度和精细度，为话语分析提供了更多手段，是功能话语研究的重要组成部分。

为了展示评价系统在话语分析中的应用，例 7 选取《爱丽丝漫游仙境》第三章《一场会议式赛跑和一个长故事》临近尾声的一个片段进行简要分析。

【例 7】This speech caused a remarkable sensation among the party. Some of the birds hurried off at once: one old Magpie began wrapping itself up very carefully, remarking, "I really must be getting home; the night-air doesn't suit my throat!" and a Canary called out in a trembling voice to its children, "Come away, my dears! It's high time you were all in bed!" On various pretexts they all moved off, and Alice was soon left alone.

"I wish I hadn't mentioned Dinah!" she said to herself in a melancholy tone. "Nobody seems to like her, down here, and I'm sure she's the best cat in the world! Oh, my dear Dinah! I wonder if I shall ever see you any more!" And here poor Alice began to cry again, for she felt very lonely and low-spirited. In a little while, however, she again heard a little pattering of footsteps in the distance, and she looked up eagerly, half hoping that the Mouse had changed his mind, and was coming back to finish his story.

例 7 的背景是爱丽丝与动物讨论如何弄干自己的问题。在这个过程中，爱丽丝与其他参与者的关系融洽，互动顺利，但是当她提到自己养的宠物猫（Dinah）后，事情发生了变化。这些变化分为其他参与者的反应（第一段）以及爱丽丝的反应（第二段）。

在第一段，其他参与者的反应主要表现在情感之中。第一句作为总起句表明爱丽丝的话在群体中造成了很大反应，包括话语作为触发物引起的反应过程 "The speech caused a... sensation among the party."，以及表达显著性的 remarkable。接下来分别以喜鹊（Magpie）和金丝雀（Canary）离开前的话为例展示爱丽丝的话对这些鸟的影响。其中突出的是表达喜鹊情绪的形容词 trembling；该词展现了喜鹊在听到爱丽丝的猫抓鸟、吃鸟这个事情之后的恐惧和害怕。

第二段描写爱丽丝心理活动时采用的评价手段更为多样。一连串的自言自语表达了爱丽丝对提到宠物猫抓鸟、吃鸟一事感到后悔，对宠物猫不受欢迎感到低落，以及对宠物猫的思念。虽然爱丽丝后悔提到她的宠物猫，但是她利用借言的形式（I'm sure）对宠物猫进行了积极的评价（the best cat in the world）。这一段中，爱丽丝的情绪经历了三个阶段。一开始，爱丽丝因为大家的离开和对猫的思念而感到沮丧（melancholy）；之后由于感到孤独（lonely）和情绪低落（low-spirited），其负面情绪进一步累积，可怜的（poor）爱丽丝哭（cry）了起来；但是随着远处脚步声的出现，爱丽丝的情绪又有所恢复（looked up eagerly）。

总的来说，爱丽丝在新的、不同寻常的环境中需要同伴，而当同伴离开时，她的负面情感（孤独、低落和沮丧）就会袭来并激发相应行为的产生。

3.4.5 衔接与连贯

在话语研究中，衔接与连贯是两个重要内容，两者密切关联，都关注语篇和话语的自然、顺利展开。但是，衔接在语言层面提供了明确的线索，通过语法词汇手段直接表现出来，是形式上的；连贯则更为含蓄，主要通过对意义的推导实现，是意义上的。下面主要对衔接进行介绍。

1. 衔接

韩礼德和韩茹凯（Halliday & Hasan，1976）、韩礼德（Halliday，1985，1994）以及韩礼德和麦蒂森（Halliday & Matthiessen，2004，2014）描写了英语语篇中体现“衔接”的词汇语法系统，区分了英语的五种衔接机制，包括照应、替代、省略、连接和词汇衔接（lexical cohesion）。前四种是语法手段，最后一种是词汇手段。不同于小句语法构建语篇的结构性资源，衔接手段构建了语篇的非结构性资源。相对于小句语法，衔接手段更突出了系统功能语言学基于语篇的研究特征。

照应指对某一词汇语义的理解需要通过参照其所指来实现。而参照其所指可以是发生在上下文的，即语内照应（endophoric reference），也可以发生在语言外部的，即语外照应（exophoric reference）。语内照应可以进一步分为与前文照应的回指和与下文照应的下指。按照意义划分，照应又可以分为人称照应（personal reference）、指示照应（demonstrative reference）和比较照应（comparative reference）。

替代指利用一个像 one、do 或 so 这类非确定词替代另一个或者几个比较确定的词或者一个小句。韩礼德和韩茹凯（Halliday & Hasan，1976）将替代区分为名词性替代、动词性替代和从句性替代。省略也可以看作是一种替代，被替代（省略）的可以是名词（词组）、动词（词组）或者小句，但是替代的没有实体形式，省略为零。

连接指利用连接成分将语篇中的多个小句或句子连接起来。与前面三种衔接手段不同的是，连接不需要在上下文去寻找其他信息；它更类似于组织逻辑的功能，表达增补（additive）、转折（adversative）、原因（causal）和时间（temporal）的句间关系。但是语篇发展中的连接并非局限于小句间关系，而是扩展到小句复合体之间。

词汇衔接是通过词汇选择构成的连接，分为重复（reiteration）和词汇搭配（lexical collocation）两类，包括重现、同义、反义、上下义以及语义场中的词汇搭配等。

基于韩礼德和韩茹凯（Halliday & Hasan，1976）的讨论，韩茹凯（Hasan，1985）将衔接应用到语篇结构之中，进一步扩展和细化了相关研究。韩茹凯将衔接分为结构衔接和非结构衔接。结构衔接包括平行对称结构、主位-述位结构和已知信息-新信息结构。非结构衔接则进一步分为成分衔接——照应、替代、省略和词汇衔接，以及有机衔接——连接关系、相邻对和延续关系等（参见张德禄，2004）。其他详细讨论了衔接在语篇连贯中作用的还有帕森斯（Parsons，1990）、胡壮麟（1993，1994，1996）、朱永生（1995b，1996，1997）和张德禄（1992，1993，1994，1999，2000，2001）等。

2. 连贯

连贯关注的是语篇中各个小句所表达的意义的关联问题，通常由衔接来实现；但是，在部分情况下，意义连贯的语篇也并不一定有明确的衔接标记。语篇中句子表达的意义是否连贯，除了要依赖衔接手段外，还要依赖交际双方的共知知识（shared knowledge）、百科知识以及相关的语境因素。

3. 一个简单的例子

例 8 选取《爱丽丝漫游仙境》中第三章《一场会议式赛跑和一个长故事》的最后一个自然段和第四章《兔子派遣小比尔进屋》的第一个自然段，展示衔接机制是如何推动语篇展开的。

【例 8】In a little while, however, she again heard a little pattering of footsteps in the distance, and she looked up eagerly, half hoping that the Mouse had changed his mind, and was coming back to finish his story.

CHAPTER IV The Rabbit Sends in a Little Bill

It was the White Rabbit, trotting slowly back again, and looking anxiously about as it went, as if it had lost something; and she heard it muttering to itself "The Duchess! The Duchess! Oh my dear paws! Oh my fur and whiskers! She'll get me executed, as sure as ferrets are ferrets! Where CAN I have dropped them, I wonder?" Alice guessed in a moment that it was looking for the fan and the pair of white kid gloves, and she very good-naturedly began hunting about for them, but they were nowhere to be seen—everything seemed to have changed since her swim in the pool, and the great hall, with the glass table and the little door, had vanished completely.

这里重点分析第四章的第一段；之所以同时摘选第三章最后一段，一方面是为了追溯 it 所指代的对象，即"啪嗒啪嗒的脚步声"，另一方面是要揭开第三段最后留下的谜团，即到底是哪个动物回来了。

第四章第一段的照应资源分四条主线展开，分别与兔子、爱丽丝、公爵夫人（Duchess）和寻找的物品（fan and the pair of white kid gloves）相关。四条主线展示如下：

[1] It → the White Rabbit → it → it → it → itself → it

[2] She (heard...) → Alice → she → her

[3] The Duchess → she ('ll...)

[4] them → fan, pair of white kid gloves → them → they

第三条和第四条主线中的人物和物品在即时语境下并非真实存在的。公爵夫人这一人物存在于兔子的话语中，所寻找的物品则存在于爱丽丝的猜测和兔子的行动中。兔子和爱丽丝是这一段话的主角。兔子主要出现在本段的前半部分，爱丽丝主要出现在后半部分，中间也有两者的相互穿插。如果将这两个参与者的照应资源展示在同一条发展链中，可以更清楚地看到两者在语篇不同发展阶段的地位和两者间的穿插。

it → the White Rabbit → it → it → [she → it] → itself → [Alice → it] → she → her

选文前半部分以照应 the White Rabbit 的 it 为主，显示了兔子的主体地位，而后半部分的焦点转向爱丽丝，出现了多个照应 Alice 的 she。文中出现了两次爱丽丝与兔子的交互。这两次交互并非两者的真正互动，而是发生在爱丽丝的感官和认知当中的，由心理过程体现。第一次交互发生在“she heard it muttering to itself...”中，描述的是爱丽丝听到的内容；其中，she 是感觉者，heard 实现的是表示感官的心理过程，现象是 it muttering to itself；在现象中，it 是主语（说话者），而现象本身又是一个言语过程。第二次交互发生在“Alice guessed... that it was looking for the fan and the pair of white kid gloves...”中，描述的是爱丽丝猜测的内容；其中，Alice 是感觉者，guessed 实现的是表示认知的心理过程，现象是“that it was looking for the fan and the pair of white kid gloves.”；在现象中，it 是主语（动作者），而现象本身是一个物质过程。

例 8 的另一个主要衔接手段是词汇衔接，构建了五个语义场，如下所示。

[1] 寻找失物的一系列动作：trotting，looking about，lost，(looking for), (hunting about)

[2] 公爵夫人：the Duchess → the Duchess

[3] 兔子担心受罚：my dear paws，my fur and whiskers，get... executed

[4] 大厅：the great hall，the glass table，the little door

[5] 变化：changed，vanished

在 [1] 中，寻找失物的一系列动作并非全部由兔子执行。其中，lost 是根据兔子的行动做出的猜测，而 looking for 是爱丽丝对兔子行动的猜测，hunting about 是爱丽丝帮助兔子寻找失物做出的动作。第二个和第三个语义场可以合并起来理解，它们共同表达了兔子在丢失物品之后害怕受到公爵夫人惩罚的心态。最后，第四个和第五个语义场共同展示了爱丽丝所经历的变化。

例 8 中出现了四个由 and 连接的成分，分别表达了不同的关系。第一个 and 表达时间关系，连接兔子边走边找这两个动作“trotting slowly back again, and looking anxiously about...”；第二个 and 表达增补关系，展现除了爱丽丝所看到的兔子的一系列动作之外，她还听到兔子的自言自语“and she heard it muttering to itself”；第三个 and 表达隐含的因果关系，即爱丽丝基于对兔子行动的猜测而做出相应的行动“Alice guessed in a moment that it was looking for the fan and the pair of white kid gloves, and she very good-naturedly began hunting about for them.”；第四个 and 表达阐释关系，解释到底发生了什么变化“...everything seemed to have changed since her swim in the pool, and the great hall... had vanished completely.”。另外两个表达时间关系的成分分别由“the White Rabbit... looking anxiously about as it went”中的 as 和“she... began hunting about for them, but they were nowhere to be seen.”中的 but 实现。除此之外，还出现了一个表达猜测的连接成分“...as if it had lost something.”。最后，“...but they were nowhere to be seen—”中的破折号也可以被视为一种连接成分，用于表达原因，即爱丽丝也找不到失物的原因是环境完全改变了。

3.4.6 语法隐喻

系统功能语言学的隐喻研究采取自上而下的视角，观察、分析表达某个意义的不同方式——一致式和隐喻式。上面 3.1 节讨论了语言系统内外各层级间的体现关系，指出语境由语义体现，并进一步由词汇语法体现。但是，语义和词汇语法之间并非总是一一对应的关系，而是存在语义由非一致式词汇语法体现的情况。韩礼德（Halliday，1985）首次系统地提出语法隐喻的概念来阐释什么是非一致式。简单地说，一致式是表达某个意义的自然方式，或者说无标记的、常见的方式。语法隐喻，或者说非一致式，包括概念语法隐喻和人际语法隐喻，通过两个方法完成：一个是阶上/下移的活动，另一个是跨越功能/类别的活动（辛志英、黄国文，2011：23，对语法隐喻的另一种看法可参见杨炳钧，2016；Yang，2018）。

阶上/下移指的是两种不同的级转（rank shift）方向，由隐喻的类型决定。当概念语法隐喻发生时，级转是从高级阶向低级阶的下移活动，可以是从一致式的小句复合体下移到隐喻式的简单小句，比如“He is ill, so he is absent from the meeting.” → “His illness leads to his absence from the meeting.”，或者是从一致式的简单小句下移到隐喻式的词组，比如“He arrived in Beijing.” → his arrival in Beijing。当人际语法隐喻（情态隐喻）发生时，级转是从低级阶向高级阶的上移活动，表现为从一致式的词组上移到隐喻式的投射小句。情态隐喻以小句的形式出现，表达对命题的态度和可能性的判断，其一致式由情态动词或者副词实现。情态隐喻可以分为主观的，如 I think，以及客观的，如 it is possible/likely/probable that。以对“某人是负责人”的猜测为例，其一致式可以是“Maybe she is in charge.”，而说话者也可以选择以小句的方式表达猜测，例如通过“I think she is in charge.”表达主观判断，或者通过“It is possible that she is in charge.”在表达猜测的同时隐藏信息来源。

跨越功能/类别活动指的是在不同功能或者类别间的转移。概念语法隐喻主要通过及物性系统实现。上面 3.4.1 节展现了系统功能语言学区分的六种小句类型，它们分别构建了人类有关外部世界和内心世界的经验：动作者的活动通常由物质过程构建，感觉者的心理状态通常由心理过程构建，两个参与者之间的关系通常由关系过程构建，说话者的言语通常由言语过程构建，行为者的生理和由心理激发的生理行为通常由行为过程构建，而某事物或事件的存在或出现则通常由存在过程构建。这些可以看作是构建人类经验的一致式，如果所构建的经验和选择的过程类型并非自然的，就会产生隐喻。例如，想要表达中国多年来的变化，说话人可以采用一致式的物质过程“Great changes have taken place in China over the past 40 years.”，也可以采用隐喻式的感观心理过程“The past 40 years have witnessed great changes in China.”。概念语法隐喻的突出表现之一是名物化（nominalization）。名物化可以是从动词、形容词和介词转化为名词，也可以跨越级阶从词组和小句转化为名词。名物化在语篇分析中的功能既涉及语篇意义也涉及语篇组织，例如，通过去除参与者实现信息压缩，实现主位—述位连贯，突出小句参与者之间的关系，突出新信息等。人际语法隐喻跨越功能 / 类别的活动主要由语气隐喻体现。语气隐喻在本节的开头已经有所展示，更多的例子可以参考 3.4.1 节中的表 3–3 和表 3–4。当说话者想要向听话者提供信息时，一般采用陈述语气；当说话者想向听话者求取信息时，一般采用疑问语气；当说话者向听话者发出命令时，一般采用祈使语气。但是一种言语功能可能由不同的语气实现，例如在发出命令或表达请求时不采用祈使语气而是采用疑问语气或者陈述语气，这就是语气隐喻。如果想要命令或请求某人关窗时，人们一般采用祈使语气“Close the window.”。采用隐喻式表达意义时语法范畴发生了改变。同样是让人关窗，说话人可以采用更为礼貌的方式发出请求，如“Could you please close the window?”，也可以通过表达自己的感受来促成听话人的行动，如“It’s cold here.”。这点我们在第 2 章 2.2.1 节已经谈到过了。

语法隐喻出现的频率和类型与语篇体裁相关。在科技语篇这类体裁中可以见到大量概念隐喻，这些概念隐喻有助于实现精炼语言、组织逻辑、浓缩信息并使信息客观化等目的。但是，在儿童奇幻小说这一类体裁中，概念隐喻和语气隐喻作为偏离“常规”的表达方式并不适合儿童阅读；相反，主观情态隐喻则符合儿童日常表达，也就更为合适。《爱丽丝漫游仙境》中较为常见的是主观情态隐喻 I think，而概念隐喻以及人际隐喻中的语气隐喻和客观情态隐喻则为数不多。在《爱丽丝漫游仙境》中搜索 I think，总共出现了 18 次，例 9 选取其中的 4 个进行讨论。

【例 9】(1) “Perhaps it doesn’t understand English,” thought Alice; “I dare say it’s a French mouse, come over with William the Conqueror.” (For, with all her knowledge of history, Alice had no very clear notion how long ago anything had happened.) So she began again: “Ou est ma chatte?” which was the first sentence in her French lesson-book. The

Mouse gave a sudden leap out of the water, and seemed to quiver all over with fright. "Oh, I beg your pardon!" cried Alice hastily, afraid that she had hurt the poor animal's feelings. "I quite forgot you didn't like cats."

"Not like cats!" cried the Mouse, in a shrill, passionate voice. "Would YOU like cats if you were me?"

"Well, perhaps not," said Alice in a soothing tone: "don't be angry about it. And yet I wish I could show you our cat Dinah: I think you'd take a fancy to cats if you could only see her. ... "

(2) "You are not attending!" said the Mouse to Alice severely. "What are you thinking of?"

"I beg your pardon," said Alice very humbly: "you had got to the fifth bend, I think?"

"I had NOT!" cried the Mouse, sharply and very angrily.

(3) The Caterpillar and Alice looked at each other for some time in silence: at last the Caterpillar took the hookah out of its mouth, and addressed her in a languid, sleepy voice.

"Who are YOU?" said the Caterpillar.

This was not an encouraging opening for a conversation. Alice replied, rather shyly, "I–I hardly know, sir, just at present—at least I know who I WAS when I got up this morning, but I think I must have been changed several times since then."

(4) Alice felt a little irritated at the Caterpillar's making such VERY short remarks, and she drew herself up and said, very gravely, "I think, you ought to tell me who YOU are, first."

例 9 中（1）选自第二章《眼泪的池塘》,（2）选自第三章《一场会议式赛跑和一个长故事》；这两个例子是爱丽丝与老鼠之间的对话，其背景信息是老鼠在第三章被刻画为一个权威。（3）和（4）选自第五章《毛毛虫的建议》（"Advice from a Caterpillar"），是爱丽丝与毛毛虫之间的对话，其背景信息是毛毛虫在第五章中被刻画成一个懒洋洋的、言语简短的形象。(1)展现了爱丽丝第一次与老鼠见面的情景，这时老鼠的权威身份还没有表现出来，爱丽丝尝试用法语向老鼠询问它是否见过她的猫："Ou est ma chatte ?"("Where is my cat?"，我的猫在哪？)。爱丽丝的这个问题激怒了老鼠，但是她利用 I think 表达其主观看法，认为老鼠喜欢她的猫的可能性是存在的，从而通过情感链接的方式安慰老鼠。与(1)不同的是，(2)发生的背景是老鼠在一个群体中扮演权威角色，告知大家如何弄干自己，而爱丽丝的走神惹恼了老鼠。作为回应，爱丽丝利用 I think 来引导新的问题，试图转移话题。这里爱丽丝对老鼠的情感和回应的目的都不同于(1)。在(1)中，爱丽丝感到内疚，其话语是为了安慰老鼠，而在(2)中爱丽丝表现出的是对老鼠的尊敬以及少许无奈，其目的是为了转移话题。在(3)中，爱丽丝同样表现出对他人(毛毛虫)的尊敬，利用 I think 表达一种不确定性，这里 I think 的意思类似于"我想、我猜想"。在(4)中，爱丽丝有一丝恼怒，她直接向毛毛虫发出指令，并利用 I think 强化其主观情绪，这里 I think 的意思类似于"我认为、我觉得"。

从上面对 I think 这一主观情态隐喻的分析可以发现，I think 在不同语境下的功能和所要实现的目的有所不同。在一种语境中，它表达一种猜测，用于缓和氛围；在另一种语境中，它可以表达一种主观意愿，用于强化自身要求。此外，I think 常常被当作表达人际意义的手段。

3.5 结语

本章介绍了系统功能语言学中用于功能话语研究的主要指导思想和理论系统。主要指导思想涉及韩礼德的马克思主义语言观、系统类型说和语境思想。在功能话语研究中，这三个思想的核心是语言与语境的关系以及语言研究与实际应用的关系。话语研究需要置于一定的语境当中，分析话语发生的社会文化背景和即时环境，及其在语言系统中各个层面的表现。同时，对语言的研究需要应用于社会实践，以问题为导向将语言学研究应用于解决社会实践中的各种问题。正因如此，功能话语研究坚持语境分析与语言特征相结合的研究方法(详见本书第 4 章)，并不断将研究范围拓展到新的领域（详见本书第 5 章）。

本章重点介绍了系统功能语言学中常用于分析语篇和话语的理论，包括元功能、评价、衔接、语法隐喻等。这些语言中的子系统帮助研究者从不同角度观察、理解、分析、解释并评估语篇和话语的意义和作用。通常来说，语言中的各个子系统相互作用，共同推动语篇和话语的发展。虽然同时利用不同子系统展开研究可能帮助分析者发现更多的语篇和话语特征，但是一方面考虑到语篇和话语本身的特点，另一方面考虑到分析者的研究目的和研究问题，加上时间和精力的限制，分析者可以选择其中的一个层面或者一个子系统加以重点研究。这也就是第 2 章 2.4 节提到的经济性问题。

不可否认的是，虽然利用系统功能语言学的理论开展话语研究十分常见，但是某些系统（例如及物性系统和评价系统）更受研究者青睐，而其他一些系统则有待进一步发展和深化。

第 4 章
功能话语研究的科学方法

4.1 引言

语篇分析和话语分析没有公认的或统一的理论基础、分析步骤和分析方法（黄国文，1988，2001a；Hatch，1992；Schiffrin，1994），鉴于语篇和话语特点、分析目的以及分析者所掌握的理论基础，分析方法也呈现出多样化的特点。我们很难界定哪一（几）种方法是“正确的”或“不正确的”（Gee，1999：5），因为语篇分析和话语分析本来就没有哪一种方法是唯一正确的；选择哪一种方法，主要取决于分析者的哲学观和所面临的问题。基于第 3 章对系统功能语言学相关理论的梳理以及多年的实践经验，我们认为，系统功能语言学有着严密的理论框架，强大的可操作性以及广泛的适用范围，是一种比其他理论更适合于话语研究的理论。

第 2 章 2.2.1 节和 2.2.2 节提到，语篇可以从两个意义进行解释——作为样本的语篇和作为成品的语篇（Halliday & Matthiessen，2004）。在前一种观点下，分析者关注的是语篇背后的语言现象，并对这些现象的异同进行比较和归类；侧重的是作为普通语言学的系统功能语言学研究。而在后一种观点下，分析者关注的有：语篇为什么会表达这样或那样的意义？特定的语篇为什么有其特有的价值（如交际功能、特定意义或含义、意识形态）？这些价值是如何表达出来的？它在哪方面或者哪些方面（如意义表达、交际价值、语篇有效性）是成功的、不太成功的或者失败的；其侧重的是作为适用语言学的系统功能语言学研究。

系统功能语言学的层次化思想奠定了功能话语研究方法的基础。韩礼德在阐释语义分析的方法时提出了三维视角（a trinocular perspective）：自上而下（from above），自下而上（from below）和自周围（from around about）（Halliday，2008；Matthiessen & Halliday，2009）。自上而下是从意义出发，观察表达意义的多种形式，发现语义层面的选择在词汇语法层的体现方式。自下而上是从措辞出发，讨论不同措辞所表达的意义，发现词汇语法层面的选择表达了何种意义。自周围则是考察小句结构的系统性变体（systemic variant）。这三个视角将"选择"（聚合关系）和"联系"（组合关系）结合起来，兼顾语言的功能、意义和结构。

话语研究将语言系统外的语境纳入考察范围：采用自上而下的视角从语境出发，发现其各个功能变量在语言系统中语义层的选择是如何在词汇语法层体现的；采用自下而上的视角从词汇语法特征出发，分析这些特征所表达的意义以及所反映的语境要素；此外，还可以对不同的语篇和话语（可以是不同类型的语篇和话语，也可以是同类的语篇和话语）进行横向比较。

近年来，功能话语研究采用多层面、多维度的分析方法是一个大趋势。本章以系统功能语言学的思想和理论为框架，首先介绍作为样本的语篇的分析步骤和作为成品的语篇的分析步骤，接下来详细阐释功能话语研究的三维视角，并以实例展示其具体的操作过程。

4.2 作为样本的语篇分析步骤

韩礼德（Halliday，2008：192）将语篇分析（或话语分析）视为"a proper part of of linguistics"（语言学理论的一个部分），也就是说，可以将语篇分析看作是"the description of particular instances of language"（对语言实例的描述）。这是因为语言系统和语篇并非两种不同的现象，而是观察同一个现象的两个不同视角。这样一来，语篇就是一个实例，而语言系统则是语篇背后的潜势。麦蒂森（Matthiessen，2006，2009）指出，相对于分析作为成品的语篇，分析作为样本的语篇可以为描述提供更直接的证据，从而为语言系统的精细化描述提供支持。基于此，麦蒂森（Matthiessen，2006）提出了理论模式建构的阶段。

在第 2 章 2.2.4 节中，我们已经展现了理论模式建构的四个阶段（Matthiessen，2009：48–52，2014：140–143）：在现有特定的理论框架中分析语篇 → 在一定数量的语篇分析的基础上在现有特定的理论框架中描述语言 → 在现有的描述基础上对语言进行类型划分 → 建构语言理论模式。具体来说，要建构理论，首先是在特定的理论框架中（如系统功能语言学、认知语言学、生态语言学等）对语篇展开分析，然后在一定数量的语篇分析基础上、在特定的理论框架中描述语言，接下来根据现存的描述、从类型学角度对语言进行划分，对多个语言进行归类，最终实现理论建构。但是，这并不是一个封闭的理论建构过程，而是一个开放的、不断完善的过程；所建构的理论可以继续用于语篇分析，并在新的语篇分析中发现语言系统新的特征，从而进一步完善理论。

4.3　作为成品的语篇分析步骤

第 2 章 2.2.1 节介绍了作为成品的语篇，在这一节，我们进一步说明分析作为成品的语篇的步骤。

黄国文（2001b）讨论了语篇分析作为“说明性活动”和作为“解释性活动”的联系和区别。不少语篇分析研究者都将语篇分析视为一种说明性活动，认为分析的目的是帮助受话者了解发话者说了什么，即语篇表达了什么意义，用一个英语单词来概括就是 what。而功能话语研究将语篇分析视为一种解释性活动，在说明语篇所传递的意义的基础之上进一步解释为什么该语篇传递这样或那样的意义，用一个英语单词来概括就是 why。因此，解释性活动包含了说明性活动，位于比说明性活动更高的层面。正如韩礼德和韩茹凯（Halliday & Hasan，1976：327）所指明的，对一个语篇进行语言分析的目的不是“说明”，而是“解释”。要想解决 why 这个问题，分析者就必须弄清楚发话者是如何表达意义的，即 how。在解释性活动中，功能话语研究包含了三个方面的内容——表达的意义是什么，如何表达这些意义以及为什么表达这些意义。这三方面的内容形成一个有机的整体，但不是位于同一个平面。一般来说，它们形成的是递进的关系，因为我们通常是在了解了表达的意义之后才可以探索意义背后的意图。如果要简单地为这三个方面归纳一个分析过程，可以是：说明 → 解释 → 评估。完整来说，语篇分析涉及了六个步骤（黄国文，2006：175–176），即，观察 → 解读 → 描述 → 分析→ 解释 → 评估；在这六个步骤中，分析始终贯穿于其他五个步骤中。

我们（黄国文，2001a，2001b，2002）认为，要顺利展开功能话语研究，分析者需要在具备系统功能语言学知识、话语分析知识、语料库相关技术使用手段的基础上，利用实际累积的观察力甄别分析某个或者某些语篇的价值。从理论上来说，每个语篇都可以用来分析，但是在实践中，受分析者研究能力、研究兴趣、研究目的和研究问题的影响，并不是每个语篇对于研究者来说都有研究价值。因此，分析者需要具备“观察”语篇的能力，选择适合的语料。这是进行功能话语研究的基础，也是最重要的一步。在观察语篇的过程中，分析者同时要具备“说明”该语篇的能力，要弄明白该语篇的意义、交际目的和所带来的结果（后果）；对语篇的说明性分析是正式开展具体描述的前提。对语篇分析的“描述”需要选择合适的理论框架。虽然功能话语研究的理论框架是韩礼德的系统功能语言学，但是该框架下还有许多细化的框架，分析者需要根据具体的研究问题来选择。只有在相应的理论框架下，所作的“分析”才是有依据的、系统性的、可验证的。功能话语研究并不以说明为止，而是要继续解释语篇的意义和交际的目的是如何通过语言手段实现的。韩礼德（Halliday，1994：xv）认为，所有的语篇分析都总是存在两个不同层次的目标。较低的层次是弄明白语篇本身所表达的意义，通过语言分析来说明语篇是怎样表达意义的和为什么会表达这样或那样的意义。这种分析可以揭示语篇的多义性、歧义性或隐喻性。这个层次的分析如果基于一定的语法体系，一般是不难达到目标的。比这个目标更高的层次是对语篇进行评估：通过语篇分析可以说明为什么某一语篇达到（或没有达到）它的目的；也可以说明在哪个或哪些方面这个语篇是成功的，在哪个或哪些方面不是很成功的甚至是失败的。更进一步的是，分析者还可以通过分析来评估语篇对社会甚至是整个生态系统产生的影响，这就是“系统生态语言学”（systemic ecolinguistics）（Halliday，2007：14）所要研究的。

评估是功能话语研究的最终目标。那么评估是以什么为依托呢？又是如何进行呢？评估以语境为依托，在说明发话者所传递的意义及其在词汇语法层面的体现方式的基础上，评估语篇在其交际情景中是否发挥了应有的作用。换句话说，对语篇的评估就是要判断语篇是否有效地表达了发话者的意图，以及语篇选择的语言手段哪些是合适的，哪些是不合适的。这里的“合适”，是就相应的文化语境和情景语境而言的。无论语篇分析采用的是定性研究还是定量研究，在评估这个步骤中，分析者的主观判断起了很大的作用。因此，从本质上看，话语分析是有明显的价值取向的，具有明显的社会文化特征。

要实现一个完整的、科学的分析过程，就要将语境和语言联系起来，分层次（语境层、语义层和词汇语法层）、多维度（观察、说明、描述、解释、评估）地开展话语分析。“分层次”和“多维度”分别说明了话语研究的范围和话语研究的过程。当然，这是一个理想的或者说理论上的分析过程。要实现这样一个“穷尽”的分析，通常是不经济的或者说不必要的（黄国文，1988，2001a，2001b），因为语篇分析和话语分析都是问题驱动的，围绕着某一问题或目的进行。关于这一点，可以从两方面解释：一方面，就语篇本身而言，可能存在不同的研究价值——一些语篇的语境特征较为突出，另一些语篇的语言结构更具有研究价值；就语言系统内部来说，有些语篇的经验过程值得研究者的注意，而有些语篇的人际互动或者语篇组织方式更引人关注。另一方面，研究者的主观性也影响功能话语研究的开展程度。每个研究都有其特定的研究问题和研究目的，因此，研究者会根据自己的研究兴趣和分析能力对研究内容有所取舍。这就是为什么在具体的分析实践中会出现分析深度、广度和精度上的差异。

4.4 功能话语研究的三维视角

4.4.1 研究步骤的展开方向

受语义分析三维视角的启示，功能话语研究也可以从上面、从下面和从周围三个维度展开。从上面（自上而下）展开分析可以从语境入手，分析文化语境对语篇发生的限制，厘清情景语境的三个变量（语场、语旨、语式），从而进一步分析特定语境下语篇的语义特征以及它们是如何通过词汇语法选择体现的，这是一个自上而下的分析步骤。从下面（自下而上）展开分析通常从语篇和话语中的词汇和语法（也可以从更低的音系/字系层）出发，观察和分析它们所表达的意义，并进一步将词汇语法所表达的意义与语境相关联，揭示说话者的目的和意识形态问题，这是一个自下而上的分析方法；马丁等人（Martin & Rose，2003；Martin & White，2005）采用的正是自下而上的研究方法来建构语义资源系统。从周围展开分析可以进行语篇对比分析，比较不同类型语篇的措辞异同或者不同语境下同类语篇的措辞异同，这种方法常用于翻译文本研究。以自上而下分析步骤为例，图 4-1 比较直观地展示了其操作步骤及相关内容。

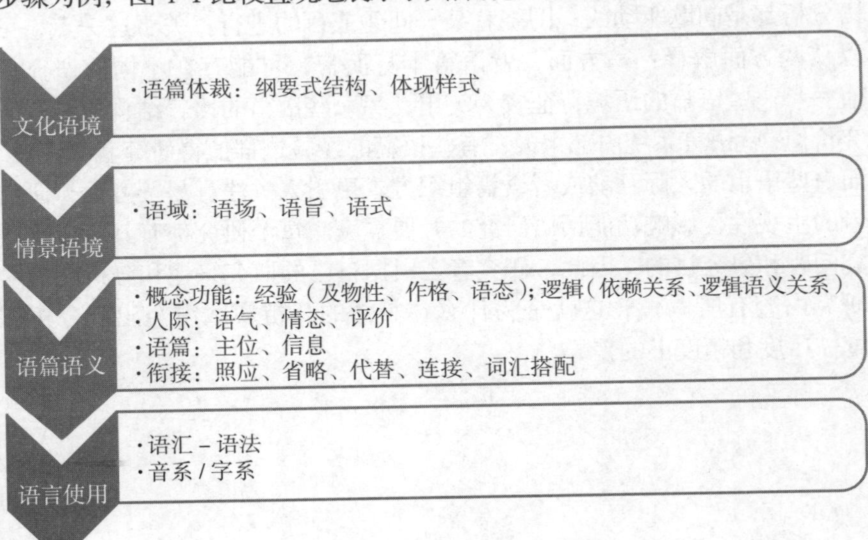

图 4-1 自上而下的分析步骤

4.4.2　两个简单的例子

接下来，我们选取两篇短文，分别从两个不同的方向进行分析，展示功能话语研究的路径。第一个例子采用自上而下的分析步骤，第二个例子采用自下而上的分析步骤。最后，对两个例子进行横向比较。

1. 医学期刊论文摘要：自上而下的分析

例 1 是一篇医学学术论文的摘要。对该语篇的分析采取自上而下的分析步骤，从体裁入手，分析体裁特征在语域和语义中的表现，进而分析其词汇语法选择。

【例 1】Aims: Citrus lemon essential oil (CLEO) has been introduced as a strong antioxidant mixture. However, it is not efficient enough due to its hydrophobic nature. Nanoemulsions improve the drugs' bio-compatibility in aqueous conditions. Methods: The CLEO nanoemulsion (CLEO-NE) was formulated by ultrasound-based-emulsification and they were characterised. The anti-angiogenic and antioxidant activities were studied by the chicken chorioallantoic membrane (CAM) and antioxidant (ABTS and DPPH) assays, respectively. Finally, the apoptotic property of CLEO-NE on both HFF and A549 was evaluated by [3-(4,5-dimethylthiazol-2-yl)-2,5-diphenyltetrazolium bromide] (MTT) assay and real time-PCR (measuring Cas-3 gene expression). Results: The 30.2-nm CLEO-NE droplets significantly increased Cas-3 in A549 cells and decreased angiogenesis in chick embryo chorioallantoic membrane ($p < 0.01$). Conclusion: In conclusion, CLEO-NE has the potential to be used as a safe cell-depended anticancer agent for human lung cancer. However, further genes and cell lines have to be studied to clarify its targeted-anticancer activity. (Rad et al.，2020)

该篇医学论文发表在 *Journal of Microencapsulation* 上，就论文摘要的结构来说至少是符合该期刊惯例的。该医学论文的摘要由四部分组成，并且每部分都有单独的“标题”作为指引：

研究目的（Aim）→ 研究方法（Methods）→ 研究结果（Results）→ 结论（Conclusion）

作者在研究目的部分提出了研究的背景，分为问题展示——柑橘柠檬精油（CLEO）的疏水性影响其抗氧化效果，以及研究目的——利用纳米乳液增加 CLEO 在含水条件下的生物相容性。在研究方法部分，作者对三个主要研究的内容及其所应用的方法进行论述，包括 CLEO 纳米乳液（CLEO-NE）研制、该药物的抗血管生成和抗氧化活动研究以及 CLEO-NE 在 HFF 和 A549 中的细胞凋亡特性测试；这三个方面实际上也可以看作是研究开展的三个步骤。研究结果部分用一句话说明 CLEO-NE 在两个方面的表现：A549 细胞中的 Cas-3 以及 CAM 中的血管生成。最后，结论部分总结了 CLEO-NE 在肺癌治疗中的效用，并进一步指出将来的研究方向——药物的靶向抗癌活性。

通过摘要可以了解到论文的语场、语旨和语式。从广义上来说，该文与某种药物改良相关，更具体地说，是研究如何利用药物改良提升 CLEO 治疗肺癌的效用。该文的语旨可以从两个层面分析：作者与药物研发者之间的关系，以及作者与医学同行的关系；但是不管在哪个层面，相对于读者而言，作者作为研发出改良药物的主体都是具有话语权的。就语式而言，该医学论文摘要采用正式的、严谨的书面话语，向读者说明研究的动因、过程和成果。

语域的这三个变量在语言系统中主要体现在以下几个方面：

（1）通过及物性分析可以发现，该摘要仅出现了物质过程和关系过程两类过程。其中，物质过程占有绝对优势，而在这些物质过程中，被动语态又占有很高比例。被动语态的使用一方面隐去“我们”这一操作主体，从而突出了研究的对象和过程，增强其客观性；另一方面在句末补充表示手段的环境成分 by... 以展示研究开展的依据。这些都是由医学论文摘要主要介绍研究过程和研究结果决定的。在例 1 中，关系过程用于表达研究对象的属性，而物质过程则用于表达研究过程中涉及的操作程序。

（2）在逻辑语义方面，摘要中出现了三个小句复合体。第一个小句复合体“The CLEO nanoemulsion (CLEO-NE) was formulated by ultrasound-based-emulsification and they were characterised.”中的 and 表达时间，用于

连接两个研究步骤。第二个小句复合体“The 30.2-nm CLEO-NE droplets significantly increased Cas-3 in A549 cells and decreased angiogenesis in chick embryo chorioallantoic membrane.”利用 and 表达信息的延伸，连接的是两个研究现象。第三个小句复合体“However, further genes and cell lines have to be studied to clarify its targeted-anticancer activity.”属于增强型，用于表达目的。

（3）在主位推进方面，整个摘要都围绕 CLEO/CLEO-NE 展开。摘要的研究目的部分的三个主位 Citrus lemon essential oil (CLEO)、it 和 Nanoemulsions 点明研究的主题，其中 CLEO 和 Nanoemulsions 在研究方法部分的第一个小句合并为 The CLEO nanoemulsion (CLEO-NE)，并延续到第二个小句的 they。接下来的两个主位分别是 The anti-angiogenic and antioxidant activities 和 the apoptotic property of CLEO-NE on both HFF and A549。虽然前者在表面上与 CLEO/CLEO-NE 不同，但是如果添加以 of 引导的后置定语（即 the anti-angiogenic and antioxidant activities of CLEO-NE）就可以发现它与 CLEO-NE 的归属关系，这与紧随其后的主位 the apoptotic property of CLEO-NE on both HFF and A549 相似。研究结果部分中的主位是 The 30.2-nm CLEO-NE droplets，用以引导有关这一新药物的发现。最后，在结论部分，第一个主位仍然是 CLEO-NE，第二个主位 further genes and cell lines 发生了变化，它引导了一个新的话题，将其设置在将来的研究之中。

（4）就衔接手段而言，其中最突出的两类是照应和词汇衔接。照应围绕两条线索展开：一条是有关 CLEO 的，其展开线路为 Citrus lemon essential oil (CLEO) → it → its；另一条是有关 CLEO-NE 的，其展开线路为 The CLEO nanoemulsion (CLEO-NE) → they → CLEO-NE → its。摘要所使用的词汇衔接构建了几个相关但又有所区别的语义场，它们都围绕 CLEO / CLEO-NE 展开。这些语义场包括：与抗氧化相关 [组织（antioxidant mixture）、活性（antioxidant activities）、检测手段（antioxidant (ABTS and DPPH) assays）]；与水相关 [性质（hydrophobic nature）、环境（aqueous conditions）]；与血管生成相关 [抗血管生成活性（anti-angiogenic activities）、血管生成（angiogenesis）；检测手段（chicken chorioallantoic membrane (CAM)/chick embryo chorioallantoic membrane）]；与CLEO-NE相关[CLEO、CLEO-NE、the drugs、纳米乳液（nanoemulsion）、30.2-nm CLEO-NE液滴（The 30.2-nm CLEO-NE droplets）]；药物效果[增长（increased）、减少（decreased）]；与癌症相关[肺癌（human lung cancer）、细胞凋亡（apoptotic property）、癌细胞（A549 cells）、抗癌剂（cell-depended anticancer agent）、抗癌活性（targeted-anticancer activity）]。但是这些分类并非一成不变的，我们也可以将与抗氧化相关中的抗氧化活性与血管生成相关中的抗血管生成活性归属于同一语义场，即[antioxidant activities、anti-angiogenic activities]，将所有的检测手段归属于同一语义场，即[antioxidant (ABTS and DPPH) assays、chicken chorioallantoic membrane (CAM)/chick embryo chorioallantoic membrane、[3-(4,5-dimethylthiazol-2-yl)-2,5-diphenyltetrazolium bromide] (MTT) assay、real time-PCR (measuring Cas-3 gene expression)]。这些词汇衔接手段向读者传递了有关肺癌、抗肺癌药物特性以及检测手段等重要信息，将摘要有机地组合成一个整体。

上面对医学学术论文摘要的分析由语境入手，首先分析其体裁，从语篇结构展示该摘要的特征。在此基础上，分析体裁在语场、语旨和语式中的表现，并进一步分析其在语言系统中及物性、逻辑语义、主位和衔接方面的体现形式。这些方面反映了该摘要的以下特征：信息全面，如不同语义场的关联；主题突出，如主位的选择和照应的使用；客观性，如被动语态的使用；可信性，如包含不同测试手段的语义场的形成；科学性，如物质过程和表示手段的环境成分的使用。由此可见，这些策略的运用有助于作者科学地、完整地描述研究过程，表达研究意图，是值得肯定的。当然，分析者还可以选择从其他方面进行讨论，例如语法隐喻、语气等，但是上述四个方面的分析已经足以展示该摘要的特点。

2. 大学校长新生开学致辞：自下而上的分析

接下来，我们展示采用自下而上的视角是如何开展话语分析的。例2选自耶鲁大学校长2019年新生开学致辞的前三段。对其分析首先从词汇语法选择入手，分析词汇语法所体现的语义特征，最终展示语场特征，并上升至对体裁特点的讨论。

【例 2】Good morning! To all Eli Whitney students, transfer students, visiting international students, and first-year Yale College students: Welcome to Yale! On behalf of my colleagues here on stage, I extend a warm greeting to the families here today and thank you all for joining us. Please remember these first moments of your loved one's college career are very special, and I'm glad you can share them with us today.

Usually in an opening address, university presidents tell undergraduates that they are amazing individuals, selected from the... among the most talented high school students in the world today. This is, of course, true, but it is not the point I want to make. Instead, I want to encourage you to approach college unimpressed by how impressive you are; have more questions than answers; admit to being puzzled or confused; be willing to say, "I don't know... but I want to find out." And, most important, have the courage to say, "Perhaps I am wrong, and others are right."

This is how you will learn the most from your teachers and classmates. And this is why we have all come to this place. We are here to ask questions—questions about one another and about the world around us. We are here at Yale to nurture a culture of curiosity. (An open speech "Culture of Curiosity" by Professor Peter Salovey, President of Yale University, August 24, 2019, at the Yale College Opening Assembly.)

在词汇语法层面，我们着重分析话语的经验特征（主要是及物性分析）和人际特征（包括角色互动和评价手段），以此解释其传递的语义信息。

（1）对该话语的及物性分析集中在主句（即包含主要谓语的句子），对从句中的过程暂不作分析。例如，在"I'm glad you can share them with us today."中，我们关注的是主句 I'm glad 这个关系过程；从句中的 share 则不作考虑。上面的话语中共有 13 个主要谓语，实现了三类过程，占主要地位的是关系过程（共 7 个）和言语过程（共 5 个），此外还有一个心理过程（1 个）。言语过程中有 3 个集中在话语开端，用于表达说话者向受话者所说的话，分别是 welcome、extend (a warm greeting)、thank (you)。另外的两个言语过程出现在第二个自然段；这两个言语过程分别表达了一般（其他）大学校长在开学典礼上说的话（由 tell 体现）和“我”（耶鲁校长）在这次开学典礼上说的话（由 want to encourage 投射）；通过对其他校长和“我”说的话的区别，展示了耶鲁的文化特性。这段致辞中的关系过程的一个突出特点是谓语性主位（predicated theme）和主位同等结构（thematic equative）的使用，包括“...it is not the point I want to make.”“This is how you will learn the most from your teachers and classmates.”和“...this is why we have all come to this place.”，它们都用于强调，传递“唯一”和“穷尽”的含义。说话者还利用两个表示处所的关系小句传递了说话者与听话者所共处的位置（“We are here...”），拉近两者距离。此外，说话者在表述完其他校长开学致辞之后，利用表示归属的关系小句对其话语内容进行了肯定“This is, of course, true,”，这个小句同时与紧随其后的“but it is not the point I want to make.”形成对比，构成转折关系，从而引出“我”想说的话。在第一个自然段的末尾，说话者利用关系过程“I'm glad...”表达了个人情感。话语中主要谓语所体现的唯一一个心理过程是表达认知的过程“Please remember these first moments of your loved one's college career are very special.”，提醒听话者这个时刻是重要的，是值得铭记的。

（2）在人际方面，例 2 突出的特点之一是涉及不同的参与者以及各种角色的分配和转换。在一开头，说话者将听话者（学生）细化并一一指出，包括 all Eli Whitney students、transfer students、visiting international students 和 first-year Yale College students，由此表现出说话者对所有听话者的关注，吸引所有听话者的注意，使不同的听话者快速融入场景中。除了主要对象学生，说话者还将其与听众的互动延伸到陪伴学生出席的家人（the families here）。由此可见，第一个自然段出现了三类参与者，分别是以说话者为代表的教职员工（my colleagues 和 I）、作为主要听话者的各类学生以及学生亲属。第一个自然段中出现了 you、us 和 them 三类人称代词。其中，you 的使用直接将镜头转向特定听众，是说话者分配给学生亲属的角色，增加了说话者与他们的互动。Us 是说话者与其同事所形成的团体，而 them 则是说话者分配给各类学生的角色并形成另一个团体。总的来说，在第一个自然段中，不同类型参与者的划分鲜明，各自的角色分配清晰。第二个自然段的开端插入了两个即时语境外角色，他们是一般情况下的或者类属意义上的大学校长（university presidents）和学生（undergraduates），与即时语境中的大学校长和学生形成对比，突出即时语境中校长和学生的特征。不同于其他大学校长对新生过去成就的肯定，耶鲁大学校长重视现在和未来，表达了“我”（I）想要“你们”（you）做什么，想要“你们”成为什么样的人。这里的 you 不再指向亲属，而是专指学生，实现说话者（耶鲁校长）与听话者（学生）的直接对话。随后，说话者从学生的角度来表达“我”（I）应该做什么，这里的“我”不再是说话者本身现实中的角色，而是利用直接引语实现了角色置换，将自己置于学生的角色，进一步拉近与学生的距离。与第一个自然段相比，第二个自然段中说话者与主要听话者（学生）之间的距离更近，互动更为直接。在第三个自然段中，说话者和听话者的距离进一步缩小，尤其体现在包容性“我们”（we）的使用，将说话者、听话者（新生）、教师、同学融为一体。通过以上对参与者分类以及参与者角色设定和转换的分析可以发现，该话语实现了从明确参与者不同角色到消除不同参与者之间界限的转变，有利于新生理解校长的期盼，拉近互动者的距离，帮助新生尽快融入新的环境。

（3）人际方面的另一个特征是评价资源的应用。在态度方面，说话者利用表达情感的词组 warm greeting、your loved one 和 glad 营造一种幸福、融洽、欢乐的氛围，利用重复出现的传递主观意图的 I want to 表达说话者对听话者的期望，并利用表达常态的 special、表达鉴赏的 amazing 和 impressive 以及表达能力的 the most talented 突出耶鲁新生的与众不同。此外，利用表达真实性的“This is, of course, true,”对其他校长所传递的信息进行肯定，以示尊重。除了态度资源，介入资源也在说话者传递信息的过程中起着重要作用。说话者首先利用间接引语 university presidents tell undergraduates (that) 投射一般情况下大学校长在新生开学致辞上的内容。说话者通过真实资源肯定了这一做法，但同时利用表示转折的词汇 but 和 instead 表达自身观点，用自己的声音替代其他普遍的声音。此外，说话者转换身份，将自己代入学生角色，利用直接引语“be willing to say, ‘I don’t know... but I want to find out.’”

和 “have the courage to say, ‘Perhaps I am wrong, and others are right.’” 通过学生的声音传递自己的期望。借助这些手段，说话者实现了话语收缩，挑战其他声音，强化自身观点。

总而言之，说话者利用及物性、角色分配和评价等手段传递了两方面信息：一方面与说话者对新生的要求相关，另一方面与说话者与听众的互动相关。虽然说话者逐渐将自己与听话者融为一体，增强双方互动，但是他不断强化对学生的要求，压缩话语空间，是整个过程的绝对主导者。这反映了话语所处的语境，即正在发生什么（话题）以及有哪些人参与（参与者之间的关系）。在语场方面，概括来说这段话属于耶鲁校长的新生开学致辞的一部分，具体来说主要涉及校长对学生的欢迎和期望两个部分。在语旨方面，可以分为两个阶段，由一开始兼顾所有与会者，到接下来以学生为焦点，实现与学生的互动和融合。上升到体裁层面，这些都展现了校长开学致辞的体裁特征，例如人际互动和话语权掌控。就当前节选的这三段话而言，其结构可以展示如下：

称呼 → 欢迎 → 进入正题 → 论据支撑……
（对象分类）（所有与会人员）（焦点对象拉近）（焦点对象融入）

虽然例 2 未能展示此类话语的全貌，但是从其语言特征以及语言特征所反映的语域特征可以发现这类话语的一些特点，例如以欢迎为开头的惯例，着力于增强与听话者的互动，对话语权的掌控等。在文化层面，耶鲁文化在一定程度上反映了美国文化，包括演讲中多次强调的求知主题，即多问问题、承认错误、懂得求助等，以及说话者创造的交流氛围，即平等之中保留话语权。这与中国的大学校长在新生开学典礼上的发言有相似之处（如拉近与学生的距离），但又各有千秋（如中国传统文化的融入）。这里不作详述。

3. 案例对比

本节选取的两个案例来自不同领域，具有各自的特征。医学学术论文摘要的特征主要表现在反映经验意义的及物性系统与反映语篇意义的主位系统和衔接机制之中，而大学新生开学致辞的特征除了通过及物性分析获取，更重要的是由反映人际意义的参与者角色分配和互动以及评价意义体现。这些是由发话者想要达到的社会目的决定的。

就医学学术论文摘要来说，由于作者想要在简短的一段话中展示其研究对象、研究目的、研究步骤、研究手段和研究结果，因此需要物质过程展示科学研究的过程，也需要关系过程展示研究对象的属性。作为医学研究，它应该具备至少两个特征——科学性和逻辑性。科学性主要通过大量的被动语态和表示手段的环境成分来实现，突出其研究对象和研究过程，减少人为干预，并提供支撑研究结果的研究手段和研究方法。逻辑性则表现在逻辑语义类型、主位推进和衔接手段的应用上，将研究涉及的各个要素、步骤及其相互关系进行整合和贯通。

就大学新生开学致辞而言，说话者想要通过话语表达自己的情感和期盼，使听话者了解自己的意图，促成与听话者之间的互动。在这样的话语中，展示互动的人际意义尤为重要。说话者利用不同的词汇语法资源，包括言语过程和关系过程，角色分配和置换，表示情感、常态、鉴赏、能力、真实和介入等评价手段，表达对听话者的正面情感，向听话者传递发言的核心话题，增强听话者的融入感。虽然分析者也可以继续分析致辞的主位结构、信息结构、连贯等方面的内容，但是就目前的分析而言已经可以展示该话语的特征，使读者了解说话者的意图。除此之外，例 2 的最后一段提到了耶鲁文化——好奇文化，也可以成为跨文化分析的起点。

例 1 和例 2 不同的分析侧重可以由图 4-2 更为直观地展示，其中箭头代表分析步骤展开的方向。在图 4-2 中，两个案例的区别建立在不同的研究层面和同一层面不同的研究内容之上。就研究层面而言，两个案例的分析都涉及四个层面，即体裁、情景语境层、语义层和词汇语法层。在文化语境层面，第二个案例将研究上升至文化。就研究内容而言，第一个案例在情景语境层的分析重点是语场和语式及其反映在语义层的概念意义和语篇意义，以及在词汇语法层上体现概念意义的及物性系统和逻辑语义系统和体现语篇意义的主位系统和衔接手段；第二个案例在词汇语法层上侧重及物性分析以及角色和评价分析及其所反映的语义层的经验意义和人际意义，以及所反映的情景语境中的语场变量和语旨变量的特征。

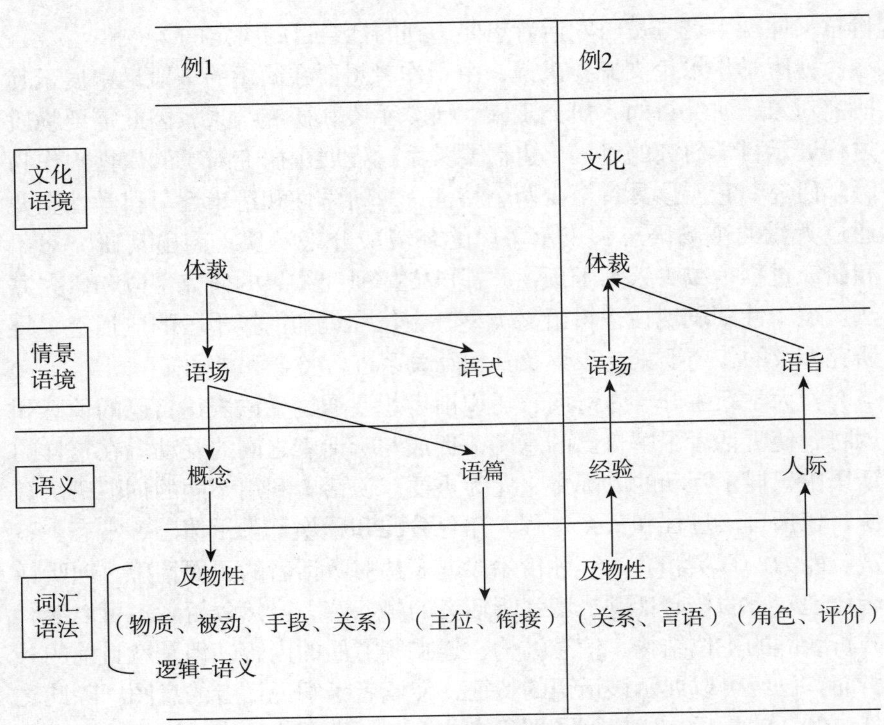

图 4–2 例 1 与例 2 的分析侧重

4.5 结语

在进行话语研究时，选择自上而下或是自下而上的分析步骤都是可行的。重要的是，分析者需要根据语篇和话语的特点、作者和说话者的社会目的以及自身的研究问题进行观察和权衡，做出适当选择。正如图 4–2 对两个案例的对比所示，分析者可以侧重不同的元功能，上升到语境层面表现为侧重不同的语场变量。此外，虽然上述两个案例都涵盖了体裁、语域、语义和词汇语法层面，但是根据不同的研究对象，分析者可以选择其中的一个层面作为重点，也可以将研究扩展到上至文化层面、下至语音 / 书写层面。对于语篇和话语中出现的多种模态，分析者可以选择其中的一种展开重点分析，也可以选择其中的几种展开分析。

这些都以分析者的研究目的为前提。

除了研究视角和研究步骤，功能话语分析还采用多种研究手段，目前较为突出的一个趋势是利用语料库开展研究。随着大数据时代的来临以及计算机技术的广泛应用，语料库已经成为语言学领域开展研究的重要支撑。继词典编纂和语言教学之后，语篇分析和话语分析也利用语料库开展研究。最早将语料库与话语分析相结合的研究可以追溯到法国人派彻（Pecheux，1969）的《自动话语分析》（*Analyse Automatique du Discours*）（刘明、常晨光，2018）。传统话语分析是对某个语篇和话语或者少量平行语篇和话语进行案例分析或者共时对比分析，以揭示说话者的意图。采用语料库方法可以弥补传统话语分析三方面的不足：第一，数据量可观，提升语料规模；第二，利用词汇语法统计为主观推论补充客观证据；第三，使历时分析成为可能。另一方面，话语分析也可以为分析、描述、解释和评估语料库中的语言提供社会理据。因此，语料库和话语分析是相互补充、互惠互利的。

利用语料库开展的功能话语研究有两种基本方式。一是基于现有的大型语料库开展分析，如英文的 COCA（Corpus of Contemporary American English），BNC（British National Corpus）和中文的 CCL（Center for Chinese Linguistics PKU）等，也可以基于一些专门用途的语料库开展分析（参见 Gavioli，2005，2016）。二是自建语料库，自建语料库可以根据研究需要搜集语料并建立不同规模的语料库。基于语料库开展的话语分析，常常需要借用不同的分析软件，如 Antconc、WordSmith 等；多模态分析也有相应的分析软件，如 ELAN。如果想要在这些方面深入探讨，可以尝试学习使用 SPSS 和 Python 等工具。这些无疑都提升了分析的效率和科学性，但同时也对语言研究者提出了更高的要求。

目前比较适合初学者学习如何利用语料库进行话语研究的书是《语料库与话语研究》（许家金，2019）。该书介绍了话语分析如何借助通用语料库和专用语料库开展研究。通用语料库辅助或者驱动下的话语分析主要在词频、主题词、索引、搭配等功能的基础上展开。利用专用语料库可以开展衔接分析、体裁分析、语域分析和多模态话语分析等。

最后必须指出的是，可用于语篇分析、话语分析和功能话语研究的方法很多，简单说就是定性分析和定量分析，但无论采用哪种方法，都是为了研究问题（包括分析问题和解决问题），是为研究目的服务的。从本质上看，语篇分析、话语分析和功能话语研究都是问题驱动（question-driven）和问题导向（problem-oriented）的，而且是以分析者为中心（analyst-oriented）的。

第 5 章
功能话语研究的成果

5.1 引言

我们在第 3 章 3.2 节阐明了韩礼德的马克思主义语言学思想和方法，强调其理论联系实践、致力于解决实际社会（以及生态）问题的特征。此外，系统功能语言学所建构的语法系统旨在为语篇分析提供一个有效的框架，是一个以语篇为导向的语言观（van Valin，2001：331–332）。

正如第 4 章 4.2 节所介绍的，分析作为样本的语篇可以为描述提供证据，并在此基础上对语言系统进行更细致、更精确的描写（Matthiessen，2009）。在系统功能语言学理论的建构过程中，我们首先从语篇入手，用现有的理论对语言现象和语言使用进行分析，接着对单个语言进行描述，然后根据类型学理论对多个语言进行归类，最终建构语言学理论（黄国文，2010）。因此，语言系统与语篇分析的结合使得理论可以在实践中不断得到完善，完善后的系统又可以为更大数量、更多种类的语篇提供描述、分析、解释和评估的资源，从而帮助解决各种社会（以及生态）问题。

相应地，本章介绍功能话语研究的成果也从理论发展和实证分析两个方面展开。理论发展关注近年来直接与话语研究相关的系统功能语言学理论的细化和扩展。这些理论的发展是基于长期的话语分析实践的，是从发现问题到解决问题这一过程中获得的新的理论认知。另一方面，理论的扩展和细化也为促进话语研究在广度上和深度上的跨越提供有力支持，进一步增强了系统功能语言学在解决问题方面的适用性。在展示理论发展中，本土化研究占有重要一席，是功能话语研究在中国发展的重要标志。实证研究关注话语分析涉及的不同领域和主题，包括医患、教学、生态、文学、政治、媒体等。

5.2 学术组织、学术会议与学术团队

在展示功能话语研究的理论发展与实证分析成果之前，我们首先简要介绍功能话语研究在学术组织、学术会议和学术团队上的发展。

在学术组织上，1995 年成立的"中国高校功能语言学研究会"（2015 年重新挂靠在一级研究会"中国英汉语比较研究会"，成为其"功能语言学专业委员会"）和 2007 年成立的"中国英汉语比较研究会英汉语篇分析专业委员会"（同样挂靠在一级研究会"中国英汉语比较研究会"）一直致力于系统功能语言学以及语篇分析在中国的推广和发展。

在学术会议上，每两年召开一次的全国功能语言学学术研讨会，自 1989 年起，已经召开了 16 届。全国英汉语篇分析研讨会也已经召开了 17 届。这里主要介绍全国英汉语篇分析研讨会的召开情况。我们（参见黄国文，2007）已经介绍了前 11 届全国英汉语篇分析研讨会召开的时间、举办单位和国内外的一些主要参与人。2010 年 11 月，同济大学承办了"国际语篇分析研讨会暨第 12 届全国语篇分析研讨会"。国际系统功能语言学及语篇分析专家韩礼德、韩茹凯（Ruqaiya Hasan）、福赛特（Robin Fawcett）、马丁、麦蒂森（Christian Matthiessen）、韦伯斯特（Johnathan Webster）、鲍切尔（Wendy Bowcher）和国内系统功能语言学和语篇分析研究专家方琰、胡壮麟、黄国文、任绍曾、张德禄、朱永生等参加了该次会议。"第 13 届全国语篇分析研讨会"于 2012 年 6 月在内蒙古大学召开，吸引了来自全国八十多所高校的代表，与会人数超过 150 人。"第 14 届英汉语篇分析学术研讨会"在古城西安的长安大学召开，会议吸引来全国（包括香港和台湾地区）不同高校的 150 余名参与者。2016 年 10 月和 2018 年 11 月，第 15 届和第 16 届英汉语篇分析研讨会分别由宁波大学和华东师范大学承办。"第三届（功能）语言学融合、创新与发展高端论坛暨第 17 届英汉语篇分析研讨会"于 2020 年 10 月 31 日至 11 月 1 日在

北京外国语大学召开。与往届会议不同的是，该届会议采取线上形式，同时在线参与人数超过两万人。线上会议利用直播软件将身处不同地区的专家和学者联系在一起，凸显了科技发展的力量。历年语篇分析研讨会在不同地区、不同高校的召开展示了语篇分析在中国的不断发展，投身到这一研究领域的队伍也在不断壮大。

2006 年，时任中山大学教授的黄国文发起的“功能语言学与语篇分析高层论坛”，这是一个不受时间（年份）和地点限制的开放性学术平台，到 2020 年底，已召开了 28 届。该论坛吸引了众多国内外专家学者参加，在讨论系统功能语言学和语篇分析研究发展的最新动态和成果的同时，也为研究者开展学术对话、探讨热点问题提供了平台。关于第 1—10 届论坛的情况，已有详细的综述（参见吴国向，2013）。历届会议中与语篇和话语相关的议题反映了语篇分析和话语研究领域的研究热点和发展趋势，表 5-1 展示了这 28 届论坛的主要信息（议题中的黑体加粗部分突出了与语篇和话语研究直接相关的议题）。

表 5-1 “功能语言学与语篇分析高层论坛”会议信息整理

会议	时间、地点	议题	备注
第 1 届功能语言学与语篇分析高层论坛	2006 年 12 月，中山大学	**作为适用语言学的系统功能语言学**	探讨适用语言学所涉及的研究领域；麦蒂森教授作了主旨报告。参加论坛的学者包括常晨光、黄国文、李国庆、林允清、王勇、吴灿中、杨炳钧、杨信彰等，讨论的适用领域涉及教育研究、语言发展、语言演变、理论与元理论以及语言的模式化、多语研究、语言描述、语料研究、话语与语篇分析、语言计算、法律语言、临床语言等学科领域。
第 2 届功能语言学与语篇分析高层论坛	2007 年 4 月，中山大学	**语言符号与语言科学**	韩茹凯教授和马丁教授先后作了主旨报告。韩茹凯教授阐述了语言符号系统在现代语言科学中的重要地位，论证了语言学研究必须采取系统和功能的双重视角；马丁教授展示了社会意义系统下分析语言和图像两种模态在语类示例中的互动。

（续表）

会议	时间、地点	议题	备注
第3届功能语言学与语篇分析高层论坛	2007年12月，中山大学	作为普通语言学的系统功能语言学	此次论坛的报告人共有11位，来自四个国家的九所大学。国际知名专家韩礼德、韩茹凯、麦蒂森等教授以及国内的方琰、胡壮麟、黄国文、张德禄等教授都参加了论坛，并围绕作为普通语言学的系统功能语言学主题进行讨论。
第4届功能语言学与语篇分析高层论坛	2008年11月，中山大学	**系统功能语言学与应用语言学**	参加论坛的教授包括韩礼德、韩茹凯、马丁、方琰、黄国文、张美芳等，围绕系统功能语言学与应用语言学的关系问题进行讨论。
第5届功能语言学与语篇分析高层论坛	2009年11月，北京科技大学	**功能语言学与语篇分析研究**	围绕系统功能语言学与语篇分析的关系问题进行讨论，参加论坛的学者包括：鲍切尔、韦伯斯特、常晨光、程晓堂、胡壮麟、黄国文、刘承宇、刘世生、严世清、杨信彰和张德禄。
第6届功能语言学与语篇分析高层论坛	2010年5月，北京科技大学	系统功能语法的完整模式	主要围绕系统功能语言学的加的夫模式进行讨论，并关注系统功能语言学在计算机语言生成中的应用和实践；参会专家包括福赛特、卡斯托（Victor M. Castel）、常晨光、何伟、黄国文、李满亮、林允清、刘世铸、彭漪、王勇、于晖、张德禄、张敬源、周晋英、朱乐奇等。
第7届功能语言学与语篇分析高层论坛	2012年3月，北京科技大学	英/汉功能句法研究	探讨英汉两种语言在小句层面的各种句法现象。特邀发言人包括福赛特、汤普森（Geoffrey Thompson）、韦伯斯特、常晨光、何伟、黄国文、李满亮、李战子、王勇、杨炳钧、张德禄和周晋英。参会专家包括方琰、高生文、胡壮麟、彭漪、田贵森、王红阳、于晖、张敬源等。
第8届功能语言学与语篇分析高层论坛	2012年5月，中山大学	**语篇分析与语料库语言学**	促进语料库语言学与系统功能语言学的强强联合，来自国内十多所高校的功能语言学、语料库语言学和语篇分析专家就相关议题展开了讨论。
第9届功能语言学与语篇分析高层论坛	2012年10月，中山大学	**功能语言学研究的战略转移**	探讨功能语言学的发展前景和可适用问题，主要涉及系统功能语言学发展的宏观问题；发言人包括：韦伯斯特、常晨光、丁建新、何伟、黄国文、王勇、辛志英、杨炳钧和于晖。

（续表）

会议	时间、地点	议题	备注
第 10 届功能语言学与语篇分析高层论坛	2012 年 11 月，中山大学	**系统、语料库与翻译**	探讨语料库与语篇分析，语篇分析与翻译的问题，邀请到亨斯顿（Susan Hunston）、韦伯斯特、常晨光、何安平、胡开宝、黄国文、彭宣维等专家作主题发言。
第 11 届功能语言学与语篇分析高层论坛	2013 年 9 月，中山大学	功能语言学与翻译研究	探讨翻译的“变异”“变译”和系统功能语言学中语域的相关问题。
第 12 届功能语言学与语篇分析高层论坛	2014 年 9 月，中山大学	**适用语篇分析**	探讨有关多模态分析、文化和语境的问题，邀请到国际著名多模态研究专家文托拉（Eija Ventola），同时还邀请到鲍切尔、常晨光和黄国文等专家作主题发言。
第 13 届功能语言学与语篇分析高层论坛	2015 年 1 月，中山大学	翻译研究的功能语言学视角	探讨功能语言学视角下的翻译研究。
第 14 届功能语言学与语篇分析高层论坛	2015 年 5 月，中山大学	语言教学	围绕语言教学与语言学习议题：庆祝韩礼德汉语教育 70 周年。
第 15 届功能语言学与语篇分析高层论坛	2015 年 9 月，中山大学	语义与语境	围绕韩茹凯的研究讨论系统功能语言学的发展：怀念韩茹凯。
第 16 届功能语言学与语篇分析高层论坛	2015 年 10 月，北京科技大学	**SFL 的适用性**	围绕功能语言学领域理论研究和应用研究的最新成果和最新发展进行讨论；发言人和参与人包括：埃尔文（Derek Irwin）、常晨光、何伟、黄国文、彭宣维、王红阳、杨雪燕、张德禄、张敬源等。
第 17 届功能语言学与语篇分析高层论坛	2016 年 10 月，华南农业大学	**生态语言与生态翻译研究**	探讨功能语言学在语言生态关系研究中的运用。

（续表）

会议	时间、地点	议题	备注
第18届功能语言学与语篇分析高层论坛	2016年11月，中山大学	**系统功能语言学前沿研究**	议题主要关于：生态视角下的和谐语篇分析、示例化与语境、语篇隐喻、评价理论视阈中的英汉商务语篇对比、系统功能语言学与语言类型学、人际隐喻在英语教师话语中的应用、体裁类型学。
第2届国际生态语言学研讨会暨第19届功能语言学与语篇分析论坛	2017年8月，北京外国语大学	**国际语境下的生态语言学研究**	探讨生态语言学相关问题，聚焦生态语言学理论、生态语言学与功能语言学的学科交叉、生态话语分析、生态语言学视域下的教学和翻译等议题，多位知名学者参加论坛并进行了发言，包括斯提布、斯特芬森（Sune Vork Steffensen）、格特力（Andrew Goatly）、考利（Stephen Cowley）、何伟、黄国文和王文斌。
第20届功能语言学与语篇分析高层论坛	2017年9月，华中师范大学	**跨语言视野中的功能语言学**	探讨的议题包括：汉语研究、跨语言比较、翻译研究、生态语言学。
第21届功能语言学与语篇分析高层论坛	2017年11月，北京外国语大学	**功能语言学的本土化研究**	围绕加的夫语法研究进行讨论，并推动功能语言学在中国的本土化进展。
第22届功能语言学与语篇分析高层论坛	2017年11月，华南农业大学	**系统功能语言学的多种建构：加的夫模式**	围绕加的夫语法研究展开讨论；并推动语言学、功能语言学、生态语言学、应用语言学、翻译研究、外语教学等方面的研究。本次论坛邀请到多位国际知名学者，包括福赛特、冯丹（Lise Fontaine）、德岛（Hiroshi Funamoto）、麦克唐纳（Edward Mcdonald）、奥唐奈（Michael James O'Donnell）、塔克（Gordon Tucker）和韦伯斯特；国内专家主要有何伟、黄国文和张德禄。
第23届功能语言学与语篇分析高层论坛	2018年3月至4月，深圳大学	**系统功能语言学与语篇分析的发展趋势**	探讨系统功能语言学的热点问题和发展趋势，涉及和谐话语分析、语篇生成机制、汉语的功能分析、多模态话语、教育话语等话题，与会专家包括麦蒂森、鲍切尔、韦伯斯特、何伟、黄国文、李战子、刘毅、苗兴伟、彭宣维、王勇、杨炳钧、杨信彰、杨雪燕、于晖等。

（续表）

会议	时间、地点	议题	备注
第 24 届功能语言学与语篇分析高层论坛	2018 年 5 月，华南农业大学	**移民语言问题研究**	推动生态语言学研究，加深对生态语言学这一新兴研究领域的探索和应用。
第 25 届功能语言学与语篇分析高层论坛暨第二届功能语言学与汉语研究高层论坛	2018 年 6 月，华中师范大学	汉语研究	系统功能语言学与汉语研究交流，推动功能语言学的本土化研究。
第 26 届功能语言学与语篇分析高层论坛暨《韩礼德与中山大学》纪念文集发布会	2019 年 4 月，中山大学	**功能语言学和语篇分析的进展和前沿**	探讨韩礼德与中山大学的功能语言学研究，同时召开《韩礼德与中山大学》纪念文集发布会。
第 27 届功能语言学与语篇分析高层论坛暨第三届功能语言学与汉语研究高层论坛	2019 年 12 月，华东师范大学	汉语研究	系统功能语言学与汉语研究交流，推动功能语言学的本土化研究；被誉为“20 世纪中国现代汉语语法八大家”之一的陆俭明教授作了发言，他从功能-认知的视角讨论了“施-受-动”主谓谓语句。
第 28 届中国功能语言学与语篇分析高层论坛暨第四届功能语言学与汉语研究高层论坛	2020 年 11 月，深圳大学	汉语研究	系统功能语言学运用于汉语研究交流，继续推动功能语言学的本土化研究。本次论坛具有五个特点：鼓励小处着眼和语料库支持；鼓励历时研究和语篇过程视角；鼓励多视角研究；鼓励汉语单语、双语、甚至多语对比研究；鼓励理论与具体语言现象的结合研究。这些都为功能语言学和汉语研究提供了一些思路。

在这28届研讨会中，有4届值得特别说明：

2015年5月13日在中山大学（广州）召开的第14届论坛，是该校外国语学院与国际汉语学院联合主办的，主题是“语言教学与语言学习：庆祝韩礼德汉语教育70周年”（Language Teaching and Language Learning: In Celebration of Professor M. A. K. Halliday's 70th year of Teaching and Researching Chinese）。韩礼德与语言教学的关系始于1945年，他1945年5月13日第一次作汉语教员。为了纪念他从教70周年，中山大学专门召开了此届论坛。这是韩礼德一生中最后一次在学术会议上作报告。此次论坛后他离开中国，就再也没有回来了。

2015年6月24日，著名的系统功能语言学家韩茹凯教授逝世。为了怀念这位语言学研究的杰出教授，中山大学外国语学院于2015年9月8日至9日召开“第15届功能语言学与语篇分析高层论坛”，邀请了来自中国（包括香港地区）和澳大利亚的学者参加此次论坛，围绕韩茹凯的研究探讨系统功能语言学的理论与实践问题。

“第22届功能语言学与语篇分析高层论坛”于2017年11月3日至5日在华南农业大学召开，主题是“加的夫语法研究”（the Cardiff Grammar，系统功能语法的一种“方言”）。这一年恰逢加的夫语法创始人福赛特80岁寿辰。参加论坛的专家来自英国、澳大利亚、西班牙、日本、马来西亚、中国等国家和地区，会后还出版了论文集（Tucker et al.，2020）。

“第26届功能语言学与语篇分析高层论坛”于2019年4月15日在中山大学国际翻译学院（珠海）召开。系统功能语言学创始人韩礼德于2018年4月15日逝世，为了纪念这位伟大的语言学家并激励其他语言学研究者，中山大学专门召开此次论坛，同时也发布了《韩礼德与中山大学》纪念文集（戴凡、常晨光，2019）。

从表5-1与语篇和话语直接相关的议题可以看出，近年来我国功能话语研究尤其关注系统功能语言学的适用性问题，将其应用到不同的领域，例如多模态分析、文化问题、生态问题、翻译研究等，提倡将语料库与话语分析相融合，同时大力推动本土化研究。在这些议题下涉及的主要理论指导包括语境、隐喻、评价理论、语言类型学等。

除了学术会议和学术组织的支撑，国内外出现了越来越多的学术团队围绕特定话题展开交流和协作，形成的相关成果也比较丰富。例如，在国外有斯莱德（Diana Slade）和麦蒂森带领的团队关注医疗沟通研究，还有贝特曼（John Bateman）、范勒文（Theo van Leeuwen）和奥哈洛兰（Kay O'Halloran）的多模态分析团队。在国内有以张德禄为代表的多模态话语研究团队，以何伟为代表的加的夫语法研究团队，以王振华为代表（关于"作为社会过程的法律语篇"系列研究）和以袁传有为代表（关于"社区矫正话语"系列研究）的法律话语研究团队，以杨炳钧为代表的临床话语研究团队以及以黄国文为代表的生态话语研究团队。

5.3 2010—2020年国内外功能话语分析研究成果

为了对近年来国内功能话语分析的研究成果有所了解，我们在CNKI搜索了2010年至2020年关键词同时包含"话语分析"或"语篇分析"和"系统功能语言学"或"系统功能语法"的论文[1]（搜索日期为2020年6月23日），并将论文分为期刊论文和学位论文。我们从研究视角（路径）和研究内容（领域）两个方面统计这些成果，其中研究内容又进一步分为理论研究和实证分析（详见表5-2和表5-3）。研究视角（路径）主要涉及批评话语分析路径（Critical Discourse Analysis，CDA）、多模态话语分析路径（Multimodal Discourse Analysis，MDA）、系统功能分析视角（Systemic Functional Analysis，SFA）、生态话语分析视角（Ecological Discourse Analysis，EDA）、积极话语分析视角（Positive Discourse Analysis，PDA）、无特定视角（General，表中缩写为Gen.）以及翻译（Translation，表中缩写为Trans.）。其中，系统功能视角除了单一应用系统功能语言学理论开展话语分析以外，还包含了

1 其他涉及相关内容但没有以这两类词组作为关键词的论文并没有包含在内。

以系统功能语言学理论为主的跨学科应用，例如系统功能语言学与认知语言学、社会学、语用学的融合。研究内容的理论方面包括理论介绍、理论拓展和述评；研究内容的实证方面涉及的领域有政治、教学、文学、商业、医学、媒体、休闲、广告、环境、法律、社会、家庭、国家等。在理论方面，理论拓展既包括对理论的细化发展也包括创新性理论的提出；述评涉及书评、文献综述以及会议纪要。在实证分析方面，教学类包含课堂教授与学术话语；文学类包括近现代和当代各种文学体裁（包括典籍）；商业类的研究对象可以是传统语篇，也可以是网页上的语篇（电子语篇）或者是视频中的对话；医学类主要指临床话语；媒体类话语涉及传统媒体、新媒体和自媒体；休闲类涵盖漫画、电影、电视剧、网络游戏、音乐、小品等；广告类除了传统意义上用于推销的广告，其他诸如电影宣传片、学校简介等也都视为广告语篇，这是由其试图达到的社会目的所决定的，即宣传自身特色并劝服受众接纳；法律类话语涉及的类型多种多样，包括一般条例（国内的和国际的）、庭审话语、宪法/立法、法官话语、辩护词、判决书等，还包括具有引导性的警示语；社会、家庭（个人）和国家话语是话语发生的三个不同层面，其中国家话语主要关注当前的国家热点话题，如"一带一路""中国梦"、中国形象、生态文明建设等有关国家建设发展的重要概念。

除了通过数据对国内近十年来的功能话语研究成果进行统计分析外，本章还讨论了一些国外相关领域的理论发展和研究主题，并与国内的发展进行对比。此外，本章还展示了一些近年来与功能话语研究相关的著述。

5.3.1 数据统计及分析：国内 2010—2020 年研究路径与研究领域特征及其历时发展

1. 期刊论文

对 2010—2020 年间期刊论文的数据统计如表 5-2 所示。

表 5-2 2010—2020 年功能话语研究期刊论文发表情况

年份	研究路径相关的论文数量（篇）							研究领域相关的论文数量（篇）																
	CDA	MDA	SFA	EDA	PDA	Gen.	Trans.	理论			实证													
								介绍	拓展	述评	政治	教学	文学	商业	医学	媒体	休闲	广告	环境	法律	社会	家庭	国家	对比
2010	3	8	13					4		1	2	4	5		1	3	1	3						
2011	10	3	14					2	1	1	5	7	1			3	2	2		1	2			
2012	7	3	12			1		6	1		1	2	1		1	5	1			2	2	1		
2013	5	6	11	2	1	2	1	4	3	1	1	5	3	1		3		3		2	1			1
2014	3	6	7	1		1		1	2	1	2	3	1			5	1	1			1			
2015	4	7	8	1	1	1	1	3	1	4	1	5			1	4	1	1		1		1		
2016	8	4	8	2		4	1	7	2	2	1	5	1		1	4	2			1		1		
2017	2	3	5	4	1	3		5	3	4	1	3	1							1				
2018	4	7	5	7		6			3	6	3	3	1	1		4	1	2	1	1	2		1	
2019	4	4	5	6				1	2		1	3	6			2	1	1		1	1			
2020	4	3	1	2			2			1	2	2	4		1								2	
总计	54	54	89	25	3	18	5	33	18	21	20	42	24	2	5	33	10	13	1	10	9	3	3	1

以表 5-2 为基础，我们从三个方面进行统计，分为 2010—2020 年期刊论文研究路径的发展变化、2010—2020 年期刊论文研究领域（理论）的发展变化以及 2010—2020 年期刊论文研究领域（实证）的发展变化，分别展示在附录 B 的 B-1、B-2 和 B-3 中。

历年来，就研究路径而言，以系统功能分析最为常见（89 篇），接下来的批评话语分析和多模态话语分析平分秋色（均为 54 篇），随后是近年来逐渐发展起来的生态话语分析（25 篇），然后是概括性研究（18 篇），最为少见的两个路径是积极话语分析（3 篇）和翻译（5 篇）。分析领域分为理论研究和实证研究两个层面。理论层面以对各种话语分析路径和理论应用的阐述最为常见（33 篇），其次是各类会议综述、书评和研究综述等（21 篇），最后是理论拓展和创新（18 篇）。虽然理论拓展和创新在理论研究中的文章篇数最少，但是也占了整个理论研究的四分之一，显示了研究者们对这一方面的关注。在实证研究方面，涉足 14 个领域的话语，包括政治、教学、文学、商业、医学、媒体、休闲、广告、环境、法律、社会、家庭、国家热点和跨领域对比。在这些领域中，话语分析的传统优势领域仍然表现突出，位列前四的分别是教学话语（42 篇）、媒体话语（33 篇）、文学话语（24 篇）和政治话语（20 篇）。第二梯队涉及广告话语（13 篇）、休闲话语（10 篇）、社会话语（9 篇），以及近年来兴起的法律话语（10 篇）。最后，近十年来并不多见的领域包括医学话语（5 篇）、商业话语（2 篇）、环境话语（1 篇）、家庭话语（3 篇）和国家话语（3 篇）。虽然这些领域的话语分析实践尚未形成规模，但这并不意味着其重要性的降低，因为这些领域的研究可能尚在起步阶段，还未能在最广泛的层面展开大规模研究。例如，环境是随着生态问题不断突出而带来的话题；生态话语分析除了对环境话语的讨论，还尝试在文学领域发现有利于环境保护的话语，也尝试在媒体话语中批判不利于环境保护的话语。再者，国家热点也应该是语言工作者应该重点关注的，将语言研究与国家发展联系起来是语言（学）研究的重要内容之一。

在概括了 2010—2020 年的研究成果后，接下来我们将横向比较各个年份中的研究侧重，并纵向比较历年来研究路径和研究领域侧重的发展变化。不同年份重点关注的研究路径和研究领域有很大不同。

横向来看，自 2013 年起，不论是研究路径还是研究领域都呈现出多元化态势。在研究路径方面，2010—2012 年系统功能分析占有绝对优势。2010 年另一个受关注的研究路径是多模态话语分析，到 2011 年和 2012 年，多模态话语分析的数量锐减，取而代之的是批评话语分析。2013 年延续了系统功能分析的研究优势，但是这一年出现了其他研究路径，如生态话语分析、积极话语分析和翻译研究。2014—2017 年，系统功能分析路径相对于其他研究路径的优势不再明显，只是略微领先批评话语分析或者多模态话语分析。2013 年生态话语分析路径萌芽，到 2018 年和 2019 年，这一分析路径所占比例最高，其他几个路径（批评话语分析、系统功能分析和多模态话语分析）的分布较为均衡，不过对积极话语分析的关注度较低。总体来说，近十年来系统功能框架下的话语分析路径呈现出多元化、均衡化的发展态势。在研究领域方面，如果以出现 2 篇以上（不包括 2 篇）相关文章为标准，可以发现，虽然研究涉足的领域广泛，但是获得集中关注的领域的历时变化并不明显。2010 年，研究重点关注领域有文学、教学、媒体和广告。2011 年，教学领域的研究尤为突出，其次为政治领域和媒体领域，而 2012 年的唯一重点是媒体话语。2013 年，再次出现了四个研究焦点领域，分别是教学、文学、媒体和广告；到 2014 年、2015 年和 2016 年，研究重点缩减为教学和媒体两个领域。2017 年的多数研究出现在理论层面，其中理论阐释、拓展和述评性研究占了较高比例，而在实证领域的重点只有教学。在 2018 年，政治、教学和媒体话语受到关注；2019 年除了教学领域的研究热度不减，另一个关注焦点集中在文学。虽然没有搜集到 2020 年全年的完整数据，单就目前来看，对文学作品的研究持续受到关注。

纵向来看，可以观察到不同分析路径和研究领域的逐年变化。批评话语分析的峰值出现在 2011 年，紧随其后的是 2016 年和 2012 年，接下来是 2013 年、2015 年、2018 年、2019 年和 2020 年，2010 年和 2014 年批评话语分析相关的文章篇数较少，篇数最少的是在 2017 年。多模态话语分析呈现出较为均衡的分布，2010 年、2013 年、2014 年、2015 年和 2018 年对多模态话语分析的关注度较高，其他年份利用该路径开展话语分析的文章篇数则有所降低，但是并未呈现出与热点年份的两极分化态势。系统功能分析在 2010—2013 年的出现率最高，远高于其他分析路径。即使是在出现率相对较低的 2017—2019 年，系统功能分析路径也几乎与其他类型分析路径中较高的文章篇数不相上下。例如，2017 年系统功能分析路径相关的文章篇数为 5 篇，但仍然高于其他分析路径相关的文章数量。生态话语分析从 2013 年开始逐渐受到研究者的关注，到 2018 年达到顶峰。明确以“系统功能语言学”或“系统功能语法”为关键词，从积极路径开展话语分析的仅搜集到 3 篇。相对于批评话语分析，对积极话语分析的关注还远远不够，这也反映了研究者的关注点大多集中在批判社会的不公平、不公正现象，缺少对积极面的思考。就实证分析而言，虽然上文概述部分已经展示了最受关注的领域，但是这些领域的逐年分布却不尽相同。政治话语和文学话语有突出的峰值年份，其他年份的出现篇数则较少。教学话语和媒体话语的研究呈现出较为均衡的分布，几乎每年都属于重点研究领域。休闲、广告、社会和法律领域的话语分析虽然没有出现聚集在某年的扎堆现象，但是每年都有相关研究呈现，是一个不断累积的过程。

2. 学位论文

对 2010—2020 年间学位论文的数据统计如表 5-3 所示。

以表 5-3 为基础，我们进行了两个方面的统计，即 2010—2020 年学位论文研究路径发展变化以及 2010—2020 年学位论文研究领域发展变化，分别展示在附录 C 的 C-1 和 C-2 中。

对学位论文的数据收集和分析是必要的，因为学位论文可能呈现出与期刊论文的不同之处，同时这些学位论文也集中反映了我国年轻一代研究人员的研究兴趣和研究趋向。就研究路径而言，学位论文中最常出现的是系统功能分析（51 篇），接下来依次为多模态话语分析（34 篇）和批评话语分析（26 篇），这三个是主要的分析路径。生态话语分析（10 篇）虽然远远落后于三个主要分析路径，但是却领先于积极话语分析（6 篇）和翻译研究（5 篇）。总的来说，学位论文对研究路径的侧重与期刊论文是一致的，这代表了当前年轻研究人员对文献的关注和正确把握。

表 5-3 2010—2020 年功能话语研究学位论文发表情况

年份	研究路径相关的论文数量（篇）						研究领域相关的论文数量（篇）														
	CDA	MDA	SFA	EDA	PDA	Trans.	理论拓展	政治	教学	文学	商业	医学	媒体	休闲	广告	环境	法律	社会	家庭	国家	对比
2010	1	2	4					3	1				1	2							
2011	6	1	3		1			3	1				2	1	1		1	1			1
2012	4	6	7					2	4		1	1	4	1	3		1				
2013	5	1	9			1		2	1	1	1		6	2	2	1					
2014	5	4	8		1	1		3	1	1			6	4	1		3				
2015	2	3	5			2		2	4	1	1		3	1							
2016		5	3		1	1			2	1			2		4					1	
2017	1	7	1						2		1		1		3		1			1	
2018	1	2	6	2	1		1	1	1	1	1		5	1			1				
2019	1	2	5	8	2		1	4	2	4			2		1	4					
2020		1							1												
总计	26	34	51	10	6	5	2	20	20	9	5	1	32	12	15	5	7	1	0	2	1

在分析领域，鉴于学位论文的性质，并没有出现理论概论方面的理论介绍和综述性文章，而出现的两篇有关理论拓展或者创新的论文是博士学位论文，集中在生态话语分析路径。在实证分析部分，最受关注的是媒体话语（32 篇），对这类话语的分析占有绝对优势。接下来是教学话语（20 篇）和政治话语（20 篇），而广告话语（15 篇）和休闲话语（12 篇）处于中间位置。此外，文学（9 篇）、法律（7 篇）、商业（5 篇）和环境（5 篇）等领域也收获了部分关注。目前学位论文较少涉及的领域有医学、社交、国家话题和家庭话语等；在未来的研究中，年轻学者可以考虑这些领域。与期刊论文相比，学位论文所涉足的研究领域既与期刊论文有相似之处也有其自身偏好。与期刊论文相似的是，话语分析的传统领域也是学位论文的主要关注对象，相关文章篇数由高到低依次是媒体话语、政治话语、教学话语、广告话语和休闲话语。但是，与期刊论文相比，学位论文中的媒体话语相关篇数最多，教学话语和政治话语较期刊论文中的篇数略少，广告话语的文章篇数较多，文学话语相对篇数较少。学位论文与期刊论文的另一个相同点是都关注休闲领域和法律领域，但是有关医学话语和国家话题的研究较为薄弱。学位论文与期刊论文的不同之处在于，学位论文对商业和环境领域的关注度有所提升，但是对社会和个人话语的研究尤为缺乏。

对学位论文的研究重点和发展趋势的讨论也从横向和纵向两个视角展开。横向视角主要观察各年最受关注的分析路径和分析领域，纵向视角观察历年来研究路径和研究领域的发展变化。从横向视角看，除了 2010 年、2017 年和 2020 年（由于搜集数据的时间关系，未能获取 2020 年的完整语料）以外，其他年份都出现了三种以上的研究路径。2010 年和 2017 年相关文章篇数最多的分析路径分别是系统功能分析和多模态话语分析。2011 年篇数最多的是批评话语分析，到 2012 年这一分析路径的文章篇数却略低于系统功能分析和多模态话语分析。2013 年和 2014 年的相同之处是文章篇数位居前两位的话语分析路径都为系统功能分析和批评话语分析，但是 2014 年多模态话语分析的文章篇数明显多于 2013 年。2015 年篇数最多的仍然是系统功能分析，随后是多模态话语分析，批评话语分析和翻译研究平分秋色，两者都略低于多模态话语分析。2016 年的一个突出特征是未发现批评话语分析路径；在

2016 年和 2017 年，多模态话语分析路径的相关研究数量都独占鳌头。2018 年系统功能分析路径相关的文章篇数最多，其次是多模态话语分析和生态话语分析。到了 2019 年，生态话语分析路径相关研究增长迅猛，文章篇数超越了系统功能分析和多模态话语分析；这一年的另一个特点是积极话语分析的应用增多。从研究领域来看（同样是观察出现 2 次以上的领域），2010 年和 2016 年的研究范围（不超过 5 个领域）不及其他年份广泛（5 个领域以上）。2010 年的焦点领域有政治话语和休闲话语；而 2016 年最受关注的是广告话语，其次是教学话语和媒体话语，但是在这一年首次出现了对国家话题的研究。与 2010 年相比，2011 年的关注焦点仍然是政治话语，其次是媒体话语，不过值得注意的是该年的学位论文出现了对法律和社会领域话语的研究。在 2012 年，教学话语、媒体话语和广告话语受到较多关注，新出现的有商业和医学领域的话语分析。2013 年和 2014 年最突出的是媒体话语研究，其次是政治话语和休闲话语研究；2014 年还出现了较多对法律话语的研究，而这一领域在 2013 年并未出现过。2015 年的研究焦点再次转向教学话语、媒体话语和政治话语，这与 2012 年相似，但是 2015 年涉及的研究领域的广度不及 2012 年。2017 年出现的以系统功能语言学为基础的话语分析总量并不多，因此所涉及的各个领域的文章篇数也不多。2018 年对媒体领域的话语研究明显多于其他领域。到 2019 年，并列首位的三个领域分别是政治、文学和环境，其次是教学和媒体。其中，环境领域话语研究的激增与我国生态语言学的引进和系统功能语言学学者对生态语言学的大力推广有着密切联系。

在纵向视角下，首先讨论的仍然是分析路径。除了 2017 年，系统功能分析在各年中都有着举足轻重的地位。第二常见的分析路径是多模态话语分析；该路径在 2012 年异军突起，在 2014—2016 年稳步发展，直到 2017 年达到顶峰。批评话语分析在 2011—2014 年受到广泛关注，特别是在 2011 年，这一分析路径超越其他两个主要路径，成为最多学位论文的选择。批评话语分析和多模态话语分析相似，近两年来（2018 年和 2019 年）的相关文章篇数有所降低，取而代之的是生态话语分析路径的崛起。在 2018 年，生态话语分析路径还只是受到少数年轻学者的关注，但是到 2019 年出现了井喷式增长。最后，积极话语分析和翻译研究都属于较为“冷门”的领域（但是如前所说，冷门不代表不重要）；积极话语分析在各年来的分布较为零散，而翻译研究则集中出现在 2013 年到 2016 年间。就研究领域来说，由于医学、社会、国家、家庭和跨领域的话语研究极少，因此对这几个领域不作详述，这里主要比较几个重点研究领域。在政治领域，从 2010 年到 2015 年呈现出较为均衡的分布，而 2016 年和 2017 年没有出现有关该领域的研究。政治话语研究在 2018 年出现了一篇，并在 2019 年达到顶峰。教学领域的话语研究出现了两个峰值，分别是在 2012 年和 2015 年，其他年份呈现出较为均衡的分布。与其他领域的话语研究不同的是，教学领域是唯一一个从 2010 年到 2020 年每年都出现了相关学位论文的领域，而其他领域的研究则或多或少在某个年份有所缺失。文学话语最受关注的是在 2019 年，其他年份（2013—2016 年和 2018 年）则每年各出现一篇。虽然商业领域的话语研究学位论文只是在 2012 年、2013 年、2015 年、2017 年和 2018 年分别出现了一篇，但是其总篇数却远高于期刊论文。媒体话语是最受学位论文青睐的领域，它从 2010 年开始逐年上升，直到 2013 年达到顶峰，并维持到 2014 年，之后呈逐步下降趋势，到 2018 年出现大幅度增长，在 2019 年又开始下跌。对休闲话语的研究除了在 2014 年受到多人关注以外，在其他年份的文章篇数较少且分布均衡。从 2011 年到 2012 年，广告话语研究有所增长，但自此之后到 2015 年，文章篇数逐年递减直至归零。在 2016 年，对广告话语分析的关注突然增至历年来最高，并在 2017 年略微降低。环境话语分析在 2010 年到 2018 年只出现了一篇，但是在 2019 年出现多篇。最后，法律话语分析的峰值出现在 2014 年，其他四年（2011 年、2012 年、2017 年和 2018 年）分别出现一篇。

5.3.2 数据统计与分析：路径与领域的关系

与上一节相似，本节的分析统计同样按照期刊论文和学位论文两条路线展开，但是本节关注的是研究领域与路径选择之间的关系，也就是分析视角与分析语料之间的选择倾向。

1. 期刊论文

2010—2020 年期刊论文中研究领域与研究路径之间的选择倾向由表 5–4 展示。为更直观地了解期刊论文中研究路径与研究领域的关系，可见附录 D 的 D–1 图表。

在理论层面，对批评话语分析和系统功能分析的讨论重点在理论介绍，尤为常见的有系统功能语言学与批评话语分析的关系、系统功能语言学的思想和理论在批评话语分析中的应用、系统功能语言学理论在功能话语分析中的应用、功能话语分析中系统功能语言学与其他语言学流派的交叉融合，等等。多模态话语分析路径在理论层三个方面的讨论几乎并驾齐驱，对理论介绍、理论拓展以及综述的关注不相上下。而生态话语分析路径则与其他路径呈现出明显不同的分布，其理论拓展是理论介绍的两倍。一般来说，像生态话语分析这类较新引进的路径[2]，理论介绍应该占更大比例，但是数据显示其理论拓展却多于理论介绍，这可能与近年来大力提倡语言学研究创新以及研究本土化有关（参见表 5–1）。不过应该引起重视的是，虽然理论拓展具有重大意义，但是这需要以正确地、全面地、深入地了解国内外现有研究为基础和前提。此外，还要注意一些“换汤不换药”的创新。

在实证分析中，最常利用批评话语分析开展研究的首先是媒体领域，其次是政治领域。鉴于批评话语分析揭露社会中不公平、不公正现象的研究目的，这两个领域不失为最理想的研究对象。而批评话语分析未涉及的领域包括文学、休闲、环境和家庭。多模态话语分析多用于教学领域。随着教学手段的不断革新和教学环境的多元化，各种模态的运用有利于提升教学质量，因此吸引了很多学者的目光。除了教学领域，多模态话语分析还常用于对广告、休闲、文学和法律等领域的话语的研究。在这四个领域中，广告和休闲领域可以看作是多模态话语分析的传统研究领域，而在文学（多为视觉诗研究）和法律领域展开的多模态研究可能会带来很多新的发现。多模态话语分析较少涉及的领域包括政治、医学、环境和家庭。与多模态话语分析相同，系统功能分析最常见

2 如果以系统功能语言学者的倡议并引起广泛关注为起点，生态话语分析的引进和发展时间应该是在 2013—2015 年左右。

表 5-4　2010—2020 年期刊论文中的研究领域与研究路径

研究路径	研究领域相关的论文数量（篇）															
	理论			实证												
	介绍	拓展	述评	政治	教学	文学	商业	医学	媒体	休闲	广告	环境	法律	社会	家庭	国家	总计
CDA	10	1	2	13	5		1	1	18		2		1	3		1	58
MDA	5	5	4		19	4	1		1	5	8		3	1		1	57
SFA	10	3	3	5	24	8	1	5	9	2	2		6	4	4		86
EDA	3	6				10			3	1	1					1	25
PDA				1					1					1			3
Trans.	1			1		2			1	1							6
总计	29	15	9	20	48	24	3	6	33	9	13	0	10	9	4	3	235

的应用领域同样是教学。此外，该分析路径也常用于文学和媒体领域的研究，其次是法律、医学、社会和家庭领域的话语分析。相对于其他分析路径，系统功能分析是唯一一个广泛用于这四个领域的研究路径，这也从侧面展示了系统功能语言学强大的延展力和语篇解释力。系统功能分析路径缺失的两个分析领域是环境和国家话题。生态话语分析最为集中的是在文学领域，尤其是在具有明显环境保护倾向或者以环境为主题的诗歌和散文当中。生态话语分析中另一个较常出现的领域是媒体话语，此外在休闲、广告和国家话题等领域也有零星分布，而在其他领域则尚是空白。由于积极话语分析和翻译研究的出现的总数非常少，这里不作对比分析。

从上面的对比可以看出，批评话语分析、多模态话语分析、系统功能分析和生态话语分析是近十年来的主流分析路径。不同的分析路径有其不同的研究领域侧重，也有其较少涉足甚至是尚未涉足的领域。对于某一路径的热门领域，研究者需要在对现有研究成果深入、全面了解的基础上寻找突破口和创新点。对于某一路径的冷门或者空白领域，研究者可以尝试利用这一路径展开实证分析，在验证该路径在分析其冷门或者空白领域话语的适用性的同时，发现更多不同类型话语的语言特征。不论是对热门领域的拓展和创新，还是对冷门或空白领域的补充和验证，都有利于基于系统功能语言学的话语研究版图的扩张和丰富，使功能话语研究更为多元化。

2. 学位论文

2010—2020 年学位论文中研究领域与研究路径之间的选择倾向由表 5–5 展示。为更直观地了解学位论文中研究路径与研究领域的关系，可见附录 D 的 D–2 图表。

学位论文的研究领域与研究路径的选择倾向与期刊论文既有相同之处，也呈现出一些差异。总的来说，学位论文和期刊论文的相同之处是各个研究路径所应用的重点领域基本一致，例如，批评话语分析路径常用于对媒体话语和政治话语的研究；多模态话语分析重点关注教学、广告和休闲等领域；系统功能分析的热点领域是教学和媒体；生态话语分析路径最常用于文学领域。但是，在学位论文中，系统功能分析和生态话语分析两

表 5-5 2010—2020 年学位论文中的研究领域与研究路径

研究路径	研究领域相关的论文数量（篇）																	
	理论			实证														
	介绍	拓展	述评	政治	教学	文学	商业	医学	媒体	休闲	广告	环境	法律	社会	家庭	国家	跨领域	总计
CDA				7			2		16	1			2					28
MDA					9		3			7	11			1		2		33
SFA				10	7		1	1	14	4	3	2	4	3				49
EDA		2				4			1			3					1	11
PDA				2		1			1								1	5
Trans.				1		3					1							5
总计	0	2	0	20	16	8	6	1	32	12	15	5	6	4	0	2	2	132

个路径的重点研究领域也有其自身特征。相对于期刊论文，学位论文中系统功能分析路径的另一个研究焦点是政治话语，同时还保持了对法律话语和社会话语的关注，新增了对环境话语的讨论，但是对医学领域话语的关注度降低，缺失对家庭话语的研究。对比期刊论文，学位论文除了利用生态话语分析路径研究媒体话语，还利用该路径分析环境话语，但是其媒体话语的相关文章篇数相对期刊论文的篇数有所减少。

学位论文所呈现的研究路径和重点研究领域之间的关系与期刊论文大体相同。这可以从两方面进行理解。一方面，青年研究人员对功能话语分析发展方向的把握是正确的，对不同路径的应用领域也比较清楚，这是好的一面。另一方面，虽然学位论文在个别领域有所拓展，如上文提到的利用系统功能分析和生态话语分析路径对环境话语的研究，也有多模态视角下对商业话语的分析，但是相对期刊论文而言，学位论文研究领域的广度仍然差强人意，从侧面反映了创新力不足的问题。

5.3.3　国内外部分主要理论发展和研究主题

就理论发展而言，国内外都关注跨学科融合，以此推动话语研究的可持续发展。例如，批评话语分析将语用论辩学（Pragma-dialectics）与系统功能语言学相结合（如 Poucke，2016，2018），认知话语分析将认知语言学与系统功能语言学融合（如陆丹云，2013），评价韵律研究将语料库语言学与系统功能语言学结合（如唐丽萍，2017），家庭话语研究将鲍姆林德（Diana Baumrind）的教养方式理论（parenting style）与系统功能语言学结合（如杨雪燕、赵思奇，2016）。

上一节展示了国内功能话语研究对传统领域的持续关注，其中，教学领域可视为重中之重。教学研究既涉及课堂，也包括教材和课件等，依托的媒介有传统课堂、传统平面媒介、录像、新媒体和网络，此外还包括博物馆材料。在国外，教学研究对象涉及不同学科，如利用语料库开展的数学课堂研究（Herbel-Eisenmann & Wagner，2010）；对中学化学教材的研究（Pun，2019）；对临床医学的教学测试对比研究（Woodward-Kron，2016）；对自然科学课堂的多模态分析（Fernández-Fontecha et al.，2018）；对商科教学分析模式的研究（Darics & Koller，2019）。教学研究对象的语言多种多样，如以英语作为第二语言课堂中南非自然科学教师话语的研究（Jawahar & Dempster，2013）；以希腊语为母语的小学一年级学生的童话批判性识读（Karagiannaki & Stamou，2018）；以英语为第二语言的学生的电子多模态文本写作（Shin et al.，2020）；英语对母语为西班牙语的学生的西语写作的影响（Maxwell-Reid，2011）。在更广泛的领域，研究者利用系统功能语言学和民族志（ethnography）对课堂学生的背景进行分析，考察学生的社会、文化和语言资源（如 Paugh，2015），帮助不同领域的人（研究者、教师教育者、政策制定者）了解如何在交谈和行动中沟通身份，发挥社会主体性（如 Thomas，2013）；这类研究对处理课堂敏感话题有很大帮助。此外，国外教学话语方面的研究还包括研究方法和研究工具的拓展和效用考察，例如对教学领域多模态话语分析中手势的注解和分析方法的探索（Lim，2019），对在线课堂中非实时互动教学质量的讨论（Lander，2014）。国外研究层面囊括小学、中学、大学，研究生，并延伸至博士，帮助导师和机构关注博士外审评语中固有的歧义（Starfield et al.，2017）。除了以学生为对象，还有对新教师行为的研究（如 González，2011；Paugh & Dudley-Marling，2011）。相较而言，国内研究主要集中在英语课堂，包括小学、中学、大学，涉及精读、泛读、写作、阅读理解等课程；这些与国内的课程设置、教学大纲和教学内容相关联。少量研究涉及其他学科，如历史（惠长征，2015）、科技史（林予婷，2013）等。

学术英语研究方面，加德纳（Sheena Gardner）和多诺霍（Jim Donohue）在 2019 年 4 月由英国学术英语讲师协会（The British Association of Lecturers in English for Academic Purposes，BALEAP）召开的会议上展示了韩礼德相关论著在学术英语研究中的引用频率，其中最常出现的是《功能语法导论》：Halliday（1985）计 14 次，Halliday（1994）计 33 次，Halliday & Matthiessen（2004）计 19 次以及 Halliday & Matthiessen（2014）计 3 次。其次是 Halliday & Hasan（1976）计 17 次，Halliday & Martin（1993）计 12 次，Halliday（1978）计 7 次和 Halliday & Hasan（1985）计 7 次。这些引用在一定程度上反

映了系统功能语言学影响学术英语研究的主要思想和理论，也为想要从事该领域研究的人员提供了重点参考文献。2020年，加德纳和多诺霍合编了主题为“韩礼德对学术英语研究的影响”（Halliday's Influence on EAP Practice）的专号（*Journal of English for Academic Purposes*），专门讨论了韩礼德思想在学术英语研究领域的影响。

就多模态话语分析而言，常见的是以克莱斯和范勒文 (Kress & van Leeuwen，1996) 的视觉语法为理论框架的研究，此外还出现了一些其他的分析视角，如多模态语料库分析法（Baldry，2004，2007；Baldry & Thibault，2006）、（三维）立体空间建筑模型（O'Toole，1994；Pang，2004；Safeyaton，2004）、批评多模态话语分析（Ledin & Machin，2016，2018a，2018b）等。贝特曼（Bateman，2019）讨论了批评多模态话语分析所存在的问题，并提出解决办法，提倡从理论上对多模态开展更为细致的描述以适应多模态批评话语的实证分析。国外多模态话语分析除了包含传统的研究领域，如教学中的电子多媒体语篇创作（Shin et al.，2020）和科学课堂的教学方法（Fernández-Fontecha et al., 2020），还延伸至更广阔的范围，如头发的多模态分析（McMurtrie，2010），三维空间建筑的多模态分析（McMurtrie，2012），以及法律动画分析（Royce, 2015）等，并为分析提供新的研究方法和研究工具（如Oddo，2013）。国内多模态话语分析的研究重点是图画或视频的视觉分析。在理论方面，涉及多模态分析中系统功能语言学与认知语言学的融合研究（张德禄、郭恩华，2013），适用于儿童心智发展研究的多模态意义模块的模态系统框架构建（丁肇芬、张德禄，2018），不同体裁语篇的多模态分析模式构建，如视觉诗（张旭红，2010）等。

关于媒体话语研究，除了延续对传统媒体话语的研究，如报纸、杂志、书信等，还出现了大量对新媒体和自媒体话语的研究。国内比较热门的有微博、微信朋友圈等。国外对非传统媒体的研究主要针对脸书（Facebook）和推特（Twitter），如对脸书上残疾人士贴文的研究（Stamou et al.，2016）以及一系列以推特为对象的研究（Zappavigna，2012）——包括有关奥巴马大选获胜的推文（Zappavigna，2011）、推民的身份构建（Zappavigna，2014）和推特带有“#”标签推文的功能（Zappavigna，2015）。除了脸书和推特，国外研究还涉及对虚拟会议中权力与控制的讨论（Lockwood & Forey，2016）。

批评话语分析这一传统领域在新时代语境下也持续受到关注。国内的功能语言学者在系统功能语言学的框架下从理论研究和分析实践两个方面展开探索。理论研究方面包括：对系统功能语言学与批评话语分析和积极话语分析关系的研究，如苗兴伟（2016a）、田海龙（2016a，2016b）；哲学层面系统功能语言学对批评话语分析的影响，如苗兴伟和穆军芳（2016）；修正批评话语分析框架，如张德禄和刘秀丽（2011）。在分析实践方面，关注的有新媒体话语（如李战子，2016）、环境话语（如刘明，2016）等。更为重要的是，许多学者敏感地探知到与时代紧密相关的话题，例如“中国梦”这一主题受到了广泛关注（如苗兴伟，2016b；布占廷，2016；陈令君、赵闯，2016），此外还包括“一带一路”“国家安全”“外交建设”（如李战子，2018）等主题，这些都体现了中国学者的时代责任感和社会担当。

5.3.4 部分主要专著

近年来，将系统功能语言学应用于话语研究，或者包含话语研究的系统功能语言学，或者包含系统功能语言学视角的话语研究的专著和编著不在少数，这里仅列举其中的一部分。

在概括层面，比较具有代表性的有吉和汉德福德（Gee & Handford，2012）主编的《劳特利奇话语分析手册》（*The Routledge Handbook of Discourse Analysis*）以及巴特莱特和奥格雷迪（Bartlett & O’Grady，2017）主编的《劳特利奇系统功能语言学手册》（*The Routledge Handbook of Systemic-functional Linguistics*）。《劳特利奇话语分析手册》是一本指南性书籍，为读者展示了全面的、系统化的话语分析研究构架。该书的第一个部分“话语分析的方法论”（Approaches to Discourse Analysis）中专门介绍了基于系统功能语言学的话语分析，特别突出语言的社会属性，重点回顾了语境、三大元功能、名物化等概念；其他的研究视角也借用了系统功能语言学的思想和概念，如批评话语分析、多模态话语分析等。《劳特利奇系统功能语言学手册》介绍了系统功能语言学的主要理论和应用，涵盖韩礼德的功能语言学理论、马丁的话语语义学以及福赛特的加的夫语法。该书的第一、第二、第三和第四部分分别介绍了系统功能语言学的核心思想、元功能理论、结构功能分析以及语境、连贯思想和评价系统，它们为第五部分“实践中的系统功能语言学：一个适用的理论”（SFL in Practice: An Appliable Theory）奠定了基础。作为适用语言学的系统功能语言学可以应用于不同的研究领域，而话语分析（包括多模态话语分析）和翻译研究是其中一个重要的组成部分。这一部分还关注系统功能语言学与其他学科的交叉研究，例如临床语言学（clinical linguistics）、语料库语言学、语言教学、翻译、语码理论（code theory）、多模态研究等。这些既展示了当前系统功能语言学的发展现状，也预示着该学科的发展方向，为系统功能语言学学者提供了重要帮助和参考。

在应用层面，出现了不同路径下基于系统功能语言学理论的话语研究的著述，其中的重点之一是多模态话语分析。在国外，贝特曼和施密特（Bateman & Schmidt，2011）在《多模态电影分析——电影如何表达意义》（*Multimodal Film Analysis: How Films Mean*）中提出了多模态电影分析模型，将多模态话语分析理论应用于电影语篇的分析之中。该模型结合系统功能语言学、语篇语言学和电影符号学等理论，对电影语篇进行标注、描写和分析，为分析由复杂模态构成的语篇提供了实践方法和思路。另一本受系统功能语言学影响的是论文集《推动多模态和批评话语研究：西奥 · 范勒文的社会符号学[3]启发下的跨学科研究》（*Advancing Multimodal and Critical Discourse Studies: Interdisciplinary Research Inspired by Theo van Leeuwen's Social Semiotics*）（Zhao et al.，2018）。受范勒文的社会符号学的影响，该文集从两个部分展开研究。第一个部分关注各种符号资源的潜势以及它们在不同交流形式中的使用，第二个部分主要从批评的视角讨论话语实践中符号的形式、社会规范和技术之间的互动。该书涉及对不同符号资源的分析，包括触觉资源、听觉资源、视觉资源和语言资源，展示了如何利用社会符号资源和多模态探索当今受世界普

3 在系统功能语言学中，韩礼德的 social semiotics 翻译为“社会意义学”，本书在指系统功能语言学中的 semiotic 时统一采用“意义”的译法而非“符号”。但是在范勒文的社会符号学中，我们沿用多模态话语分析领域的惯例，将 semiotic 翻译为“符号”。

遍关注的关键议题，例如全球新自由主义、恐怖主义、消费主义、移民等问题，具有广泛的国际视野。在国内，张德禄致力于推动基于系统功能语言学的多模态研究。作为多模态话语分析研究领域的重要代表，张德禄出版了《多模态话语分析理论与外语教学》（2015），以社会意义学作为主要学理基础，重点处理了三大议题：多模态话语分析的理论框架、研究方法和教学应用。

除了多模态研究，其他领域的新著也吸引了读者的目光。杨炳钧和李文（Yang & Li，2020）合编的《基于语料库的语法、媒体和健康话语研究：系统功能和其他视角》（*Corpus-based Approaches to Grammar, Media and Health Discourses: Systemic Functional and Other Perspectives*）讨论了有关语法、媒体话语和健康话语的一些问题。媒体话语主要包含政治话语和学术话语。政治话语涉及对国家领导人发言评论中评论者的参与度和态度研究，对有关国家执政理念的话语表征研究，对恩克鲁玛（Kwame Nkrumah）个人政治哲学话语的解释，对中国政治新闻发布会中 friend、foe、frenemy 的研究等。学术话语讨论了研究性论文开端引文的功能，中国大学生写作中的介入资源等。健康话语主要分为对健康危机新闻报道中推理信息的主体间表征研究，对在线健康论坛中的人际隐喻研究等。总的来说，该书有助于功能话语分析借用语料库手段开展研究，一方面提升语料的全面性以便发现更多的语言特征，另一方面提升处理语料的便捷性和有效性。在翻译领域，王博和马园艺共同撰写的两本专著，《老舍〈茶馆〉及其两个英译本：系统功能语言学视角下的中文戏剧翻译》（*Lao She's Teahouse and its Two English Translations: Exploring Chinese Drama Translation with Systemic Functional Linguistics*）和《泰戈尔〈飞鸟集〉的中译：中文诗歌翻译中的系统功能语言学应用》（*Translating Tagore's Stray Birds into Chinese: Applying Systemic Functional Linguistics to Chinese Poetry Translation*）均在 2020 年出版。这两本专著分别以老舍剧本《茶馆》及其两个英译本 [吉本（John Howard-Gibbon）、英若诚]，以及泰戈尔的《飞鸟集》及其四个中译本（郑振铎、姚华、陆晋德和冯唐）为研究对象，将系统功能语言学应用于翻译研究。前书利用系统功能语言学的元功能理论，后者利用系统功能语言学的层次化理论对译本进行分析，从元功能翻译对等和翻译转换的角度对比不同译者在翻译过程中的选择。

5.4 话语类型扩展与理论细化

5.4.1 话语类型扩展

话语类型扩展源于研究视角的多元化和关注领域的增多。如 5.3.1 节表 5-2 所示，2010—2020 年功能话语研究所涉足的话语类型十分丰富。5.3.3 节主要展示了国内外在教学和多模态领域的研究成果，本节将从电子语篇分析（electronic text analysis）、系统功能多模态话语分析（systemic functional multi-modal discourse analysis）、临床话语分析（clinical discourse analysis）和生态话语分析四个方面展示其研究成果、存在问题和发展方向。

1. 电子语篇分析

黄国文（2005）围绕“电子语篇处在口头语篇和书面语篇之间什么位置”这一问题讨论了电子语篇的特点。电子语篇是一种随着电脑技术不断发展起来的交流形式，与传统语篇相比有其独有的特征，也可以被称为“网络语言”（netspeak）、“因特网语言”（Internet language）、“电脑语言”（cyber-speak）、“电子语言”（electronic language, e-language）、“互动书面语篇”（interactive written discourse）、“网上交际”（web communication）或“计算机中介交际”（computer-mediated communication）（Crystal，2001：17；Renkema，2004：69）。黄国文（2005）将电子语篇定义为人们在电脑空间中进行的互动的、电子的、通过键盘输入信息并在荧屏上显示相应文本结构的交际形式，并分别解释了“电脑空间”“互动的”“电子的”“键盘”“荧屏”和“文本结构”的含义。“电脑空间”包括计算机和手机（目前应该延展到各种电子移动设备）；“互动的”表示广义的双向的意义，而不仅限于即时的互动；“电子的”表示非传统媒介的；“键盘”包括各种电子设备的实体键盘和虚拟键盘；“荧屏”包括各种电子设备的显示器；“文本结构”表示非声音输出，而以文字形式显示的信息。

按照克里斯多（Crystal，2001：10–14）的看法，电子语篇出现在通过因特网进行交流的场景共有5类，分别是电子邮件、同步聊天（交谈）（chatgroups，如聊天室、微信、QQ、WhatsApp等双方的即时交流工具）、非同步聊天（交谈）（如某些网站的论坛和公告栏、微博、facebook等）、虚拟世界（virtual worlds）和万维网。相对于其他类型语篇，电子语篇（尤其是同步的电子语篇）至少存在以下几个方面的特性。第一，同步聊天中的时间影响：由于时间的限制，发话者可能不会过度考虑语法问题和语言使用的恰当问题，因此，一些语法错误、词汇误用或者输入错误会出现在电子语篇中。第二，电子语篇中的空间影响：由于电子语篇中的交流双方无法观察对方的非语言表达，例如表情、语音语调、身体语言等，这些在电子语篇中可以通过字母重复、标点符号、字母大写、表情符号（如小黄脸emoji）等方法来表达。第三，某些电子语篇中可能出现的一些错误，如输入错误或者汉语的同音异字等。第四，电子语篇中的特殊表达并非普通语篇中常见的或者适合的，如“BRB” (be right back)、“RUOK”（Are you OK）、“SWDYT”（So what do you think）（Crystal，2001：229–230）；汉语也有类似的情况，例如“MM”（美眉）、“hhhhh”（哈哈哈）等；还包括一些英汉混用的情况，例如“duck（大可）不必”。第五，电子语篇会出现大量的图片、表情包、动态贴图、视频、超链接等，而文字也可以利用颜色、大小、字体等方式实现发话者的意图。

电子语篇目前朝着两个方向发展。第一，由于电子语篇涉及多种模态的使用，因此，电子语篇的多模态话语分析拥有蓬勃的发展前景。除了常见的图片和视频分析外，电子语篇分析还包括对表情符号的讨论，特别是关于表情符号受时间、空间、年龄、性别、经历和教育背景等影响所产生的理解差异，以及由此引发的使用差异。例如，可以算为“元老”级的表情符号“🙂”在刚出现在QQ和微信中时，大家都用该微笑符号表达愉快的意思。目前，当这一符号出现在上下级关系的对话（如老师和学生、领导和下属等），或者与外国人的对话，或者与不熟悉的人的对话中时仍然可以表达愉快的意思。但是，随着表情符号的不断推陈出新，年轻一代会采用更具有张力的表情符号表达高兴的心情，如“😁”；传统的“🙂”符号在关系亲近的年轻人的交流中被理解为传递“假笑”“嘲讽”“无语”“不赞同”或者“无话可讲”（结束谈话）等负面意义。而更具有张力的符号可以表达更为复杂的情绪，例如高兴但是带有些许尴尬、高兴得难以言表、高兴得哭了等。这类符号对年长一辈来说，可能会产生疑惑，比如笑中带泪的符号（😂），可能引起长辈对哭泣的联想，从而对发送者的意图产生误解。对这些符号的理解、分析和解释是推动电子语篇人际交流的重要环节。第二，电子语篇使用的特殊表达、产生的语法错误等引起了生态话语分析研究者的关注，引发对网络话语生态问题的思考。举个简单的例子，一些音异字已不再是没有发觉的语言错误，而是刻意为之。黄国文（2005：5）已经注意到，“这里所说的‘（打字）错误’不包括交际者故意‘犯错’的情况，如中文电子语言中的‘大虾（侠）’‘斑竹（版主）’‘楼猪（楼主）’等，其实已经是约定俗成的表达，因此不应该把它们当作是错误，而应看作是与其相应的形式并存的表达法”。值得思考的是，这些用法虽然“在某种程度上说已成为检验交际者‘网民身份’的一个标准”（黄国文，2005：7），但是它们对年轻一代（特别是学龄儿童）的认知所产生的影响以及对网络生态的影响则有待考察。而对“网民身份”的检验也应该考虑到更多的语境因素，包括与语场相关的年代和地区，与语旨相关的交流双方的年龄和教育背景等。再者，随着时代的不断发展，一些异音字会很快被淘汰，但是另一些异音字则更稳定并被保留下来。因此，它们对人们产生的影响也存在明显差异。

2. 系统功能多模态话语分析

早期的多模态话语分析主要分析图像的意义。对图像意义的分析是克瑞斯和范勒文（Kress & van Leeuwen，1996）在系统功能语言学（Halliday，1978，1985，1994）的启示下提出的，主要吸收了社会意义、意义潜势、系统和功能的思想。他们将系统功能语言学的三大元功能从语言系统应用到其他意义系统，为解读多种模态符号提供了新的研究视角、研究方法和研究手段。后来，多模态话语分析的研究对象扩展到各种不同的模态，从维度（平面、立体）和渠道[4]两个方面不断延伸和

4 渠道包括视觉渠道（visual channel）、听觉渠道（auditive channel）、触觉渠道（tactile channel）、嗅觉渠道（olfactory channel）和味觉渠道（gustatory channel）（朱永生，2007：83）。

强化。就目前来说，与话语研究最为密切、最受关注，亦最易操作的是视觉模态和听觉模态。

自20世纪80年代中后期起，功能话语研究（或者说以系统功能语言学为指导的语篇和话语分析）开始将目光投向语言以外的意义资源（Iedema，2003：32）。进入21世纪后，这一趋势不断加强（如Baldry & Thibault，2006；Bateman，2008；Jewitt，2009；李战子、陆丹云，2012），常见的研究对象有图形、图像、声音、动作、空间、建筑等模态，涉及印刷文本、多媒体视听材料、电子语篇、超文本和三维立体物体等（陈瑜敏、黄国文，2010）。在社会意义理论的指导下，功能话语研究也观察到话语分析不能孤立地研究语言，而是需要扩展到研究语言如何通过与其他社会意义系统的互动来构建意义。社会意义理论指导下的多模态分析更注重不同类型模态之间的关系、配置和互动，由此发现社会意义和社会关系的构建方式。

多模态话语中的各种模态都是可供选择的意义系统，它们的互动拓展了意义潜势。在系统功能语言学框架下进行的多模态话语分析可以从功能–意义的角度构建分析框架，利用语境要素解读话语，采用拓扑学与类型学相结合的方法开展研究，通常被称为“系统功能多模态话语分析”（systemic functional multi-modal discourse analysis）（O'Halloran，2008）或者“系统功能符号学”（systemic functional semiotics，SFS）（Martin，2008）。我们在第4章4.4节已经介绍了通用于所有语篇和话语的功能话语分析视角和分析步骤。如果聚焦系统功能多模态话语分析的分析内容和方法，可以采用马丁的层级（hierarchy）和互补（complementarity）视角。从层级看，可以分为：精密度（delicacy），其分类为从笼统到明确；级（rank），其组成为从整体到部分；体现（realization），其层次为从抽象到具体；示例化（instantiation），其稳定性为从系统到实例；个体化（individuation），其编码导向为从特定文化中的所有意义潜势到特定个体的语域或语篇体裁集合。从互补看，可以分为：发生学（genesis）视角下的互补，指语篇发生（logogenesis）、个体发生（ontogenesis）和系统发生（phylogenesis）互补；模态视角下的互补，指语言、图像、声音等互补；元功能视角下的互补，指概念功能、人际功能和语篇功能互补；轴（axis）视角下的互补，指系统和结构互补。

然而，正如张德禄（2018）指出的，目前多模态话语分析存在至少两个方面的问题。第一，对模态意义的解读大部分都基于韩礼德的社会意义学和功能语法，缺少对模态功能语法系统的讨论。换句话说，未能将对功能的研究内化到多模态研究系统内部。第二，从技术角度关注模态的创新和融合，缺少对模态背后所蕴藏的交际意图的探索。鉴于此，张德禄在系统功能视域下对现有的多模态话语分析框架进行优化和完善，提出了多模态话语分析的改进框架。在该框架下，张德禄（2018：731）强调系统特性、系统功能一体化、符号间研究以及实体层描写，并通过实例分析展示了优化后框架的可操作性。

3. 临床话语分析

上面5.2 节提到斯莱德团队（如 Slade et al.，2011；Eggins & Slade，2016）和麦蒂森团队（如 Matthiessen，2013）在医患会话分析中的贡献。除此之外，国外还将研究从医院背景下的传统医患对话扩展到家庭（父母）教育，探索系统功能语言学在说话能力（方式）的家庭治疗场景中的应用（Medina，2018）。

国内的研究者通常从语用学视角（如礼貌原则、合作原则、语码转换、面子理论、话语标记、关联理论、语言顺应论等）分析这类话语，也有部分研究者从会话分析的角度开展研究。以系统功能语言学为理论依托的临床话语分析包括分析真实医患会话录音（如张引、冯思怡，2019），通过建立小型语料库分析精神科医患会话（如旷战、李淑晶，2019）等。在这些研究中，部分分析者采用了多视角的研究方式，将系统功能语言学与其他视角相结合，如语用学、社会语言学、文化话语、批评话语分析等。

赵俊海和杨炳钧（2012）讨论了临床话语的系统功能语言学分析路径。临床语言学，也称为病理语言学（pathological linguistics），是关于描述、分析、评估、治疗言语缺陷患者的语言功能障碍和言语紊乱的学科，研究内容包括失语症、口吃、言语失调、言语矫治等。临床语言学研究利用的语言学理论主要来自语音学、音系学和句法学。但是随着越来越多不同语言研究领域的学者的加入，临床语言学研究也扩展到语用学、社会学和话语分析的层面（Ball et al.，2008）。受汤姆森（Thomson，2003：45）的启发，赵俊海和杨炳钧（2012）认为应当在系统功能语言学的理论框架下，借用语境、元功能和语言层次的思想开展临床话语分析。他们提出了系统功能临床话语分析的两种视角，分别是用于详细分析话语的远处仔细观察视角和用于话语定位的远处高度聚焦视角。这两个视角统一于系统与结构的二维坐标轴中，以此判断语言的秩序及其在系统中的值（Thomson，2003：134）。此外，他们还强调了体裁在临床话语分析数据采集中的重要地位，提倡扩展体裁选择，以避免因体裁过于集中而带来的分析片面性。

4. 生态话语分析

韩礼德（Halliday，1985，1994）认为语言的演变发展都是为了满足人的需求。随着生态问题的不断突出，发现语言在生态问题的形成和发展中的作用也应需而生。生态话语分析兴起于20世纪90年代，关注的是与生态问题相关的话语。可以说，生态话语分析的产生与发展是由系统功能语言学创始人韩礼德启发和带动的。1990年，韩礼德在希腊塞萨洛尼基（Thessaloniki）举行的第九届国际应用语言学大会上作了对生态语言学发展产生重大意义的发言《意义表达的新方法：应用语言学的新挑战》（“New Ways of Meaning: The Challenge to Applied Linguistics”）（Halliday，1990），他在系统功能语言学的框架下讨论了英语语言系统中的非生态因素，成为其追随者开展生态话语分析的重要依据。麦蒂森（Matthiessen，2009：37）将这篇文章视为“影响深远的作品”，它为“在系统功能语言学视野下探索如何研究生态语境、语言和语言的影响开了先河”（辛志英、黄国文，2013：8）。

在国外，一些学者利用系统功能语言学的思想开展了生态话语分析研究，除了格特力（Goatly，1996，2014）、马丁（Martin，1986）、巴特勒（Bartlett，2012，2018）之外，另外两个突出的代表是希利和欧克利（Sealey & Oakley，2013）以及斯提布（Stibbe，2015）。在中国，有一批系统功能语言学研究者致力于推动这个学科的发展，如黄国文（2016b，2017）、黄国文和陈旸（2016，2017a）、赵蕊华（2016，

2018a，2018b，2020）、何伟和张瑞杰（2017）、何伟和魏榕（2017a，2017b）、黄国文和肖家燕（2017）、黄国文和赵蕊华（2017，2019）、赵蕊华和黄国文（2017，2019，2021）、常军芳和丛迎旭（2018）、刘妍和于晖（2018）、刘承宇和李淑晶（2019）、卢健和常晨光（2019）、苗兴伟和雷蕾（2019，2020）、魏榕和何伟（2019）、何伟和马子杰（2020）、李淑晶和刘承宇（2020）、王红阳和陈雨涵（2020）、于晖和王丽萍（2020）等。

无论是在国外还是在中国，系统功能语言学指导下的生态话语分析的一个突出特点是：主要利用系统功能语言学的语境和元功能思想对话语所反映和构建的生态问题进行批判，并揭示话语所蕴藏的（特别是有悖生态和谐发展的）生态哲学观（ecosophy）（Stibbe，2015）。这些研究中的大多数都采用批判的视角，对话语中"社会化的生态意识及行为进行分析批评"（范俊军，2005：114）；中国的很多研究也受到西方研究的影响，都属于生态批评话语分析（eco-critical discourse analysis）的研究范畴。

采用批评的视角固然可以帮助人们发现、正视当前问题，反思自身行为，有利于生态系统的保护和改善。但是与批评话语分析相似，一味地采取批评的视角可能会限制生态话语分析的多方面发展，也会为读者带来不安和困惑，认为这个世界充满黑暗。因此，也有学者从不同的角度进行生态话语分析，例如斯提布在"积极"的视角下开展的研究（Stibbe，2018）以及黄国文等人在"和谐"视角下所作的尝试（黄国文，2016a；赵蕊华、黄国文，2017，2021；黄国文，2018b；Huang & Zhao，2021）。

系统功能语言学指导下的生态话语分析蓬勃发展，有着美好的前景，这与系统功能语言学作为具有社会责任的学科是密不可分的。目前国内的研究方向主要分为以下几个方面：

（1）探索系统功能语言学与生态语言学（生态话语分析）之间的渊源，讨论系统功能语言学中指导生态话语分析开展的思想和理论，例如辛志英和黄国文（2013）、黄国文（2017、2018a）、苗兴伟和赵云（2018）、苗兴伟和雷蕾（2019，2020）、张彩华和黄国文（2019）等。

（2）构建生态话语分析模式，例如赵蕊华（2016）、何伟和张瑞杰

（2017）、魏榕和何伟（2019）等。

（3）分析不同类型的话语，涉及诗歌（黄国文、陈旸，2017b；黄国文，2018c；刘玉梅、王术芬，2019；王丽娟，2019）、研究报告（赵蕊华，2016）、媒体报道（何小敏、王晓燕，2018；杨阳，2018；何伟、马子杰，2019；周文娟，2019；赵蕊华，2020）、广告（何伟、耿芳，2018）等。

（4）本土化研究初步兴起，比较具有代表性的是黄国文在中国语境下提出的和谐话语分析（Harmonious Discourse Analysis，HDA）（黄国文，2016a，2017；赵蕊华、黄国文，2017，2021；Huang & Zhao，2021），以及何伟等人对及物性系统、语气系统、评价系统、衔接手段等在生态维度的描绘（如何伟、魏榕，2017a；张瑞杰、何伟，2018；何伟、马子杰，2020）。其次，还出现了系统功能语言学指导下通过话语分析探索汉语生态性的研究（赵蕊华，2018b；赵蕊华、黄国文；2019）。对两个具有代表性的本土化研究介绍详见下文（5.4.2 节）。

系统功能语言学是适用语言学，可以用来描写广泛领域中的问题。目前来说，生态问题是系统功能语言学面临的新的描写任务。一方面，系统功能语言学的理论可以用于指导生态话语分析。另一方面，通过生态话语分析这一新的领域，系统功能语言学的描写潜势也得以扩展。

5.4.2 理论新增、深入和细化

由于话语类型的不断拓展，用于描写和解释话语的理论资源也在不断增加、深入和细化，从而满足话语分析的需求，比如经验功能的细化（如 Halliday & Matthiessen，1999），评价系统的提出和发展（如 Martin & Rose，2003；Martin & White，2005），对各个功能下子系统的精密描写（如 Matthiessen，2007b，2007c）。这几方面内容在很多文献中已经回顾过，并且在本书第 3 章也已经提到，因此不再详述。本节主要介绍麦蒂森提出的社会意义过程类型，黄国文提出的和谐话语分析以及何伟等人对及物性、语气、评价、主位、信息、衔接等系统在生态维度的延伸。

1. 社会意义过程类型

语境对语篇和话语的研究至关重要。限于研究者的兴趣、能力、目的以及语篇和话语本身的性质和特点，话语分析在实际开展中无法囊括每个语言子系统，例如，有的研究偏向经验功能分析，而有的研究则关注人际方面。但是，不管从什么领域入手，都需要关注语篇和话语所处的语境。

关于语境中体裁与语域之间关系的看法可以分为三个分支。韩礼德（Halliday，2001a）将语域和语篇体裁置于同一平面，视两者之间的关系为示例化关系。如果从实例（instance）这一端看，就会发现语篇类型（text type）的分组，属于同一类型的语篇归入同一组；如果从系统（system）这一端看，语篇类型形成一个次系统，也就是语域。以马丁为代表的一些学者（如 Martin，1992；Eggins & Slade，2005；Christie & Derewianka，2008；Martin & Rose，2008；Rose & Martin，2012）则认为，语义层（用马丁的话说是“话语语义层”）上面还有更高的语篇体裁层面。黄国文（2009）将语言视为其他意义系统和意义过程的体现形式，认为语言系统之上有语域和语篇体裁两个层面。第三个分支是麦蒂森提出的社会意义过程（a socio-semiotic process）类型或者情景语境类型。马丁等人（如 Martin，1992）将体裁视为一个阶段性的、带有目标的社会过程，位于文化语境层面。麦蒂森（Matthiessen，2015）提出的社会意义过程分类与体裁分类有相似之处，但是是基于情景语境中的语场这一变量提出的。麦蒂森对语场中社会意义过程的分类旨在为话语分析提供一个更为强大的描述框架。社会意义过程的八个类别及其细化分类展示如下（Matthiessen，2015：6，8）：

（1）阐释型（expounding），包括解释（explaining）和分类（categorizing）；

（2）报道型（reporting），包括名录（inventorying）、调查（surveying）和记录（chronicling）；

（3）再现型（recreating），包括叙事（narrating）和戏剧化（dramatizing）；

（4）分享型（sharing），包括分享经验（sharing experiences）

和分享价值观（sharing values）；

（5）执行型（doing），包括指导（directing）和合作（collaborating）；

（6）指示型（enabling），包括指令（instructing）和规定（regulating）；

（7）推荐型（recommending），包括推销（promoting）和建议（advertising）；

（8）探讨型（explor ing），包括辩论（arguing）和评论（reviewing）。

麦蒂森（Matthiessen，2015：9）将他提出的社会意义过程类型与马丁和罗斯（Martin & Rose，2008）以及埃金斯和斯莱德（Eggins & Slade，2005）的体裁划分进行了比较（如表5–6所示），展示了社会意义过程分类的广阔范围。就这方面来说，社会意义过程分类为话语分析提供了更多的解释可能。

表5–6 社会意义过程系统中的术语对照：麦蒂森（Matthiessen，2015）、马丁和罗斯（Martin & Rose，2008）以及埃金斯和斯莱德（Eggins & Slade，2005）

Matthiessen（2015）社会意义过程		Martin & Rose（2008）体裁模型	Eggins & Slade（2005）
阐释型	解释	[第四章 报道和解释（reports and explanations）]：解释	
	分类	[第四章 报道和解释（reports and explanations）]：报道	
报道型	记录	[第三章 历史（histories）]：讲述（recounts）；传记（biographies） [第五章 程序和程序性讲述（procedures and procedural recounts）]：程序性讲述	
	调查		
	名录		
再现型	叙事、戏剧化	[第二章 故事（stories）]：故事——叙事	
分享型	分享经验、价值观	[第二章 故事]：故事——轶事趣闻（anecdotes）、抄本（exempla）	闲聊（chat）、看法（opinion）、取笑（teasing）、八卦（gossip）

（续表）

Matthiessen（2015）社会意义过程		Martin & Rose（2008）体裁模型	Eggins & Slade（2005）
执行型	指导、合作		
推荐型	推销		
	建议		
指示型	指令	[第五章 程序和程序性讲述]：程序	
	规定	[第五章 程序和程序性讲述]：程序中的规约（protocols〈or embedded in procedures〉）	
探讨型	辩论	[第三章 历史]：说明（expositions）、讨论（discussions）	
	评论		

麦蒂森基于语场的类型描写在精密度上进行延伸，在描写领域上进行扩展，可以增强描写潜势，从而揭示并解释语言间的一些细微差别，为描写、分析、解释和评估语篇和话语提供了有力的理论框架。

除了麦蒂森对语场的研究，马丁等人（如 Bednarek & Martin, 2010）探索了语境中的语旨要素，并提出归属（affiliation）和个性化（individualization）等概念。此外，比伯（Biber, 2012）和罗斯（Rose, 2012）通过对不同类型语篇的分析比较，分别讨论了语域和悉尼派的体裁概念。

2. 和谐话语分析

黄国文（2016a）在系统功能语言学的理论框架下提出了和谐话语分析。和谐话语分析的提出有两个目的：一是为（生态）话语研究提供另一种路径；二是担负起语言学家的社会责任，为发现、分析并帮助解决生态问题做出贡献。

和谐话语分析的提出是基于对这样一个问题的思考：目前的生态批评话语分析主流是否适用于中国国情下的话语分析？生态批评话语分析产生的语境、哲学指导、研究对象等都源自欧美，与中国有着很大区别，因此，在观察和挖掘中国的生态“故事”（story）（Stibbe，2015），分析中国语境下的话语时，一味地采取批评的视角是不可取的。和谐话语分析以中国的特定语境为背景，提倡用整体的视角看待生态、经济、社会和文化的发展，探索“语言与生态的相互关系和相互作用，揭示语言对各种生态关系（包括人类之间的生命可持续关系，人类与其他非人类有机体的生命可持续关系，人类与自然环境的生命可持续关系）的影响”（黄国文、赵蕊华，2017：593）。这与生态话语分析的整体目标是一致的。

和谐话语分析受中国传统儒家和道家思想的影响，提出“以人为本”（people-oriented）的假定。但是和谐话语分析强调，以人为本不是以人的利益为本，而是突出人的问题和责任（蒙培元，2004）。和谐话语分析遵循三个分析原则：良知原则（the principle of conscience）、亲近原则（the principle of proximity）和制约原则（the principle of regulation）（黄国文，2017）。这三个原则通常是共同作用的，但是在不同类型的语篇中，基于语篇特色以及分析者的研究兴趣和研究问题可能会出现不同的研究重点。良知原则与“性本善”和“推爱”思想相关。由于人性本善，因此人对他人、对其他动物、对植物、对山水都会有爱，会产生恻隐之心，而良心则指导着人对其他生态参与者的态度、看法和行动。“推爱”需要与亲近原则结合起来解释。亲近原则基于儒家的差等思想，指人与不同事物之间的亲、疏、近、远关系。虽然人皆有恻隐之心，但是人对不同事物的爱不可能是完全相同或者相等的。人与其他事物的亲近关系可以从不同的维度进行判断，主要包括生物的、情感的、时空的、政治的，等等。从不同的维度出发，亲近关系就会有所变化。推爱，就是从最亲近的关系开始，逐步推及，最后实现对较远关系的爱，直至博爱。虽然孟子主张人性本善，但是也承认外部环境对人性的影响。在外部环境的影响下，人的善性可能被蒙蔽，做出恶的行为。这时，就需要制约。制约分为三个层面：个人层面的良心和教育制约，社区（社团）层面的乡约民俗制约以及最具强制力的法律制约。

在系统功能语言学的框架下，这三个原则与语境紧密联系，主要表现为人对其他生态参与者的认知和行动以及人与其他生态参与者的关系，可以通过及物性系统中的各种经验类型和语态选择、语气系统中人的身份和角色配置、情态系统中的情态和意态分析以及评价系统进行研究。此外，由于制约原则涉及个体、群体和国家层面，因此话语发生的媒介也值得关注；分析者可以通过主位和信息系统进行探索。这里不作详细介绍，更多可参见黄国文和赵蕊华（2019）、赵蕊华和黄国文（2021）、Huang & Zhao（2021）、黄国文等（即将出版）。

3. 生态视角下的系统功能语法扩展

何伟等人从生态的视角对系统功能语言学的及物性系统、语气系统、情态系统、评价系统、主位系统、信息系统和衔接手段进行细化和扩展（参见何伟、魏榕，2017a；何伟、张瑞杰，2017；张瑞杰、何伟，2018；魏榕、何伟，2019；何伟、马宸，2020；何伟、马子杰，2020）。

在建立国际生态话语的及物性分析模式中，何伟和魏榕（2017a）对系统功能语言学的及物性系统进行细化和调整，涉及话语的参与者和过程。参与者分为生命体参与者和非生命体参与者；前者进一步分为人类生命体参与者和非人类生命体参与者，后者分为物理性参与者和社会性参与者。过程保留了系统功能语言学中的心理过程、关系过程、行为过程和存在过程，但是将物质过程改为动作过程，言语过程改为交流过程。这些过程可以区分为有益性过程、中性过程和破坏性过程（Stibbe，2015）。何伟和张瑞杰（2017）在建立生态话语分析模式的过程中对系统功能语言学的及物性、语气、情态、评价、主位和信息各个系统都进行了细化延伸。在及物性系统中，对施事（Agent）进行了详细划分，分为个体施事、群体施事、物理性场所施事、社会性场所施事和人外生命体施事，并将过程所表达的意义分为原始意义（表层意义）和隐含意义（深层意义）。但是在该研究中，人际意义中的语气和情态系统以及语篇意义中的主位和信息系统并没有得到系统化的延展，只是对某些概念增加了生态维度的解释，例如，对比主位由人实现和主位由非人类动物实现的生态蕴意差异。在随后的研究中，何伟等人主要对人际意义资源进行了系统化补充。张瑞杰和何伟（2018）从语气、情态和评价三个方面对人际意义系统进行扩展。对语气系统的研究需要将小句语气类型与说话者的社会地位和社会责任联系起来；对情态的描述除了展示情态值之外，还需要考虑该要素与话语经验意义之间的联系；对评价系统的补充主要与态度子系统相关，增加了情感缘起、判断标准和鉴赏对象三个因素。除了张瑞杰和何伟对评价系统中态度子系统的延伸之外，何伟和马子杰（2020）在评价系统的介入子系统补充了介入趋向、介入来源和介入内容，在级差系统补充了级差参考特征，使评价系统的拓展更为系统和完整。

总的来说，何伟等人基于生态的视角对系统功能语言学经验意义、人际意义和语篇意义中的部分系统进行了调整，增加了生态的维度，有利于生态话语分析的开展。

5.5 新时代背景下功能话语研究的成果总结和展望

话语分析是一个跨学科研究，需要吸收不同学科的理论观点和研究方法，从而为研究传统话题或者新时期下的热点话题提供有力的理论支撑和解释理据，在解决实际问题的同时促进本学科发展。

近年来，基于系统功能语言学的话语研究在理论拓展、实践范围扩展、跨学科协作和本土化创新等方面都取得了进展。这些是当前功能话语研究的发展成果，同时也是其未来发展所需要关注的方向。基于此，我们提出以下几点：

（1）理论拓展、实践范围扩展、跨学科协作和本土化创新这四个方面相辅相成、互为前提。理论拓展可以满足分析各种类型话语和语篇的需要。随着越来越多的话语和语篇类型被纳入分析范围，就需要更为系统、细致的理论支撑和方法论指导，同时，在解决实践分析的问题时实现对理论的完善。理论拓展除了在系统功能语言学内部的创新和细化以外，更为广阔的前景体现在跨学科协作当中，可以通过吸收各个学科的理论和方法来增强描写、解释和评估话语和语篇的能力。本土化创新既包括国内学者的理论创新，也包括对汉语语篇的分析实践。

（2）就理论拓展来说，应当以话语分析实践为基础，由此发展起来的理论和方法才不会成为无源之水、无本之木，才更适用于实践，帮助解决实际问题。当然，这对语料有一定要求，通常需要对较大体量的话语和语篇进行分析才有利于发现语言的规律，从而形成系统化的结论。因此，越来越多的学者都借助语料库展开研究。

（3）就话语研究的对象来说，范围应不断扩大。除了继续保持对传统领域话语和语篇（如教育、政治、媒体、广告等）的关注外，功能话语研究还应将目光投向更具人文关怀的临床医学和生态领域，同时关注多模态话语、法律话语、国家话语等。话语分析范围的扩大与时代发展和实际需求密切相关，是话语分析聚焦社会热点问题的突出表现。例如生态问题的不断突出、医患矛盾受到的关注、电脑技术和网络的发展、法律体系的健全、国家发展理念的推广都为研究者提供了更多研究资源。可以说，话语研究的话题来源于社会实践，也用于社会实践。因此，在未来的研究中，功能话语研究的对象可以，也应该扩展到各个领域；除了持续关注热点话题，研究者同时还要对小众话题保持敏感度。

（4）正因为话语研究涉及各个不同的领域，因此需要不断加强跨学科协作。跨学科研究是目前的一个热点，也是未来的发展方向。在生态话语分析中，不仅有跨学科视角，更出现了超学科视角，尝试将各个学科融合到一起。就目前来说，这还难以实现，但是势必对学科间的合作产生重要影响。

（5）系统功能语言学致力于发展马克思主义语言学，重视语言发生的语境，尝试解决各种各样的实际问题。因此，以系统功能语言学为指导的话语研究有广阔的发展前景。系统功能语言学和功能话语研究与中国有千丝万缕的联系，深受中国传统文化和中国发展背景的影响，那么如何以中国传统文化为依托，在新时代背景下实现功能话语研究的本土化创新是话语分析者和系统功能语言学学者需要思考的问题。本土化创新的前提是实现国内外学术对话：话语研究受到意识形态的影响，而东西方的传统文化、发展现状、社会背景存在很大区别，因此在分析对象和研究视角方面可能会出现分歧。在这种情况下，一方面我们需要加强国内外的学术交流与合作，互通有无，取长补短；另一方面也需要在中国的语境下进行创新，而不是一味地套用国外的研究成果。本土化创新不仅有利于通过话语研究发现、了解和解决国内的实际问题，还可以提升中国在国际上的学术话语权。

第6章
翻译语篇分析

6.1 引言

根据雅各布森（Jakobson，1971：261）的观点，翻译可以区分为三类：一是语内翻译（intralingual translation），指在同一种语言之内以属于同一语言的某种语言符号去“翻译”（解释）另一种语言符号。例如，广州话和潮州话是两种不同的方言，它们之间的对译就属于语内翻译；二是语际翻译（interlingual translation），指在两种语言之间以某一种语言符号去“翻译”（解释）另一种语言符号。例如，英语与汉语的对译；三是符际翻译（intersemiotic translation），指以一些非语言符号去“翻译”（解释）语言符号，或相反地用一些语言符号去“翻译”（解释）非语言符号。例如，公共场合的图标可以用文字说明，文字说明也可用图标来表示。

本章要讨论的“翻译语篇”（translated text），也称“目的语篇”（target text），指的是通过语言间的转换而生成的语篇。翻译语篇是有“源语篇”（source text）的，它所传递的意义不是语码转换者（即翻译者）的原创意义，而是翻译者把源语篇的意义用另一语言表达出来，由此产生出的目的语篇，也即翻译语篇。

由于翻译语篇的意义不是译者原创的，而是他把别人赋予源语篇的意义用另一种语言表达出来，因此，在语言转换过程中，就可能出现源语篇与目的语篇所表达的意义不完全相同的现象。造成这种情况的原因很多，可能是译者无法控制（如目的语言中没有完全对等的表达，译者的双语能力所限）或不自觉的，也可能是译者故意的，即译者有目的地不把源语篇的意义完完全全地翻译出来。

一般说来，翻译就是要尽可能把源语篇所表达的意义完全地翻译出来，使其在目的语篇中重现源语篇的意义。因此，很多人认为，“a clear aim of translation”（翻译的一个明确目标）（Yallop，2001：241）就是寻求“对等”（equivalence）。对等可以是在形式层，即“形式对等”（formal equivalence），也可以在功能层，即“功能对等”（functional equivalence）。最理想的翻译语篇是在形式上和功能上都与源语篇对等，但很多时候是做不到的。对于结构简单的语篇，要同时达到功能对等和形式对等相对容易些（如英语标示语 Exit 与汉语标示语“出口”；遇到危险时所说的“Help!”和“救命！”），但对于结构复杂或比较复杂的语篇就很难做到对等，或者说是做不到的（见下面的分析和讨论）。

在讨论翻译的对等问题时，很多人会想到奈达（Eugene Nida）（如 Nida，1975；Nida & Taber，1969）所提出的功能对等概念。但正如第 2 章所指出的，本书的理论支撑是韩礼德的系统功能语言学，因此在讨论对等时，主要是考察“元功能对等”问题。

本章把翻译语篇看作是语篇的一种类型，通过实例分析，探讨翻译语篇与源语篇的关系。首先，本章简单介绍一个翻译过程，然后对翻译研究中的元功能对等进行阐述，并举例说明。本章将举例说明典籍翻译所涉及的一些问题，并通过一首唐诗和《论语》中一个例子的翻译讨论与翻译语篇有关的问题。最后，本章将对形式对等与功能对等进行讨论，并通过分析表明这样的观点：翻译是翻译意义，因此译文一定要尽可能把源语篇的意义完整地在翻译语篇中呈现出来。在翻译语篇与源语篇的元功能对等方面，如果无法做到各种元功能都对等，那至少在经验功能上一定要保证对等或基本对等；否则，译文就不算是真正意义上的翻译语篇了，也就没有评论的价值了。下面先简单谈谈翻译这一活动所涉及的基本要素。

一般认为，把源语转换成目的语要经过一个“加工”（processing）过程。贝尔（Bell，1991）用下面的图 6-1 来说明翻译过程；这个非常简单的翻译过程流程图说明了翻译所涉及的“加工”过程：

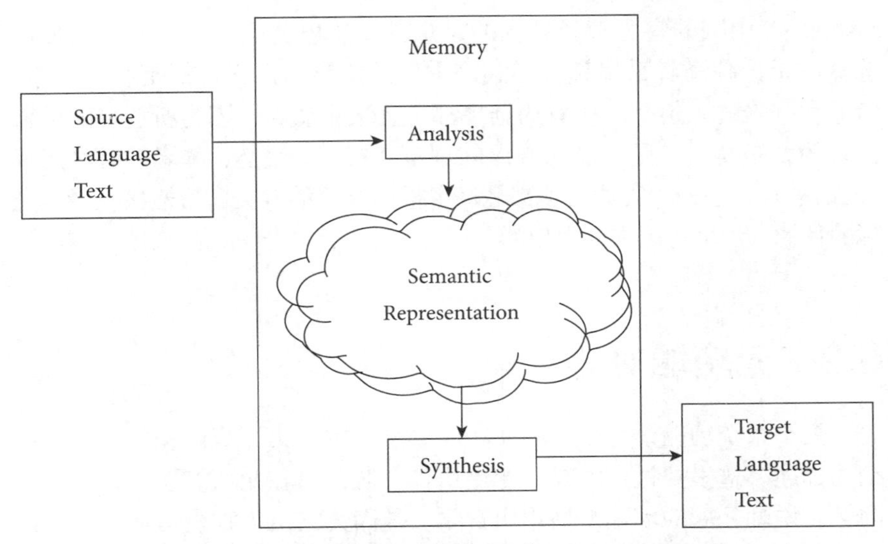

图 6-1 一个简单的翻译过程图（Bell，1991：21）

从图 6-1 可以看出，把源语转换成目的语是在“记忆”（Memory）这个过程中发生的。在进行转换之前，译者必须通过“分析”（Analysis）（语言、语境等）来解读、阐释源语所表达和隐含的意义，即理解源语的“语义表征”（Semantic Representation）；他这里所说的语义表征是比语言表达更为抽象的概念，属于比语言结构更深层的范畴。源语的语义表征一旦确定，译者便对语义和其他信息进行“综合”（Synthesis）处理，然后通过目的语语码来表达这些语义表征和源语所表达和隐含的意义，这样就产生了目的语（译文、翻译语篇）。

我们不妨用一个简单例子进行说明。要把“绿水青山就是金山银山”翻译成英语，那就要根据语言（文字）和提出这一理念的背景等因素来解读、阐释源语所表达和隐含的意义，找出源语言的语义表征，然后在考虑各种因素后综合处理，最后用英语表达意义。这句话中的“绿水”可以翻译成 lucid waters、clear waters 等，“青山”可以翻译成 lush mountains、green mountains 等，“金山银山”可以翻译成 gold and silver mountains、invaluable assets 等。这句话如果是直译，就可以是“Lucid waters and lush mountains are gold and silver mountains.”；如果是意译，就可以是“Lucid waters and lush mountains are invaluable assets."。中国的官方翻译选择的是意译，这也就是在译者看来的最佳选择。无论翻译者采用哪种形式来重现源语篇的意义，都是经过分析、考虑和推敲的。但是，所有的选择都是意义驱动的，因为所选择的语言体现的就是意义，是译者对源语的理解和接受。当然，译者的各种选择（包括语言、翻译的表达法）都是译者根据源语的意义、目标接受者、交际的目的、语境等因素而做出的。

6.2 元功能对等

关于系统功能语言学中的元功能概念，本书第 3 章已经作了比较详细的描述。这里要讨论的是，翻译语篇与源语篇在元功能视角下的对等问题。说韩礼德的理论是适用语言学，是因为它是为解决语言问题而设计的。翻译至少涉及两种语言（或方言或其他符号），因此翻译问题也理所当然可以用系统功能语言学理论来讨论和解决。

韩礼德（如 Halliday，1973，1994，2009a，2013）的理论对解决翻译对等问题有很多启发。早在 1965 年，卡特福德（Catford，1965：290）就在韩礼德（如 Halliday，1956，1961）的阶与范畴语法（Scale and Category Grammar，系统功能语言学的雏形）（参见 Halliday，1961）的框架中就翻译中的"对等"问题作了深入讨论，并对诸如"形式对应"（formal correspondence）和"语篇对等"（textual equivalence）等重要概念进行讨论和区分。早在 20 世纪 60 年代，就有学者明确指出，译本与源语言的对等不容易达到。例如，米瑟姆和哈德逊（Meetham & Hudson，1969：713）就认为，翻译的对等不是绝对的，而是有不同的程度的，如基本完全对等或部分对等；亚洛普（Yallop，2001：242）也认为，翻译是无法保证对等的，对等也不是一成不变的关系，重要的是要确定译文与原文的相似性。韩礼德（Halliday，2001b，2009a，2013）、麦蒂森（Matthiessen，2001）等人也从系统功能语言学视角讨论了翻译中的对等问题。

按照系统功能语言学的元功能假设，下面从经验功能、逻辑功能、人际功能、语篇功能四个方面讨论翻译语篇与源语篇的对等问题（参见 Huang，2017）。

6.2.1 经验功能对等

经验功能主要是讲及物性系统中的过程以及过程所涉及的参与者和环境成分。我们先分析两个简单的小句：

【例 1】A: Helen owns the piano.
B: The piano is Helen's.

上面两个句子表达的基本意思都是“这架钢琴是海伦的”。从及物性的过程类型看，own 和 be 实现的都是关系过程。如果我们深入研究这两个句子的关系，可以进一步区分它们：句 A 属于关系过程中的“所有类”，而句 B 属于“内包类”。

从过程的参与者角色看，所有类指的是某个实体属于某人的这种关系。在句 A 中，Helen 是“占有者”（Possessor），而 the piano 是“被占有者”（Possessed）。内包类指的是某个实体是某类实体中的一个。在句 B 中 Helen's 是“属性”，而 the piano 是“载体”。

这两种不同的类型可用 have 和 be 来说明：“[Possessor] Jane [possessive] has [Possessed] long hair.”（小句属于所有类）；“[Carrier] Jane's hair [intensive] is [Attribute] long .”（小句属于内包类）。

因此，我们可以这样说，句 A 说的是“钢琴是属于海伦所有的”，强调“所属”；句 B 说的是海伦与钢琴的关系，强调两者之间存在的某种关系。

简单地说，从经验功能看，这两个句子所表达的经验意义可以是对等的；但是，如果区分参与者角色，就会存在差异。如果从语篇功能的主位结构看，也是存在差异的：句 A 的主位是 Helen，而句 B 的主位则是 the piano。

再看两个句子：

【例 2】A: He is a teacher of English.
B: He teaches English.

从经验功能看，句 A 是个关系过程，过程由动词 be 体现，载体由人称代词 he 体现，属性由名词词组 a teacher of English 体现；句 B 是个物质过程，它有两个参与者：he 是动作者，English 是目标。从过程类型看，句 A 和句 B 是不对等的。也就是说，句 A 和句 B 的经验功能是不对等的。

如果我们把句 A 和句 B 翻译成汉语，也可看出二者的不同：

Aa：他是个英语教师。

Ba：他教英语。

句 A 和其译文 Aa 说的是某人的身份，句 B 和其译文 Ba 则是说某人所从事的工作。如果我们用 Aa 来翻译 A，从经验功能角度说，译文与原文的经验功能是对等的。同样地，如果我们用 Ba 来翻译 B，译文与原文的经验功能也是对等的。但如果我们用 Ba 来翻译 A，或用 Aa 来翻译 B，那译文与原文的经验功能就不对等了。

在很多翻译语篇中，译文与原文的经验功能不对等现象是常见的。例如，在下一节的例 3 中，汉语版的"（5）……心里痛苦地想……"被翻译为"[5]...I asked myself sadly"就是经验功能不对等的表现，原来的心理过程（"想"）被翻译为言语过程（asked）。

6.2.2 人际功能对等

人际功能主要涉及语气、情态和评价。从语气看，上面例 2 中的两个句子都是陈述句，发话人对受话人陈述事实。从语气结构看，主语（he）位于限定成分（is, -es）之前。例 2 中的两个句子都没有情态成分和表示评价意义的成分。

如果我们从语气角度比较句 A 和其译文 Aa，它们是对等的。同样地，B 和其译文 Ba 也是对等的。

如果我们把例 2 中的句 A 改为"Is he a teacher of English?"，那经验功能没有改变，但人际功能变了：原来的陈述变成了提问，从发话人向受话人提供信息变成了发话人向受话人提出问题，并期待受话人作答，而且语气结构上也发生了变化：主语（he）位于限定成分（is）之后，而不是像例 2 句 A 中那样，主语位于限定成分之前。语气结构改变了，人际功能也就发生了变化。

下面看一个汉语翻译成英语的例子（中文选自巴金的小说《春天里的秋天》（巴金，1980：109），译文选自熊猫丛书的译文（Ba，1985：39–40）（为了便于分析，我们对每个自然段进行编号）：

【例3】（1）她的心在什么地方，我不知道；我的心在什么地方，我也不知道。

（2）“林，你的哥哥自杀，是真的？”她突然抬起头问我。

（3）“为什么不真？你不是已经看见了电报？”

（4）“他为什么自杀？”她探索地问。

（5）“我不知道，”我直率地回答。心里痛苦地想，她为什么老是想这些不愉快的事，一个年轻女子不应该知道的事。

（6）“用自己的手杀死自己，这究竟是不是可能的，我在想这个问题，”她用力地说，她的手在我的手里微微地颤抖。

（7）“这不是你所应该知道的，”我说，我想把话题引到别的事情上面去。

（8）“可是我一定要知道，”她固执地说。

（9）“那么你听我说。这当然是可能的。我的哥哥亲手杀死自己，这是事实。”我说了我不愿意说的话，为的是想用直截了当的答语来阻止她继续追问。

（10）“究竟生快乐呢，死快乐呢？”她好像是在问自己。

（11）“瑢，你不再爱我了，”我失望地、悲痛地说。

（12）“为什么？你怎么会想到这件事？”她惊讶地问。“我不爱你？我什么时候对你说过？”

[1] I could not tell where her thoughts—or mine—had wandered.

[2] “Lin,” she suddenly asked, looking into my eyes, “is it true that your brother committed suicide?”

[3] “Of course. You saw the telegram, didn’t you?”

[4] “Why did he kill himself?” she probed.

[5] “I don’t know,” I replied frankly. Why did she keep dwelling on unhappy things about which a young girl should know nothing? I asked

myself sadly.

[6] "I'm wondering if it's really possible to kill oneself with one's own hands," she said with an effort, her hand quivering in mine.

[7] "That's not something you need know." I tried to change the subject.

[8] "But I must know," she insisted.

[9] "Then listen to me. It is possible, of course. My brother killed himself. It's a fact," I said reluctantly, hoping my blunt answer might forestall further questions.

[10] "To live or to die, which is happier?" she said as though to herself.

[11] "Rong, don't you love me any more?" I asked with dismay.

[12] "Why?" She was surprised. "What gives you that idea? When have I said I don't love you?"

从语气看，源语篇的（3）（"为什么不真？你不是已经看见了电报？"）被翻译成 [3]（"Of course. You saw the telegram, didn't you?"），译文与原文有差异；其中的"为什么不真？"是个疑问句；直接的翻译应该是"Why isn't it true?"，而且还承接了 [2] 中的"is it true that your brother... ?"。现在的译文采用了肯定的回答（"Of course."），从句子结构和语气看，都与源语言不对等。从追求源语篇与翻译语篇的对等角度看，可以把该句翻译成"Why isn't it true? Haven't you already seen the telegram?"。

源语篇的（5）中的"心里痛苦地想，她为什么老是想这些不愉快的事，一个年轻女子不应该知道的事。"被翻译成 [5] 中的"Why did she keep dwelling on unhappy things about which a young girl should know nothing? I asked myself sadly."。源语言是主人公在想的事，译文采用了自由直接引语，用疑问语气翻译原来的陈述语气，并且把心理过程（"想"）变成言语过程（asked）。这句话的直译应该是"I pondered painfully why she always thought about these unpleasant things, which a young woman should not know."。

源语篇的（3）中的"已经"是表达情态意义的状语，但在译文中没有被表达出来；如果采用现在完成时态，就可以翻译出来（如

"Haven't you already seen the telegram?"），这样整句话表达的意思更加贴近源语篇的（3）所表达的意义。译文 [3] 中的 "You saw the telegram, didn't you?" 动词用的是一般过去时态，没有用现在完成时（如 "You have already seen the telegram, haven't you?"）那样贴切地表达源语篇的意义。

第（11）个自然段的"我失望地、悲痛地说。"出现了两个表达情态意义的成分，译文用了 with dismay 来翻译，虽然形式不对等，但意义还是比较贴切的。

6.2.3 语篇功能对等

语篇功能对等主要是考察主位结构和衔接机制的对等问题。从经验意义的表达看，"约翰刚踢了门"和"门刚被约翰踢了"是对等的，翻译成英语分别应该是 "John has kicked the door." 和 "The door has been kicked by John."。这种英语翻译在经验功能、人际功能和语篇功能都是对等的。如果用 "The door has been kicked by John." 来翻译"约翰刚踢了门"，那语篇功能就不对等了；用 "John has kicked the door." 来翻译"门刚被约翰踢了"也是语篇功能的不对等。

上面例 3 中的（1）（"她的心在什么地方，我不知道；我的心在什么地方，我也不知道。"）在 [1] 中变成了 "I could not tell where her thoughts—or mine—had wandered."，其中，"心"变成了 "thoughts/想法"，关系过程（be）变成了物质过程（wander）。比较直接的翻译应该是 "Where her heart is, I don't know; where my heart is, I don't know either." 或者 "I don't know where her heart is; I don't know where my heart is."。从主位结构看，（1）中的起点是"她"，但在译文中，话段的起点变成了 I。

例 3 中的（6）"用自己的手杀死自己，这究竟是不是可能的，我在想这个问题，" 被翻译为 "I'm wondering if it's really possible to kill oneself with one's own hands,"，主位结构不对等，但译文对三个小句的意义进行重组，做得比较好。如果一味追求形式对等，把它翻译成

"Killing oneself with one's own hands? Is it possible? I wonder." 或者 "Is it possible to kill yourself with one's own hands? I wonder." 可能反而没有那么顺畅。

6.2.4 逻辑功能对等

我们在前面（如第 2 章 2.4.3 节和第 3 章 3.4.1 节）介绍了逻辑功能，并认为这个功能是用于研究小句复合体中两个或更多的小句之间存在的依赖关系和逻辑语义关系。依赖关系分析帮助我们判断一个小句是依赖或控制另一个小句，还是两个小句或更多的小句处于平等的关系。逻辑语义关系分析帮助我们考察一个小句的意义是对另一个小句的意义进行扩展还是投射。扩展就是一个小句以不同的方式（如解释、延伸或增强）对另外一个小句的意义进行扩充。投射则是考察在一个小句复合体中，被投射的内容是原话引述，还是间接引述，或者是事实。

由于源语篇是汉语书面语言，有明确的标点符号，我们就以标点符号作为判断小句复合体的标准。我们按照第 3 章 3.4.1 节介绍的系统功能语言学标识小句关系的符号惯例，在小句复合体前后用三条竖直线进行分隔，在两个小句之间用双竖直线进行分隔；用阿拉伯数字表示并列关系的小句出现的先后顺序。例如：

||| He is rich, || but he is unhappy. |||（并列关系）
1 2

主从关系的小句之间地位不平等，从属小句的意义依赖于主句。主从关系用希腊字母表示，无论主句出现在从句的前面或后面，都是控制句；主句用 α 表示，从属句用 β 表示，例如：

||| Although he is rich, || he is unhappy. |||（从属关系）
β α

下面我们用例 3 中的小句复合体来讨论逻辑功能对等问题。例 3 中的第（1）个自然段共由四个小句构成，它们又构成了两个小句复合体。两个小句复合体（“她的心在什么地方，我不知道；我的心在什么地方，我也不知道。”）中的小句关系都是并列关系：并列，投射→间接引述；被引述句（the reported clause）位于引述句（the reporting clause）之前：

||| 她的心在什么地方，|| 我不知道；|||
‘1　　　　　2

||| 我的心在什么地方，|| 我也不知道。|||
‘1　　　　　2

在第一个自然段的英译版本中，原先的两个小句复合体合并成为一个，引述句和被引述句的并列关系也变成了从属关系：

||| I could not tell || where her thoughts—or mine—had wandered. |||
α　　　　　‘β

如果我们比较汉语的句子和英语的句子，就可看出，汉语例子中的被引述句（“她的心在什么地方”“我的心在什么地方”）位于引述句（“我不知道”“我也不知道”）之前，而在英语翻译中，引述句（I could not tell）位于被引述句（where her thoughts—or mine—had wandered）之前。

现在我们看看例 3 中的第（5）个自然段中的小句复合体（“心里痛苦地想，她为什么老是想这些不愉快的事，一个年轻女子不应该知道的事。”）。

在汉语版本中，三个小句的关系是这样的：“心里痛苦地想”和“她为什么老是想这些不愉快的事，一个年轻女子不应该知道的事”是并列关系，用 1 和 2 表示，它们之间是投射关系，是间接引述；被投射句中的两个小句是从属关系，用 α 和 β 表示，是解释关系：“一个年轻女子不应该知道的事”是解释主句“她为什么老是想这些不愉快的事”中的“这些不愉快的事”。

||| 心里痛苦地想，|| 她为什么老是想这些不愉快的事，|| 一个年轻女子不应该知道的事。|||
1　　　　‘2α‘2=β

在英语翻译中，“I asked myself sadly.”和“Why did she keep dwelling on unhappy things about which a young girl should know nothing?”之间的关系与汉语版本一样，也是并列关系，用 1 和 2 表示，它们之间是投射关系，是间接引述。不同于汉语版本，英语版本中的被投射句不是小句复合体。关于这里所说的，有两个地方需要说明：第一，我们把 keep dwelling 当作动词词组复合体，因为两个动词的功能相当于一个过程；第二，根据韩礼德和麦蒂森（Halliday & Matthiessen，2014：465）以及汤普森（Thompson，2014：195）的观点，传统语法所说的限定关系小句（如这里的“about which a young girl should know nothing”）与其主句不构成小句复合体（复合句）。

||| Why did she... things about which a young... nothing? || I asked myself sadly. |||
“1 2

在汉语版本中，投射句（“心里痛苦地想”）出现在被投射句前面，而在翻译版本中，投射句（“I asked myself sadly.”）出现在被投射句后面。如果我们把汉语版翻译成“I pondered painfully why she always thought about these unpleasant things, which a young woman should not know.”，那小句之间的关系就发生了变化：

||| I pondered painfully || why she... things, || which a young... know. |||
1 ‘2α‘2=β

如果我们采取这个英语版本，那小句之间的逻辑依赖关系就与汉语版本一样，被投射的成分中有解释关系。

6.3 汉语典籍翻译举例

中国文化要走出去，就需要把优秀的典籍作品（如《论语》《易经》《老子》等）翻译成其他国家的语言文字。要践行“文化自信”，就要让国外的人知道中国的思想、中国的理论、中国的制度、中国的方案等，这些也可以从中国的典籍中找到来源和根据。因此，典籍外译近年来受到各界的重视。按照杨自俭（2005：62）的观点，“典籍”用来指“中国清代末年（19 世纪中叶近现代汉语分界处）以前的重要文献和书籍”，本书采取这样的观点。

典籍翻译的过程比把一个现代文本翻译成另一个现代文本要复杂，涉及的因素也更多。我们（黄国文，2012）曾以《论语》的英语翻译为例，讨论像《论语》这样的典籍翻译的一个特点，即典籍翻译通常要经过语内翻译和语际翻译两个过程。关于这个问题，其他学者也都谈到，典籍翻译过程是“一个二度翻译过程，包括语内翻译和语际翻译两个阶段”（方梦之，2011：122），这个“翻译过程增加了一个语内翻译阶段，原文为古代或近代汉语，译文为现代英语，中间为现代汉语”（杨自俭，2005：62）。

下面我们以贾岛的《寻隐者不遇》一诗和《论语·颜渊篇第十二》开头几段为例，探讨典籍翻译的一些问题。

6.3.1 汉诗英译

我们（黄国文，2006）在《翻译研究的语言学探索》一书中专门探讨古诗词英译问题，也讨论了唐代诗人贾岛的《寻隐者不遇》一诗的英语翻译。在这里，我们从另一个角度对该诗的翻译作进一步讨论。

贾岛的原诗共有四行（四句）：

【例 4】

寻隐者不遇

贾岛

松下问童子，

言师采药去。

只在此山中，

云深不知处。

对于这短短的四行诗，语文老师通常是这样讲解的：诗人描述了这样的情景——在一片清幽松林里，诗人向一个小童子询问：“你的师傅在家吗？”小童子答道：“我的师傅采药去了。”诗人接着又问：“你知道他去哪儿采药吗？”小童子用手指着远方，说：“他就在这座山中。”诗人听后还是无法知道小童子的师傅是在山的哪个地方，因此又希望小童子能提供更准确的信息，但小童子自己也不知道师傅此时在山中的准确位置，于是就说是在那白云冉冉升起的地方。

《唐诗鉴赏辞典》对这首诗是这样解释的：

> “这首诗的特点是寓问于答。‘松下问童子’，必有所问，而这里把问话省略了，只从童子所答‘师采药去’这四个字而可想见当时松下所问是‘师往何处去’。接着又把‘采药在何处’这一问句省掉，而以‘只在此山中’的童子答辞，把问句隐括在内。最后一句‘云深不知处’，又是童子答复对方采药究竟在山前、山后、山顶、山脚的问题。明明三番问答，至少须六句方能表达的，贾岛采用了以答句包赅问句的手法，精简为二十字。这种‘推敲’就不在一字一句间了。”（萧涤非等，1983：968）

根据上面的说法，从系统功能语言学的分析看，贾岛这首诗的第一句（“松下问童子”）体现了一个言语过程（“问”），其中“童子”是受话人，“松下”是环境成分，而讲话人和讲话内容没有在第一行诗出现。诗的后面三句（除第二行的“言”这个动词外）是投射句所投射的内容（“师采药去”“只在此山中”“云深不知处”），因此是被投射句。这三个被投射句都有隐含的投射句（如“童子言”）。

要准确翻译贾岛这首诗，首先要问这样一个问题：这首诗是“三问三答”还是“一问一答”？根据萧涤非等（1983：968）的解释，这首诗是“寓问于答”，是“三番问答”，是“采用了以答句包赅问句的手法”。这样看来，原诗只是写出“一问”（“松下问童子”）和“三答”（“师采药去”“只在此山中”“云深不知处”），而把另外两个问句隐括在内。

正如我们（黄国文，2006：72）所指出的那样，很多翻译版本都把“三问三答”翻译为“一问一答”，是不准确的。我们还认为，王大廉（1997）的译本只要稍加改动，就能准确地反映了诗中的“三问三答”。下面是王大廉（1997：129）的译文：

【例 5】An Unsuccessful Visit to an Absent Recluse

By Jia Dao

Beneath pine trees I asked your lad nearby;
"My master's gone for herbs," was the reply.
"He's only in this mountain somewhere 'round.
In heavy mists he's nowhere to be found."

从上面的译文看，这是"一问一答"，第二、第三和第四行的句法关系跟上面例 3 中的 [2]（"Lin," she suddenly asked, looking into my eyes, "is it true that your brother committed suicide?"）和 [12]（"Why?" She was surprised. "What gives you that idea? When have I said I don't love you?"）是一样的，都是一句话被分开来说。这是因为，如果这三行不是按诗行来排列，那就是："My master's gone for herbs," was the reply. "He's only in this mountain somewhere 'round. In heavy mists he's nowhere to be found." 这样看来，王大廉（1997：129）的译文并没有反映出原诗所隐含的"三问三答"，而是"一问一答"。

我们（黄国文，2006：72）说到，只要在上面的英译文的第三行行末和第四行行首加上引号，说明两句话是分开说的，译文就能体现原诗的"三问三答"结构，即：

"My master's gone for herbs," was the reply.
"He's only in this mountain somewhere 'round."
"In heavy mists he's nowhere to be found."

为什么在第三行和第四行各加一个引号就能有如此的效果呢？这是形式（语法结构）所表达的意义，第三句和第四句添加引号后，就表明了它们是两句分开说的话。上面的这个改动就给"答句包赅问句"提供了语法结构出现的可能；试把下面例 6 与上面例 5 进行比较：

【例 6】Beneath pine trees I asked your lad nearby:
[Where is your master?]
"My master's gone for herbs," was the reply.
[Where is he collecting herbs?]

"He's only in this mountain somewhere 'round."

[Where exactly is he now?]

"In heavy mists he's nowhere to be found."

例6除了嵌入隐含的三个问句外，还有三个地方的标点符号发生了变化：原译文第一行的最后的标点分号（；）被改为冒号（：），这是因为我们在其下面填补了问句"Where is your master?"；原译文第三行行末和第四行行首加上引号，说明两句话在语法和语义上都是分开表述的；如果原译文这三行不是按诗行来排列，那就是："My master's gone for herbs," was the reply. "He's only in this mountain somewhere 'round." "In heavy mists he's nowhere to be found."。如果把例6当作一则对话，那应该是这样的：

（对话发生的地点：松树下；对话的两个人：诗人、童子）

诗人：Where is your master?

童子：He's (My master's) gone for herbs.

诗人：Where is he collecting herbs?

童子：He's only in this mountain somewhere around.

诗人：Where exactly is he now?

童子：In heavy mists he's nowhere to be found.

从例6和上面的重构对话可以看出，诗歌的第二、第三和第四行都各自隐含了一个问题，因此在结构上也就是"三问三答"了。如果我们不按诗行排列，那例6就是这样："Beneath pine trees I asked your lad nearby: 'Where is your master?' 'My master's gone for herbs,' was the reply. 'Where is he collecting herbs?' 'He's only in this mountain somewhere around.' 'Where exactly is he now?' 'In heavy mists he's nowhere to be found.'"。

我们（黄国文，2006：73–74）曾引用陶炀（2002）的研究来说明上面这种形式的重构在诗歌中是存在的，也借此说明"寓问于答"和"答句包赅问句"的交际效果。

诗歌是艺术品，诗歌的创造也是艺术的创作，诗歌的翻译也是艺术创作。无论是汉诗还是英诗，采用“寓问于答”和“答句包赅问句”的手法是不少见的。陶炀（2002）分析的是英国当代诗人麦克高夫（Roger McGough）的一首诗，该诗就是采用“答句包赅问句”的手法。麦克高夫是位多产的英国诗人、作家、剧作家，出版了50多本诗集。他在英格兰的利物浦（Liverpool）出生和长大，也涉足流行歌曲的创作。他通过诗歌的主题和结构来推崇自由的表达，以创作通俗易懂的诗歌而闻名。他的《火车上的对话》（“Conversation on a Train”）一诗就是通过诗歌的结构来达到诗歌的“自由表达”的效果的。

《火车上的对话》一诗共有33行（陶炀，2002：123–124）：

【例7】Conversation on a Train

Roger McGough

I'm Shirley, she's Mary.
We're from Swansea
(If there was a horse there
It'd be a one-horse town
But there isn't even that).
We're going to Blackpool.
Just the week. A bit late I know.
But then there's the Illuminations.
Isn't there? No, never been before.
Paris last year, didn't like it.
Too expensive and nothing there really.
Dirty old train isn't it?
And not even a running buffet.
Packet of crisps would do.
Change at Crewe.
Probably have to wait hours.
For the connection, and these cases
Are bloody heavy.
And those porters only want tipping.

Reminds you of Paris that does
Tip tip tip all the time.
Think you're made of money over there.
Toy factory, and Mary works in a shop.
Grocers. Oh it's not bad.
Mind you the money's terrible.
Where are you from now?
Oh aye, diya know the Beetles there?
Liar.
And what do you do for a living?
You don't say.
Diya hear that Mary?
Well I hope you don't go home.
And write a bloody poem about us.

陶炀（2002）对这首诗进行语篇分析和文体分析，并指出，“这首诗的内容与标题所确定的对话体裁相去甚远，因为从头到尾我们都没有‘听’到两个或更多的参与者轮番发话的声音，而只是‘听’到一个发话者的声音——全诗的‘话语’都是雪莉一个人说出的”。陶炀在文章中还说到，要真正读懂这首诗，“就需要读者运用自己的言语交际能力，遵循一定的会话模式，把隐性参与者和缺失的话轮显化还原出来，使‘对话’合乎逻辑，趋于完整，成为一个有问有答，有求取有给予的双向或多向的交际过程”（陶炀，2002：116）。

此诗的标题是《火车上的对话》，读者期待的是一则对话，但全诗的问句都是隐含的，没有用文字表现出来。陶炀（2002：117–118）认为诗中隐含了以下重构的诗的斜体部分，并对隐含的问句作了填补：

【例 8】Conversation on a Train
[May I know your names?]
I'm Shirley, she's Mary.
[Where're you from?]
We're from Swansea

(If there was a horse there
it'd be a one-horse town
but there isn't even that).
[Where're you going?]
We're going to Blackpool.
[How long will you stay there?]
Just the week.
[Don't you think it's too late for a holiday?]
A bit late I know. But then there's the illuminations.
Isn't there?
[Have you ever been there?]
No, never been before.
[Where did you go for the holiday last year?]
Paris last year. Didn't like it.
[Why?]
Too expensive and nothing there really.
[What do you think of this trip?]
Dirty old train isn't it?
[Yes.]
And not even a running buffet.
[What will you have for a meal?]
Packet of crisps would do.
[Can you get there directly?]
Change at Crewe.
[Can you change at once?]
Probably have to wait hours.
For the connection, and these cases
Are bloody heavy.
[Really?]
And those porters only want tipping.
Reminds you of Paris that does

Tip tip tip all the time.
Think you're made of money over there.
[Where do you work?]
Toy factory, and Mary works in a shop.
[What kind of shop?]
Grocers. Oh it's not bad.
[Is your job well paid?]
Mind you the money's terrible.
[Really.]
Where are you from now?
[Liverpool.]
Oh aye, diya know the Beetles there?
[No, never heard of them.]
Liar.
And what do you do for a living?
[I write poems.]
You don't say.
[I told you just now.]
Diya hear that Mary?
[No/Yes. Or: Nodding/Shaking her head.]
Well I hope you don't go home.
And write a bloody poem about us.

我们认为，陶炀（2002）的分析是合理的，我们尤其赞同她所说的麦克高夫的原诗隐含了另一个讲话人的话轮。尽管她所提出的斜体部分还可以有所改动，但把这首诗当成是隐含了另一个人的问话这一点是可信的，也可以作为我们解释贾岛《寻隐者不遇》一诗相同情况的佐证。这样我们就有了根据来对《寻隐者不遇》的英文翻译作些评论。

6.3.2《论语》英译分析

《论语》是一部以记言为主的语录体散文集，是儒家经典之一，主要以语录和对话文体的形式记录了孔子及其弟子的言语和行为，涉及的内容包括孔子的政治、审美、道德伦理和功利等价值思想。《论语》的英语译文非常多，我们收集到的英语版本就有60多个（黄国文，2011）。

1. 一个例子

下面是《论语·颜渊篇第十二》的开头几段（为节省篇幅，选择性删除了源语篇和翻译语篇中与此处讨论不相关的部分；为方便讨论，每个自然段都编上号码）。

【例9】

（1）颜渊问仁。子曰："克己复礼为仁。一日克己复礼，天下归仁焉。为仁由己，而由人乎哉？"

（2）颜渊曰："请问其目。"子曰："非礼勿视……"

（3）颜渊曰："回虽不敏，请事斯语矣。"

（4）仲弓问仁。子曰："出门如见大宾……"

（5）仲弓曰："雍虽不敏，请事斯语矣。"

（6）司马牛问仁。子曰："仁者，其言也讱。"

（7）曰："其言也讱，斯谓之仁已乎？"子曰："为之难，言之得无讱乎？"

（8）司马牛问君子。子曰："君子不忧不惧。"

（9）曰："不忧不惧，斯谓之君子已乎？"子曰："内省不疚，夫何忧何惧？"

（10）司马牛忧曰："人皆有兄弟，吾独亡。"子夏曰："……"

我们先厘清上面这段对话的主要活动：1. 颜渊问仁，孔子回答（"克己复礼为仁……"）；颜渊问该怎样做（"请问其目"），孔子回答（"非礼勿视……"），颜渊表态说（"回虽不敏，请事斯语矣"）。2. 仲弓问仁，孔子回答（"出门如见大宾……"）；仲弓表态说（"雍虽不敏，请事斯语矣”）。3. 司马牛问仁，孔子回答（“仁者，其言也讱”）；司马牛接着问（“其言也讱，斯谓之仁已乎？”），孔子回答（“为之难，言之得无讱乎？”）。4. 司马牛问君子，孔子回答（“君子不忧不惧”）；司马牛接着问（“不忧不惧，斯谓之君子已乎？”），孔子回答（“内省不疚，夫何忧何惧？”）。5. 司马牛感叹说（“人皆有兄弟，吾独亡”），子夏说（“……”）

下面的例 10 是辜鸿铭（Ku，1898：95–97）的英语译文（序号 1、2、3、4、5 是翻译者用来标示话语活动的顺序，即不同的阶段）：

【例 10】

1. [1] A disciple of Confucius, the favourite Yen Hui, enquired what constituted a moral life. Confucius answered, “Renounce yourself and conform to the ideal of decency and good sense.”

   [2] “If one could only,” Confucius went on to say, “live a moral life, ...”

   [3] The disciple then asked for practical rules to be observed in living a moral life.

   [4] Confucius answered, “Whatsoever things are contrary to the ideal of decency and good sense, do not look upon them. ...”

2. [5] Another disciple of Confucius on another occasion asked what constituted a moral life.

   [6] Confucius answered, “When going out into the world, behave always as if you were at an audience before the Emperor...”

   [7] The disciple then said: “Unworthy and remiss though I am, ...”

3. [8] Another disciple asked what constituted a moral character.

   [9] Confucius answered, “A man of moral character is one who is sparing of his words.”

   [10] “To be sparing of words: does that alone,” asked the disciple, “constitute a moral character?”

   [11] “Why,” replied Confucius, “When a man feels the difficulty of living a moral life, would he be otherwise than sparing of his words?”

4. [12] The same disciple asked what constituted a good and wise man.

   [13] Confucius answered, “A good and wise man is without anxiety

and without fear." "To be without anxiety and without fear: does that alone," asked the disciple, "constitute a good and wise man?"
[14] "Why," replied Confucius, "When a man finds within himself no cause for self-reproach, what has he to be anxious about; what has he to fear?"

5. [15] A disciple of Confucius was unhappy, exclaiming often: "All men have their brothers: I alone have none." Upon which another disciple said to him, "..."

2. 中文与译文的结构对比

从上面的例 9 和例 10 可以看出，汉语版本与英语版本的段落是不对等的。我们通过表 6–1 进行初步的对比：

表 6–1 《论语 · 颜渊篇第十二》中英文结构对比

例 9 段落	例 10 段落
（1）颜渊问仁。子曰："克己复礼为仁……"	[1]，[2]
（2）颜渊曰："请问其目。"子曰："非礼勿视 ……"	[3]，[4]
（3）颜渊曰："回虽不敏，请事斯语矣。"	
（4）仲弓问仁。子曰："出门如见大宾 ……"	[5]，[6]
（5）仲弓曰："雍虽不敏，请事斯语矣。"	[7]
（6）司马牛问仁。子曰："仁者，其言也讱。"	[8]，[9]
（7）曰："其言也讱，斯谓之仁已乎？"子曰："为之难，言之得无讱乎？"	[10]，[11]
（8）司马牛问君子。子曰："君子不忧不惧。"	[12]，[13a]
（9）曰："不忧不惧，斯谓之君子已乎？"子曰："内省不疚，夫何忧何惧？"	[13b]，[14]
（10）司马牛忧曰："人皆有兄弟，吾独亡。"子夏曰："……"	[15]

从表 6–1 看，有四点值得注意。第一，第（2）个自然段中颜渊的直接引语"请问其目"在英文译本 [3] 中是间接引语（"The disciple then asked for practical rules to be observed in living a moral life."）。第二，源语篇的第（3）个自然段（颜渊曰："回虽不敏，请事斯语矣。"）

没有在英语译文中出现，应该是漏译了；这点可以从第（5）个自然段的“仲弓曰：‘雍虽不敏，请事斯语矣。’”有英语的译文（即例 10 中的 [7]: “The disciple then said: ‘Unworthy and remiss though I am, ...’”）得到支持。第三，英译文的自然段 [13] 如果分为两个自然段（即“‘To be without anxiety and without fear: does that alone,’ asked the disciple, ‘constitute a good and wise man?’”自成一个自然段），可能更合适些；因此，表 6-1 中采用了 [13a] 和 [13b] 的标示。比较合适的处理方法是“Confucius answered, ‘A good and wise man is without anxiety and without fear.’”本身构成一个自然段，“‘To be without anxiety and without fear: does that alone,’ asked the disciple, ‘constitute a good and wise man?’”构成另外一个自然段。第四，第（1）到第（9）个自然段回答问题的人是孔子，但第（10）个自然段回答问题的人却是“子夏”（孔子的另一个弟子）。另外，英语译文还有一个对 [1] 中孔子回答的注解（参见 Ku，1898：95），由于该注解与这里的讨论无关，所以在例 10 中略去。

关于第一点，把（2）中的“请问其目”翻译成 [3]（“The disciple then asked for practical rules to be observed in living a moral life.”），这应该是译者的有意选择；第二点（漏译）和第三点（没有分段落）应该是翻译者的疏忽造成的。第四点值得注意，因为它导致了译者对第（10）个自然段中“司马牛”的不同英语表述（见下一节的讨论）。

3. 译者对原文的理解和操控

翻译者在重新表达源语篇的意义时，常常会根据自己的理解或偏好对译文进行操控。我们现在看看例 10 的英文是怎样体现译者的操控的。

例 9 是对话形式，谁问谁答非常清楚。孔子的三个弟子（颜渊、仲弓、司马牛）问“仁”，其中司马牛还问“君子”，在第（10）个自然段中，司马牛还发出了感叹。

在例 10 的译文中，只有“颜渊”被提到（见 [1]），但英文里用的是 Yen Hui（颜回）（“颜渊”和“颜回”是同一个人，是孔子最得意的弟子；颜回是名，颜渊是字）。其他两个弟子的名字没有被译出。

例 9 的对话顺序是通过话语出现的顺序（即颜渊先问，然后是仲弓问，最后是司马牛问）；相比之下，例 10 英译文的对话顺序除了通过话语出现的顺序外，还采取特定的语言手段。请看下面的斜体部分（为了说明所省略的是陈述句还是疑问句，下面在省略号后面还保留了标点符号，如“... ,”“... .”或“... ?”）：

[1] *A disciple of Confucius, the favourite Yen Hui*, enquired what constituted a moral life. Confucius answered, “... .”

[2] “... ,” *Confucius went on to say*, “... .”

[3] *The disciple then* asked... .

[4] Confucius answered, “... .”

[5] *Another disciple* of Confucius *on another occasion* asked ... .

[6] Confucius answered, “... .”

[7] *The disciple* then said: “... .”

[8] *Another disciple* asked ... .

[9] Confucius answered, “A man of moral character is one who is sparing of his words.”

[10] “... ,” asked *the disciple*, “... ?”

[11] “... ,” replied Confucius, “... ?”

[12] *The same disciple* asked ... .

[13] Confucius answered, “... .” “... ,” asked *the disciple*, “... ?”

[14] “... ,” replied Confucius, “... ?”

[15] *A disciple of Confucius* was unhappy, exclaiming often: “... .” Upon which *another disciple* said to him, “... .”

第一个自然段 [1] 中的 A disciple 指颜渊，接着也有对其身份的说明 the favourite Yen Hui，第 [3] 中的 The disciple 也是指颜渊。第 [5] 中的 Another disciple 和第 [7] 中的 The disciple 指同一个人，即例 9 中的仲弓。第 [8] 中的 Another disciple、第 [10] 中的 The disciple、第 [12] 中的 The same disciple 和第 [13] 中的 the disciple 指同一个人，即例 9 中的司马牛。翻译者通过 a、the、another 和 the same 的使用来区分三个不同的人，第一次提及用 a，提到下一个人用 another，与刚提及的是同一个人时用 the 和 the same。

例 9 的中文用的是具体人名，而例 10 的英文却没有直接把这三个人的名字翻译出来，而是用 A disciple (of Confucius) 或 Another disciple (of Confucius) 这类表达。按照我们的理解，应该是译者想把信息的重点放在所问的问题上，而不关心问话的人是谁；也就是说，在这里，所问的问题比问问题的人更加重要。

在例 9 的（10）（司马牛忧曰："人皆有兄弟，吾独亡。"子夏曰："……"）中，发出"忧曰"的是例 9 的（6）（7）（8）和（9）中提到的司马牛，也就是例 10 的 [8]、[10]、[12] 和 [13] 中所指的司马牛。

但是，有趣的是，在例 10 中，前面四个自然段（[8]、[10]、[12] 和 [13]）分别用了 Another disciple、the disciple、The same disciple 和 the disciple 来指司马牛。但在接下来的第 [15] 个自然段中，"司马牛"并未被翻译成 The same disciple 或 The disciple 来表明这个人就是上面说到的司马牛，而是用了 A disciple of Confucius，来表明这个人与上面的那个人不是同一个人。明明是同一个人，翻译者却故意把他说成是另一个人。如果不看源语篇（例 9），就不知道这个人是谁。从英语语法和语言的使用看，第 [15] 个自然段中的 A disciple of Confucius 是不可能指上面（[8]、[10]、[12] 和 [13]）说到的"司马牛"的，即它不可能指代第 [8]、[10]、[12] 和 [13] 中的那个 disciple。

为什么明明是同一个人，而翻译者却故意通过英语的语法和使用来说这是另外一个人？我们的理解是：第一，翻译者注重的是所讨论的内容（仁、君子）而不是问话的人，所以仲弓和司马牛的名字都没有在译文中出现；第二，英译第 [15] 个自然段中说话的司马牛故意被翻译成另外一个人，应该也是出自同样的考虑。但据我们猜测，主要的原因是，在第 [15] 中，与司马牛互动的不是孔子，而是孔子另外一个弟子子夏（同样是用 another disciple 来翻译）。因此，把上面提到的司马牛翻译成另外一个人，也就提示了上面的对话（[1]—[14]）与下面的对话（[15]）是分开的。

《论语》中的很多对话是上下没有直接关系、没有明显的联系的，也就是说段与段之间没有一般的语篇那种明显的衔接关系（参见黄国文，2011）。但辜鸿铭通过 the、another 和 the same 的使用把本来是独立的对话连接起来。第 [2] 段中的 went on、第 [3] 段中的 then 和第 [5] 段中的 on another occasion 的使用也是起到连接原先毫无衔接关系的对话的作用。

我们查阅了很多《论语》的英译本（如 Legge，1861/2011；Waley，1938；许渊冲，2012），它们都是按照源语篇直接把人名翻译出来。我们认为，辜鸿铭（Ku，1898）的翻译是有特点的，他的译文是译者明显对源语篇操控的结果。从某种程度上说，这就是译者对源语篇的改写和重组的表现。

为便于比较其他《论语》英语翻译者对《论语·颜渊篇第十二》的开头几段（即例 9）的翻译，我们在本书附录 E 中抄录了五个版本（Legge，1861/2011；Ku，1898；Waley，1938；Lau，1979；许渊冲，2005），供大家参考。

6.3.3 典籍的解读与翻译中的取舍

我们曾以《论语》中的“子罕言利与命与仁”（黄国文，2015a）和“唯女子与小人难养也”（黄国文，2018d）为例，探讨典籍翻译过程中对原文注释的理解与取舍问题以及怎样解读源语篇问题。翻译典籍的过程中通常会遇到的问题包括：典籍中涉及的典故、事件、人物、语言等的理解和解释问题。汉语典籍的特点是：用文言文写成，原先没有标点符号，也没有断句；尽管已经有文史专家作了注疏（应该可以看作是语内翻译），但有些句读还是存在争议。因此，我们首先要在语内翻译方面下功夫，因为对原文的理解、所得出的结论或提出的猜测，势必直接影响到语际翻译的质量和交际的效果。语际翻译是在语内翻译的基础上进行的，如何理解、取舍语内翻译者的相关诠释，如何对原文进行可信的或自圆其说的解读，都是典籍翻译必须考虑的问题。

我们（黄国文，2015a）认为，如果学界对典籍中的问题的解释存在争议，翻译者一定要根据自己的知识结构、价值观和判断力、学术水平、翻译能力、翻译目的、目标读者以及个人的价值取向和个人的翻译动机等因素，合适地选择采用有关专家学者（如古汉语、哲学、历史、社会等学科的专家）的学术观点和研究成果，选取自己认为能够自圆其说的观点，尽最大努力在翻译过程中把意义准确地表达出来。在此过程中，要尽最大可能对现有的研究成果（包括对典籍中的一些事件、词句、段落的考究和解释、注解）理解到位，并对他人的观点进行取舍，这样才能很好地完成典籍的翻译工作。

从我们上面对贾岛的《寻隐者不遇》一诗和《论语·颜渊篇第十二》开头几段的翻译分析看，对源语篇的理解是典籍翻译的重要步骤。对源语篇中所涉及的典故、事件、人物等的解释也存在着如何选择和取舍的问题。

我们（黄国文，2015b）曾就《论语·雍也篇第六》中的"子见南子子路不说夫子矢之曰予所否者天厌之天厌之"一段的理解和翻译问题做过一些讨论。这是一个非常著名的片段；杨伯峻（1958/2006：72）是如下断句、标注和进行白话文翻译（语内翻译）的：

【例 11】子见南子，子路不说。夫子矢之曰："予所否者，天厌之！天厌之！"

孔子去和南子相见，子路不高兴。孔子发誓道："我假若不对的话，天厌弃我罢！天厌弃我罢！"

杨伯峻还为例 11 提供了两个注释，其中一个是关于"南子"的："南子——卫灵公夫人，把持着当日卫国的政治，而且有不正当的行为，名声不好。《史记·孔子世家》对'子见南子'的情况有生动的描述。"

这里我们只讨论"子见南子，子路不说"中"南子"的翻译问题。很多英语译文直接译为 Nanzi（南子），例如：

【例 12】The Master having visited Nan-tsze, Tsze-lu was displeased, ...（Legge，1861/2011：193）

The Master went to see Nan Tzu. Tzu-lu was displeased.（Lau，1979：85）

When the Master went to see Nan-tzu, Tzu-lu was not pleased.（Waley，1938：121）

而有些翻译则在正文中对"南子"作了解释，最典型的应该是辜鸿铭（Ku，1898：46）的处理方式：

【例 13】On one occasion when Confucius allowed himself to be presented to a princess of a State who was notorious for the irregularities of her life, his disciple, the intrepid Chung Yu, was vexed.（Ku，1898：46）

在辜鸿铭的这个译文里，“南子”的名字没有出现，取代的是“a princess of a State who was notorious for the irregularities of her life,”（因生活逾矩而臭名昭著的一个国家的王妃）。不出现名字的这种处理方式，是辜鸿铭译文的特点之一（参见上面对例 10 的讨论）。

在阅读翻译语篇时，我们通过对比源语篇，发现有些译者对源语篇的意义进行调整、扩大、缩小或改变，甚至删除。有研究者认为，对源语篇意义的表达，由于要迎合目标读者的需要和考虑他们的接受情况，译者可以进行操控。举个例子：自从莫言获得诺贝尔文学奖以后，很多人都对葛浩文（Howard Goldblatt）的翻译技巧进行研究，并认为莫言的获奖与葛浩文的“改写”翻译手法是分不开的（参见刘云虹，2019）。文军等（2007）结合实例分析，对葛浩文的翻译观进行了梳理，认为他的翻译观主要有四点：对源语和译入语的忠；翻译即背叛；翻译是重写；翻译是跨文化交流活动。他们（文军等，2007：80）指出，这四点说明了葛浩文对翻译的认识：“他认为翻译是背叛、重写，但忠实始终是葛浩文翻译实践的第一准则。而翻译是跨文化交流活动则是他对翻译本质的认识，正因为翻译的这一特性，使得‘背叛’与‘重写’成为必要的手段，目的是更为‘忠实’地把原文传达给译文读者。”许多（2019：94）谈到，在葛浩文看来，翻译在本质上是重写，葛浩文对自己从事的文学翻译活动有着十分明确的目标，通过重写，“让其翻译的文学作品具有文学特质，让译入语读者喜欢，乐于接受。为了达到这一目标，葛浩文清醒且自觉地采取了以‘创造’性为特征的翻译策略。”也有研究者分析葛浩文所翻译的其他作家的作品，同样对葛浩文的“改写”方法大加赞赏。例如，李平艳（2019：72）说到，葛浩文的译本中“出现了大量与原文本有出入的地方”，他“摈弃了‘忠实’的翻译论，在其翻译的很多作品中，都明显有‘改写’的痕迹”，他的改写“并没有让汉语译本失真”，“经过他的‘改写’之后，文本更加清晰容易理解，接受度也更好”。其实，这里涉及的问题主要有两个：一是“改写”与翻译是否是同一种活动，翻译是否允许大量的改写；二是读者的接受度是通过什么方式来判断的。

综上所述，无论是日常话语的翻译、现代小说的翻译，还是典籍的翻译，译者总会根据自己的认知去对源语篇进行操控，有的时候是很明显的，有的时候则没有那么明显；有的时候是有目的的、故意的，有的时候则是无意识的或力不从心的。因此，这更加证明：要做到翻译语篇与源语篇的绝对对等是不可能的，或者说绝对对等是不存在的，有时甚至也是没有必要的；至于个别达到完全对等的情况，应该是可遇不可求的。

6.4 讨论：形式对等与功能对等

前面说到，对于翻译者来说，最理想的翻译效果是翻译语篇与源语篇在形式上和功能上都是对等的；但是，在实际操作中通常是做不到的。对于结构简单的语篇（如特定环境中由一个单词或一个简单的小句体现的语篇）而言，要同时达到功能对等和形式对等可能相对容易，但对于结构复杂、涉及的环境因素较多的语篇就很困难，或者说不可能，这点上面的分析已经表明了。

从功能的语言观看，翻译就是翻译意义，而不是翻译形式。在某些体裁的语篇（如格律诗）翻译中，很多译者都在追求“形美”“意美”和“音美”。个别地方、个别例子应该是可以做到的，但在大多数情况下是很难或者根本做不到的。我们这里要讨论的是，形式对等与功能对等是什么关系？哪一个更加重要？

在第 2 章 2.2.5 节中，我们引用了韩礼德（如 Halliday，1994）关于“语篇”的定义。在韩礼德看来，语篇是语义单位，而不是语法单位；语篇有结构，但它不是语法结构，而是语义结构；因此，一个语篇不是由小句和小句复合体构成的，而是被体现的。按照这种观点，我们在分析语篇时，首先要注重意义和语义的表达，然后再看意义是怎样通过形式来体现的；形式与意义的关系是体现和被体现的关系，不同的形式体现不同的意义。

6.4.1 汉译英的例子分析

形式与意义的关系问题，是意义怎样被形式所体现的问题。我们这里从汉译英的例子出发，先看看上面例 3 中的第（7）个自然段及其英译文：

（7）“这不是你所应该知道的，”我说，我想把话题引到别的事情上面去。

[7] “That's not something you need know.” I tried to change the subject.

比较上面（7）和 [7]，便可看出，无论在形式上还是意义上，英语译文与汉语版本都存在明显的差异，比较明显的有两点：“应该知道”被翻译为 need know，但从语义看 need 没有 should 那么适合用于表达（7）中原有的情态意义。“我说”“我想”和“引”是三个不同的过程，用“I tried to change...”表达不够准确。因此，无论从形式看还是意义看，英语译文都存在需要改进之处。如果把（7）翻译为“‘That's not what you should know,’ I said, and I wanted to change the topic.”或“‘That's not what you should know,’ I said, hoping to change the topic.”，应该会更加贴近汉语版本的意思。

我们再看看例 3 中的第（12）个自然段及其英译文：

（12）“为什么？你怎么会想到这件事？”她惊讶地问。“我不爱你？我什么时候对你说过？”

[12] “Why?” She was surprised. “What gives you that idea? When have I said I don't love you?”

比较上面的（12）和 [12]，便可看出，（12）第一个话段中的“你怎么会想到这件事？”在翻译中被放到了第二个话段（“What gives you that idea?”）中；（12）的第二个话段中的两句话（“我不爱你？我什么时候对你说过？”）被翻译成一句话（“When have I said I don't love you?”），这是结构方面的不同。在词语的选择方面看，也存在一些差异。例如，“她惊讶地问”（言语过程）被翻译成“She was surprised”（关系过程）；“你怎么会想到这件事？”（“你”是话语的起点）被翻译成

"What gives you that idea?"（主位不是"你"，而是 what）；汉语版本中的"我不爱你？我什么时候对你说过？"（两个独立小句）被翻译成一个小句复合体："When have I said I don't love you?"。

从形式对等角度看，这样改译（12）应该会好些："'Why? Why do you think of it?' She asked surprisingly. 'I don't love you? When did I say that to you?'"

从功能对等的角度看，[12] 的翻译还是达意的；也就是说，[12] 的翻译是表达了（12）的意义的。但如果我们选择"'Why do you think of it?' She asked surprisingly. 'I don't love you? When did I say that to you?'"，无论从形式对等角度还是从功能对等的角度看，应该会更好些。

6.4.2 英译汉的例子分析

例 14 是以色列学者赫拉利（Yuval Noah Harari）所著的《人类简史》（*Sapiens: A Brief History of Humankind*）（Harari，2014：3）第一章开头的两个自然段，中文译文（例 15）摘自其汉译本（林俊宏，2017：3）（为了方便分析，我们给每个自然段都加了编号）。

【例 14】（1）About 13.5 billion years ago, matter, energy, time and space came into being in what is known as the Big Bang. The story of these fundamental features of our universe is called physics.

（2）About 300,000 years after their appearance, matter and energy started to coalesce into complex structures, called atoms, which then combined into molecules. The story of atoms, molecules and their interactions is called chemistry.

【例 15】[1] 大约在 135 亿年前，经过所谓的"大爆炸"（Big Bang）之后，宇宙的物质、能量、时间和空间才成了现在的样子。宇宙的这些基本特征，就成了"物理学"。

[2] 在这之后过了大约 30 万年，物质和能量开始形成复杂的结构，称为"原子"，再进一步构成"分子"。至于这些原子和分子的故事及其它们如何互动，就成了"化学"。

例 14 的英文第（1）个自然段中的“matter, energy, time and space came into being in what is known as the Big Bang.”被翻译成“经过所谓的‘大爆炸’（Big Bang）之后，宇宙的物质、能量、时间和空间才成了现在的样子。”这可能是对原文的理解问题。英文的意思是：在被认为是大爆炸的进程中，物质、能量、时间和空间就形成了，而不是“经过所谓的大爆炸之后宇宙的物质、能量、时间和空间才成了现在的样子”。从语法看，in what is known as the Big Bang 是作为 came into being 的时间状语。

例 14 的英文第（2）个自然段中的“About 300,000 years after their appearance, matter and energy started to coalesce into complex structures, called atoms, which then combined into molecules.”被翻译成“在这之后过了大约 30 万年，物质和能量开始形成复杂的结构，称为‘原子’，再进一步构成‘分子’。”这里的问题出在对 their 的所指，它究竟是指上一个自然段的 matter, energy, time and space 还是第二个自然段的 matter and energy？如果是指例 14 的（1）中的四个名词（matter, energy, time and space），它属于回指；如果是指它后面的两个名词（matter and energy），则属于下指。按照我们的理解，它应该是指它后面的 matter and energy。这样一来，把 About 300,000 years after their appearance 翻译成“在这之后过了大约 30 万年”就有误了，因为这里的“在这之后”是指例 14 第（1）个自然段所说的“宇宙的物质、能量、时间和空间的形成”之后。

例 14 第（2）个自然段中的“The story of atoms, molecules and their interactions is called chemistry.”在例 15 中被翻译为“至于这些原子和分子的故事及其它们如何互动，就成了‘化学’”，应该也有误；the story of atoms, molecules and their interactions 说的是“原子、分子及其它们之间互动的故事”，而不是“这些原子和分子的故事及其它们如何互动”；这里的关键问题是 the story of atoms, molecules and their interactions 中的 molecules 前面没有连词 and；如果英文是 the story of atoms and molecules and their interactions，那就应该是表达“这些原子和分子的故事及其它们如何互动”，而整句话就是“The story of atoms and molecules and their interactions are called chemistry.”，其中

the story of atoms and molecules 和 their interactions 一起构成小句的主语，因此动词也就要用 are。其实，例 14 的英文中的限定动词用 is（而不是 are），就已经说明了小句的主语是单数的，即 the story，而不是 the story of atoms and molecules and the interactions of atoms and molecules（“原子和分子的故事及其它们之间的互动”）。英文句子中 atoms 和 molecules 之间用逗号（而不是 and）以及小句的动词用 is（而不是 are）就说明，The story of atoms, molecules and their interactions 说的是“原子、分子及其它们之间互动的故事”（而不是例 15 所说的“这些原子和分子的故事及其它们如何互动”）。

上面的分析表明，翻译的第一步是要充分理解源语篇的意义（这点可以通过语言分析得到帮助），然后在翻译语篇中尽量用目的语言准确进行再表达。按照我们的理解，上面两段英语可以这样翻译：

[1] 大约 135 亿年前，物质、能量、时间和空间在大家所知的大爆炸中诞生。宇宙中这些基本特征的故事叫作物理学。

[2] 在物质和能量出现大约 30 万年后，它们便开始结合成复杂的结构，称为原子，然后再结合成分子。原子、分子以及它们之间的相互作用的故事叫作化学。

此外，英文原文中没有使用引号，我们建议译文也不用引号。例 15 的译文（林俊宏，2017：3）多处用了引号，与英文在形式上很不对称；其实，重要的不是形式上是否对等，而是源语篇所表达的意义是否能准确地在翻译语篇中重现。

6.4.3 意义对等的重要性

翻译即是意义的重现，也就是把用某种语言（符号）表达的意义（出现在源语篇中）用另外一种语言（符号）在目的语篇中重新呈现出来，因此就有了本书所说的翻译语篇（即目的语）。翻译语篇的意义来源是源语篇，源语篇是写作者或讲话人通过文字或声音（或其他符号）表达出来的意义，是在翻译行为发生之前已经存在的。这与一般的交际活动不同，因为在翻译这一意义转换过程中，翻译者一方面要准确地理解源语篇的意义，另一方面要用另一种语言（符号）把自己所理解的意义尽可能准确地传递出来，使源语篇的意义在翻译语篇中得到重现。

由于翻译就是翻译意义，所以翻译者首先要追求的是“达意”；当有机会、有可能同时做到形式对等和功能（意义）对等时，那是最佳的结果。在一般情况下，当必须在形式对等和功能对等之间做出选择时，就应该毫不犹豫地选择功能对等。当然，对于一些特殊的语篇类型（如某些歌曲、格律诗），有时就应该多考虑形式（如小句数、短语/词组数、词数、音节数、声音、押韵等）的对等问题，因为这些语篇的主要功能往往不仅仅是或可能不是传递经验意义，而是重点表达人际意义或其他意义。

就翻译的元功能对等而言，最理想的效果是在经验功能、人际功能、逻辑功能和语篇功能四个维度都对等。但是，这些元功能对等的重要性是有强弱之分的。基于我们的汉英/英汉翻译实践，我们（如 Huang，2017：300–301）曾提出元功能对等的重要性假设；下面通过一个连续统呈现元功能对等的重要性：

经验功能 ⟶ 人际功能 ⟶ 逻辑功能 ⟶ 语篇功能

最重要 — — — — — — — — — — — — — — 最不重要

图 6–2 元功能对等的重要性

图 6–2 表明，在“最重要—最不重要”这个连续统上，靠近左边的对等最重要，靠近右边的那端相对而言就没有那么重要。

韩礼德（Halliday，2001b：16）在谈到元功能概念与翻译对等问题时说，作为一般的规则，看一个译文是否与源文对等，主要是看它是否在经验功能方面对等；如果一个译文与源文在经验功能方面对不上、不对等，那就不是好的译文，也就没有必要去评估这个译文了。这是因为，翻译所涉及的转换就是意义的转换，如果意义都对不上，那就不是翻译了。有些译文在经验功能是对等的，但由于它们在人际功能和语篇功能方面不对等，因此也遭到批评。我们认为，如果一个翻译语篇所表达的经验意义与源语篇的不一致，那应该就称不上是翻译。当然，由于翻译涉及两种或更多不同的语言，语言形式的变异是该语言使用的常规，所以译文在经验功能对等的表现就有不同的情况；正因为如此，韩礼德（Halliday，2009a：24）就明确指出：翻译没有绝对的对等和绝对的不对等，只是程度的不同而已。

6.5 结语

翻译语篇有自己的特点，由于它的意义是根据源语篇来展现的，所以研究者可以通过比较源语篇和翻译语篇来评判译者是否成功地用另一种语码忠实地再现源语篇所要传递的意义；如果翻译者没有尽量完全地、忠实地再现源语篇的意义，那就要进行分析、研究和评判。正如韩礼德（Halliday，1994：xv）所说的，话语分析不仅仅要解释语篇，而且要评价语篇，要看看某一特定的语篇在特定的语境中是成功的还是失败的，并要找出原因。要对语篇进行评论，那就要考虑各种不同的语境（如文化语境、情景语境、上下文语境）和历史、社会、政治、文化因素。只有考虑多方面的情况，才有可能比较合适地做好话语研究。

一般的语篇分析、话语分析和话语研究的论著都不把译文当作语篇进行分析，但我们认为，虽然翻译语篇的意义是第二次被呈现的意义，不是直接来自写作者或讲话人，但就交际的过程而言，翻译的过程也是一种重要的交际过程，值得话语研究者认真、深入地探讨。

评价翻译语篇的一个重要方法是看目标读者对翻译成品的反映和接受情况，但这是一个复杂的问题。如果说，葛浩文在翻译中国作家的作品时作了大量的改写（参见文军等，2007；刘云虹，2019；许多，2019），使译本“更加清晰容易理解，接受度也更好”（李平艳，2019：72），那我们要问的一个问题是：经过翻译者大量改写的作品还算是原作者的作品吗？在基于文本的语篇分析层面对翻译语篇进行评论比较容易，但从话语研究角度评估翻译语篇就比较难，因为它涉及了很多个体的主观因素（包括读者接受问题），可操作性相对来说就不太强。但无论如何，对翻译语篇的研究，可以从语篇分析入手，但也要对翻译语篇所涉及的各种各样的因素进行多维的考虑和探讨，这应该也是功能话语研究的内容之一。

第 7 章
多模态话语分析

7.1 引言

本章以关于非人类动物的多模态商业广告和公益广告为语料，在系统功能语言学框架下分析两类广告的特点和异同，探讨广告中的图片和文本（这里指由文字组成的语篇）如何利用概念资源和人际资源对非人类动物进行“删略”（erasure）和“凸显”（salience）（Stibbe，2015），展示非人类动物在商业广告和公益广告中从“隐”到“显”的转变。

本章首先解释了斯提布（Stibbe，2015）关于语篇中对自然环境、非人类动物、植物等的“删略”和“凸显”两个重要概念。接下来，在系统功能语言学语域思想的指导下对研究语料进行分类，最后，本章通过分析商业广告和公益广告（公益广告进一步分为单一文本模式、文本与图片结合模式和视频模式）两类广告的语言和图像资源讨论不同广告删略和凸显非人类动物的手段和效用。

7.2 “删略”和“凸显”

“删略模式”（erasure pattern）和“凸显模式”（salience pattern）（Stibbe，2015：155，161）是处理语篇中非人类动物角色的两个重要手段。“凸显模式”（Stibbe，2015：162）是“a linguistic or visual representation of an area of life as worthy of attention through concrete, specific and vivid depictions”（一种语言或视角描述形式，通过具体、明确、生动的刻画，把生活中的某个领域描述为值得关注的对象）。“删略模式”与以往的研究不同：以往大多数研究关注的是如何利用语言手段突出一个问题，而“删略模式”（Stibbe，2015：146）的研究关键在于讨论“a linguistic representation of an area of life as irrelevant, marginal or unimportant through its systematic absence, backgrounding or distortion in texts”（一种语言表征，该表征通过使某一生活领域在语篇中系统性缺失、背景化或扭曲，而将其呈现为不相关的、边缘化的或不重要的）。删略和凸显实际上是同时存在的，将某一部分边缘化甚至略去势必将另一部分中心化或者重要化，两者可以说是此消彼长的关系。

7.3 语料分类

本章分析的语料是商业广告和公益广告。在系统功能语言学的语域框架下，广告可以围绕不同的语域变量进行分类。语域包括语场、语旨和语式三个变量，分别指广告的主题、广告涉及的群体以及广告的表现方式和传播媒介。以广告的主题为依据，可以分为商业广告、文化广告、产业广告和服务广告，或者商业广告、产品广告、行为广告和认知广告。以广告所涉及的群体为依据，可以分为消费者广告、社会广告、公益广告和政府公告。以广告的表现方式为依据，可以分为图片、文字、表演、说词和综合性广告；这些也可以看作是广告的多种模态。以广告的传播媒介为标准，可以分为印刷类、电子类和实体广告。

当前的广告大多包含多种模态，以图片（或者视频）和文本两种模态最为常见，较少以单一的文本模态出现。本节研究的语料绝大部分为多模态广告，不过也涉及少量纯文本广告。另外需要进一步说明的是，非人类动物的覆盖面广泛，包括野生动物、养殖场动物、宠物等；本节研究的对象包括野生动物和养殖场动物。

7.4 案例分析

从总体状况看，虽然当前西方保护非人类动物的呼声很高，活动范围也非常广，但是中国在保护非人类动物方面有更悠久的历史，从《周礼·地官司徒第二·大司徒》对大司徒职责的规定可以探知一二。在西周，大司徒不仅要掌管天下舆图和户籍，还要“辨十有二土之名物，以相民宅而知其利害，以阜人民，以蕃鸟兽，以毓草木，以任土事”，也就是说大司徒需要了解动植物的生态以及它们与人类的关系，从而促进生态系统的健康和谐发展。除此之外，汉朝的《汉书·宣帝纪》中明确记载了对鸟类的保护[5]，明朝的《史纲评要》提出了反对虐杀非人类动物的观点[6]。

经历了多个世纪后，随着经济的不断发展，生态环境遭到严重破坏，非人类动物，特别是野生动物的生存受到严重威胁，越来越多的人士参与到非人类动物保护的行动中来，而且手段也越来越多样化。其中，广告的覆盖范围极为广泛，在人们的生活中随处可见。无论是在家里（包括电视、手机、电脑、收音机）、工作途中（包括街道、地铁、巴士、电梯）、办公地点（包括会议室、会客室、洗手间、茶水间）、还是在休闲娱乐场所（如影院、餐厅、游乐场等）都充斥着广告。广告常常在人们没有察觉的情况下对其认知和行动产生巨大影响，因而受到话语和语篇分析者的广泛关注，是话语和语篇分析的传统研究领域。本节对非人类动物商业广告和公益广告的分析主要涉及广告中图片的再现意义和互动意义，对广告中文本的分析除了这两方面之外还涉及对逻辑功能和评价意义的讨论。

7.4.1 商业广告中非人类动物的“隐”

“隐”是非人类动物在广告中的缺失，主要是指通过各种手段在商业广告中抹除非人类动物，将观众的视线转移至制作工艺、产品功效、企业文化等方面，减轻甚至消除读者和观众的不安情绪或内疚感。以皮草广

5 元康三年（公元前 63 年）“夏六月，诏曰：‘前年夏，神爵集雍。今春，五色鸟以万数飞过属县，翱翔而舞，欲集未下。其令三辅毋得以春夏擿巢探卵，弹射飞鸟。具为令。’”

6 “今禽兽不足以敌人矣，何必食肉寝皮也哉。”

告为例，虽然皮草产品生产商一向声称其皮草采集于“合法的”“人道的”皮草农场，但是也不排除有的生产商从非法途径获取皮毛，而且再合法、再人道的皮草农场也要杀掉这些动物并剥掉它们身上的皮才能进一步生产加工。所谓的人道只是杀戮方式的改变，例如避免电击、活剥等极端残忍的方式。实际上，皮草农场依旧残酷，有些商人为了降低成本、提高收益而缩小养殖动物的生存空间，或者将养殖动物喂养到正常体积的几倍大。但是这些信息都不可能出现在商业广告中；商业广告展现的已经是成品，将人们的关注点都集中在成品的美好、加工成品的繁复程序以及制作者所付出的心血，从而增加其货币价值，而非人类动物本身则被删略。

下面以国内某皮草生产商的视频广告为例，通过分析视频中的再现意义和互动意义，展示商业广告如何删略非人类动物。该广告总共 30 秒，为了便于分析，我们利用逐帧截图软件将视频分解，并展示其中关键的 20 幅。

（图 1）（图 2）（图 3）（图 4）

（图 5）（图 6）（图 7）（图 8）

（图 9）（图 10）（图 11）（图 12）

（图 13）（图 14）（图 15）（图 16）

（图 17）（图 18）（图 19）（图 20）

该广告中有两个主要人物（公司的领导人和创始人），以及一个次要人物（试穿皮草的女人）。广告以第一人称“我”的口吻讲述了一个手艺人的成长故事（实际上是一个公司的发展故事），围绕六个主题展开，配以文字解释。第一个主题（第1—6秒，即图1—图6）“从幕后到台前我用了30年”讲述企业的发展历史，即企业的资质；第二个主题“一针一线都要实实在在才有未来”（第7—10秒，即图7—图10）、第三个主题“永远不能忘记细节决定成败”（第11—15秒，即图11—图14）和第四个主题“匠心永远是手艺人的根本”（第16—18秒，即图15—图16）讲述企业发展的决定要素，即企业的优势；第五个主题“这是一个最好的时代，是匠人的舞台”（第19—22秒，即图17）和第六个主题“未来我来”（第23—25秒，即图18—图20）讲述企业的美好将来，即企业的发展潜力。

第一幅截图的作用类似宏观主位，利用分类过程和分析过程展示了整个场景的全貌，将场景分为不同的部分，包括居于正中的主要人物，围绕在四周的裁剪人台和桌凳，较远处的成衣，以及桌上的裁剪工具等。图中两个主要人物的服饰颜色与周围以浅色为基调的环境形成视觉冲突，将观众的注意力吸引到他们身上。镜头从正面将两个主要人物的全身展现在观众面前，他们与观众形成直接的眼神接触，借此向观众发出邀请以融入他们所讲述的故事当中。接下来，广告采用一些近景突出场景中的不同组成部分：凸显人物及其身体部位（图2、图3、图9和图18）以展示其专注力和能力；凸显工具和材料（图4、图5、图6和图7）代表制作准备。除了近景，广告也采用大量中景展示制作过程（图10、图11、图12和图17），主要人物的工作状态（图8和图19），试穿者的心情（图14、图15）以及制作者和试穿者的互动（图13），并利用远景展示试穿者的试衣整体效果（图16）。在这些截图中，有人物出现的画面都没有与观众直接的眼神接触，而且观察者只能从某个角度看到画面中的内容，以此营造一种向观众传递客观信息的氛围。最后一幅截图与第一幅截图相呼应：两个主要人物再次面对观众，与观众有直接的眼神接触，但是此处的镜头明显更近。这一方面是为了拉近与观众的距离；另一方面是为了照应“未来我来”这一主题，拉近与未来的距离。在细节截图中，虽然有少量的概念过程（图4、图5、图7和图11），但是广告更多采用的是叙事过程，利用动作过程和反应过程展示主要人物的准备、设计和修饰等制作过程以及与女人的互动，以凸显制造者的用心；利用动作过程和心理过程展示女人的试穿过程和愉悦表情，以凸显消费者的满意程度。

总的来说，该广告将售卖皮草以讲述企业故事的形式展示出来，利用直接的目光接触向观众发出邀请，但更多时候是向观众传递企业发展的客观信息，突出主要人物的专注力和手艺，宣扬的是企业文化。在该广告中，不仅没有出现任何与非人类动物相关的信息，甚至连呼吁观众购买的信息都没有出现。这类广告的隐蔽性是非常强的，它避免将企业打造成充满铜臭的商业主体，而是强调历史传承、艺术诠释、匠人匠心，更易为观众接受。更重要的是，这种企业文化传播使观众忽略了背后必然的非人类动物虐杀，可以有效降低人们的生态敏感度，对生态发展是有害的。

7.4.2 公益广告中野生动物从"隐"到"显"的过渡

上节以皮草商业广告为例展示了非人类动物在话语中是如何被删略的。本节的重点在于讨论公益广告中非人类动物的凸显。保护非人类动物的公益广告不在少数，这里根据各网站的排行以及广告的重复出现率，选取最常见的中英文保护非人类动物的公益广告作为语料。首先，我们对中文单一文本模式的广告进行分析；第二部分的讨论以 6 则英文广告为例，这些广告以"文本 + 图片"的方式构成（详见附录 F）；最后一部分呼应上一节（7.4.1 节）的语料类型，以一则反皮草公益广告视频作为分析对象。

1. 公益广告——单一文本模式

中文公益广告的单一文本模式通常以短句形式出现。其中，尤为常见的是关系过程，例如"爱护动物就是爱护你自己""保护动物，你我的职责""保护动物就是保护人类自己""动物是人类亲密的朋友，人类是动物信赖的伙伴"，这些关系过程定义了人类的责任以及人类与非人类动物之间的关系。此外，心理过程出现的频率也较高，例如“请珍惜您最幼小的朋友”“关爱生命”，它们多用于发出号召，激发人们的情感并对其行为做出指引，呼吁人们从心由爱出发，关怀非人类动物。公益广告中还出现了其他类型的过程，包括物质过程（如“停止杀戮”）和行为过程（如“动物会流泪的”）等。“动物会流泪”这个例子需要进一步解释。该小句表达的是一种行为，而流泪这种行为通常被视为人类的特权。如果有报道说非人类动物流泪哭泣（如“老虎哭了”），人们会感到惊奇，将其视为不同寻常的现象。这是因为不同于普通的吃、行、打喷嚏等行为，流泪通常是受感情激发的，流泪者是有思想、有感情的，而非人类动物通常被人们视为，或者说被刻意淡化为，无意识、无感情、无认知的。相对于商业广告，几乎所有公益广告的广告词中都有非人类动物作为参与者出现。这些参与者的突出特点是大多都是受动者，例如作为被珍惜的“对象”，作为被保护、被杀戮的“目标”。不过也有部分过程将非人类动物塑造成能动的参与者，例如作为行为过程的“行为者”、心理过程的“感觉者”以及关系过程的“载体”。

从人际资源来看，这些公益广告既利用陈述语气讲述某个状况或现实，也利用祈使语气引导某种行动。广告中的主语有不同类型，发挥了不同的功能，包括以（祈使句中隐藏的）第二人称为主语向读者发起号召（如“爱护动物”“别让人类成为最孤单的生命！”），以第一人称复数为主语将非人类动物与人类置于同等地位以引起人类共鸣（如“我们拥有共同的地球”），等等。几乎所有广告都出现了非人类动物或者与非人类动物相关的名词（词组），对其指称呈现出多元化、平等化态势，将它们视为“亲密的朋友”“伙伴”，由此将人类和其他动物放在同等的地位，突出两者的紧密联系。不过，也有广告将非人类动物称为“玩伴”“帮手”“安慰”，这些定位将非人类动物视为服务人类的资源或者工具，将它们置于低于人类的地位。

对经验资源和人际资源的分析体现了中文单一文本模式公益广告的特点：非人类动物作为各个过程的参与者，逐渐出现在人类视野中，特别是以非人类动物为主语的心理过程和由心理驱动的行为过程更加凸显其能动性和与人类平等的地位。大部分广告以祈使语气唤起人们的动物保护意识，号召人们行动起来，也有部分广告以第一人称复数“我们”为主语，在*人的视角*下将人类和其他动物置于同等地位。较为少见的是从*非人类动物视角*出发的主语“我们”，代表非人类动物发声。虽然这些公益广告突出了非人类动物在人类生活中的重要地位，承认其主观意识，然而“人”依然是这个世界的核心，因为绝大部分广告都是从“人”的视角看待这个世界，而保护非人类动物的目的也是为了人类自身的可持续发展。

2. 公益广告——文本与图片结合

本节选取的英文公益广告由文本与图片构成。就本章所选取的语料而言，英文公益广告中的文本相较中文的更长；中文公益广告中的文本基本是一句话或者几句话，而英文公益广告中的文本则以“标题 + 段落”的形式出现，并且有其常见的结构。这些英文公益广告中的文本不同于普通广告，它们更像研究报告，包括了研究背景（野生动物生存现状）、研究目的和广告简介。

研究背景通常利用物质过程展示当前对野生动物的捕杀情况，并利用具体数字展示野生动物可怕的生存现状。野生动物的生存问题基本被归咎于捕猎者，因此物质过程中作为“动作者”的捕猎者通常被视为造成某些野生动物灭绝或者濒于灭绝的原因。基于这些问题，做出相应反应的是野生动物保护机构。由此可以得出两点推论。第一，该类型广告对造成野生动物问题的根本原因的认识不够深入（或者是认识到了，但是作者有意将根本原因掩盖起来），因为捕猎者或者捕猎行动只是表面现象，野生动物问题背后的深层原因在于消费主义、人类无穷的欲望和对非人类动物角色的错误定位。第二，做出反应的主体有很大局限性，至少到目前为止，对野生动物问题的关注仅限于极小部分人或者机构，而非深入到普罗大众，这也是为什么现在需要持续大力宣传保护野生动物的主要原因之一。

文本的标题分为三类。一类是通过祈使语气直接号召人们做出积极行动，由物质过程实现，例如“Save the Rhino”（附录 F–1）和“Stop Wildlife Crime”（附录 F–4）。另一类是通过陈述语气展示一个命题，用于修正人们以往的认知，由表示归属的关系过程实现，例如“Animals Are Not Clowns”（附录 F–5）和“Without Animals, the Circus Is More

Human”（附录 F–3）。还有一类利用名词词组，例如“Every Dugong Left in African Waters”（附录 F–2）和“A World Without Bees”（附录 F–6），引起观众的好奇，以此激发他们提出诸如“How many dugongs are there in African waters?”和“What does a world without bees look like?”这类问题。

这些广告图片中，一部分只有图片，还有一部分是图片旁边配以文字。从再现意义看，这些图片中的野生动物都呈现为静止的状态，例如，拯救犀牛广告（F–1）图片中戴着犀牛角的长颈鹿更像是一个动物肖像。该图突出了犀牛角和长颈鹿之间的关系，可以从两个方面理解。一方面，如果犀牛角和长颈鹿之间是象征关系，那么图片呈现的是一种不和谐的状态，因为戴着犀牛角的长颈鹿并不是犀牛。这暗示了犀牛角只属于犀牛，脱离了犀牛的犀牛角是没有任何意义的。犀牛角是犀牛用来保护或争夺领地、引导幼崽和挖掘水源的工具，没有了犀牛角的犀牛可能面临生存困难。另一方面，如果犀牛角和长颈鹿之间是分类关系，这暗示着犀牛数量的锐减可能导致这种生物的消失，而人们只能见到戴着犀牛角的长颈鹿。语料中唯一一个出现以野生动物作为动作者的动作过程是反对马戏团和动物园不公平对待动物的广告（F–3）。该广告的主角是老虎，老虎站起来摆动四肢，表面上看是其主观行动，然而仔细观察就可以发现老虎身后的细钢索。换句话说，老虎的这个行动实际上是受人类控制的，而老虎在广告中从主动者变成了被操纵的主动者或被动者。老虎背后的控制者没有直接在图片中显示，这可能是因为无法确认责任人，也可能是为了刻意模糊责任人的身份。

从互动意义看，保护犀牛广告“Save the Rhino”（F–1）中的野生动物以中景呈现其侧面肖像，其中的一只眼睛望向观众，与观众形成部分眼神接触，传递一种情感诉求——拯救犀牛。在另外三个广告（“Without Animals, the Circus Is More Human”“Animals Are Not Clowns”和“Stop Wildlife Crime”）的图片（F–3、F–5 和 F–4）中，三个主角都直面观众，与观众形成直接的眼神接触，诉求表达更为强烈。它们似乎直接与观众对话，在表达自己意愿的同时等待观众的反应。但这三幅图片的取景有所不同：第一个是远景，展现了马戏团老虎的全身；第二个是中景，展现了马戏团猩猩的半身；第三个是近景，展现的是老虎的面部特写。在这三个不同的取景中，近景拉近野生动物与人的距离，造成的视觉冲击也更为强烈。在“Animals Are Not Clowns”中，由于化妆的原因，猩猩的面部色彩区分明显，但给人的感觉是妆容与猩猩并不协调，这正是因为猩猩不是小丑，它是属于大自然的。剩下的两个广告（“Every Dugong Left in African Waters”和“A World Without Bees”）图片（F–2 和 F–6）中呈现的野生动物并非单独个体，而是以群体的方式展现在观众面前。这些动物与观众没有直接互动，缺少情感共鸣。尤其是在展示非洲水域中儒艮（海牛）的生存现状时，广告将该水域中每一只儒艮的图片拼接成一个大的图片，展示该水域中儒艮的全貌，以此向观众传递一个客观信息：该水域中所有的儒艮都可以展示在这一张图中，证明该物种的数量极少，处于灭绝边缘，其情况是十分严峻和紧迫的。

在选取的 6 个广告中，其中有 4 个广告（F–1，F–2，F–4 和 F–5）在图片的两侧或底部进一步补充了少量文字。这些少量文字可以是一句话（F–1 和 F–2），也可以是标题加文本的形式（F–4 和 F–5）。图片中的一句话可以利用物质过程展示人类破坏行为造成的严重后果“Nothing We Do Will Ever Bring Them Back”，也可以利用行为过程告知野生动物的生存现状“You Are Looking at Every Dugong Left in African Waters”；这两句话的发话人都是广告人或者野生动物保护者。在“标题 + 文本”模式中，标题以大号的、大写的字体出现，第一时间就可以吸引读者目光。呼吁停止野生动物罪行广告中的老虎旁边的标题是“I Am Not A Rug”，关注动物娱乐事业广告中的黑猩猩旁边的标题是“Animals Are Not Clowns”，这两个题目都是表示归属的关系过程，用于修正人们对野生动物身份的错误认识。尤为重要的是，说出这两句话的说话者是图片中的野生动物，与图片中野生动物之间是一种投射关系，投射了野生动物内心的想法（心理过程）或者想要说的话（言语过程），由此直接将野生动物的诉求展现在读者面前（而不是通过广告人或者公益群体发声），体现了野生动物的主观能动性，表明它们与人类一样是有感觉、有认知、有思想的。

综上所述，“文本 + 图片”模式的公益广告可以视为一个比较完整的信息传播方式，利用标题展示广告主题，并在文本中介绍广告背景

（特别是广告所关注的野生动物问题），再进一步利用图片资源或者图片加文本资源揭露野生动物现状，并宣传公益行动。这些广告中几乎所有图片都以野生动物为主角，凸显它们的地位。

3. 公益广告——视频

最后，我们选取了亚洲善待动物组织（PETA Asia）的一则反皮草公益广告视频，以此为例完善本章的语料类型。该视频共 32 秒，我们同样利用逐帧截图软件将其分解，并展现以下 14 幅关键截图。

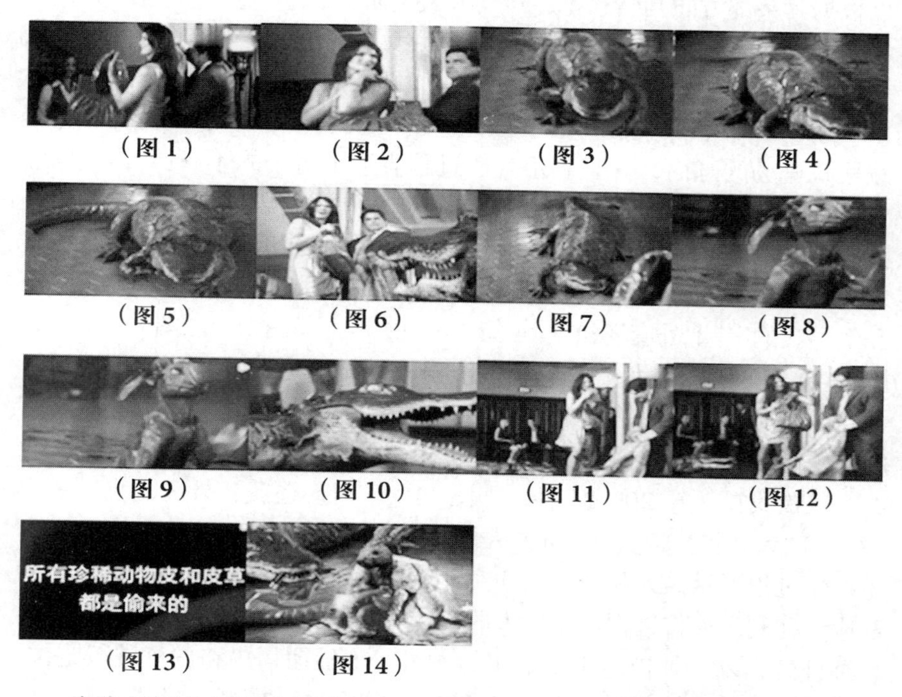

（图 1） （图 2） （图 3） （图 4）

（图 5） （图 6） （图 7） （图 8）

（图 9） （图 10） （图 11） （图 12）

（图 13） （图 14）

广告的开头是一个漂亮女人和她的伴侣在选购鳄鱼皮手袋，正当她开心之际，一个声音传来："哈喽"（第 1 秒，即图 1），"不好意思，这是我的吧？"（第 1—4 秒，即图 2—图 3）。这是鳄鱼对女人发出的质问，但是以礼貌用语"不好意思"缓和冲突。在图 1 和图 2 中，鳄鱼尚未出现，可以说是未见其人先闻其声。在第三幅截图中，鳄鱼出现了，并且整个画面只有鳄鱼，没有任何其他背景，突出其个体性，而采用中景是为了展示其被剥了皮的身体全貌。图中鳄鱼与女人对视，并提出问题。接下来，鳄鱼回答了自己的问题："对，没错，就是我的"（第5—6秒，即图3—图4），同时用前爪指向自己（第7秒，即图5），以动作过程表明手袋的归属。在图6中，两个人类参与者与鳄鱼被置于同一个镜头下，展现了两者之间的互动。女人与鳄鱼对视，脸上显露出不满意、不耐烦的表情，并对鳄鱼说："喂，这可是我花了好大一笔钱买下的"（第8—10秒，即图6），说明她为这个手袋付出了很大的代价。与此同时，鳄鱼的头是朝向女人的，虽然无法观察鳄鱼的面部表情和眼神，但是可以根据其头部方向判断它正在对女人做出回应。随后，镜头再次完整地呈现了鳄鱼个体，并利用言语过程反驳女人的说法："这个嘛，我想我付出的代价还更大些"（第11—12秒，即图7）。几乎同时，该场景中出现了另一个非人类参与者——兔子。广告利用动作过程展现了它蹦蹦跳跳进场的画面，并且利用言语过程表达了兔子的不满："你，搞什么鬼！"（第13—15秒）。它与鳄鱼一样，利用言语过程"那件皮草是我的"（第16—17秒，即图8）以及动作过程（前爪指向自己，即17—18秒，即图9）强调男人手上的皮草归属。同时，鳄鱼也继续强调"是我的，我的""把外套还给我"（第18—19秒，即图10）。图8、图9和图10展现的不再是兔子和鳄鱼的全身，而是拉近镜头，更清楚地展示了这两个非人类动物的面部，突出了其发出抗议的嘴部和与人类眼神接触的眼部。比起鳄鱼，兔子的反应更为激烈，它不仅继续强调"那是我的，还给我！"（第20—21秒，即图11），"外套还我！外套还我！"（第22—23秒，即图12），还与男人发生肢体冲突。图11和图12除了利用动作过程展示男人和兔子的冲突，还利用反应过程展示远处旁观者的反应，并利用动作过程展示女人的反应。接下来的画面利用黑底白字凸显画外音，以一种描述客观事实的方式对珍稀动物皮和皮草进行定位：都是（人类从非人类动物身上）偷来的（第24—26秒，即图13）。广告最后的画面剩下鳄鱼和兔子，它们夺回了自己的东西，同时兔子还发出疑问："怎么有这种人，专偷人家外套？"（第27—28秒，即图14）。这不仅可以看作是兔子自己的疑问，或者说是跟鳄鱼之间的讨论，还可以看作是向观众提出的问题，引起观众思考。

上一节（7.4.1节）展示了皮草商业广告如何将售卖皮草勾画成一

个讲述企业发展和企业文化的故事。在这个故事中，人或者企业是主角，描述的是人如何奋斗并迈向未来的，完全删略了非人类动物。但是在这个反皮草公益广告中，不仅出现了非人类动物（不论是野生的还是养殖的），还将它们拟人化，与广告中的人展开对话，甚至发生肢体冲突。与皮草商业广告中干净、整洁、偏浅色的整体基调相比，反皮草公益广告的整体色调偏暗，尤其是被剥皮后的鳄鱼和兔子身上的猩红色形成强烈的视觉冲击，给人以血腥的感觉，将皮草业对非人类动物的伤害直接呈现在观众面前。虽然没有皮的鳄鱼和兔子可能会引起部分观众的不适感，但却更能给人留下深刻的印象，引起人们的反思，从而了解这一行业的非人道性。在整个广告中，参与者与观众都没有直接的眼神接触，展现的是人与非人类动物之间的故事，更确切地说是人与非人类动物之间的冲突。

相对于皮草商业广告删略非人类动物，将皮草制作包装成一个崇高的事业，反皮草公益广告凸显了非人类动物所受的伤害，并尝试唤醒人们对非人类动物的保护意识。

7.5 结语

本章展示了有关非人类动物商业广告和公益广告的区别，焦点为不同类型广告中处理非人类动物的手段——删略或凸显，以及它们在文本和图片中的表现。

在商业广告中，非人类动物被完全删略，呈现在读者和观众面前的是企业奋斗史、企业文化传承和企业发展前景，并穿插了产品制作过程和对消费者需求的满足。在公益广告中，本章通过分析文本中的经验意义和人际意义以及图片中的再现意义和互动意义，展示了单一文本模式、“文本 + 图片”模式以及视频中非人类动物的凸显。出于不同的目的，这些广告利用不同的手段表达意义；从商业广告到公益广告呈现了一个非人类动物从“隐”到“显”的转变。在公益广告中，单一文本模式广告的效应不如带有图片和视频的模式。这是因为单一文本模式很难直接将问题视觉化。可视化不仅使读者和观众更容易理解文字所表达的含义，使人加深记忆，更能增强人的代入感，引起情感共鸣。下面图 7-1 简单展示了从商业广告到公益广告各种模式中非人类动物从删略到凸显所使用的意义资源。

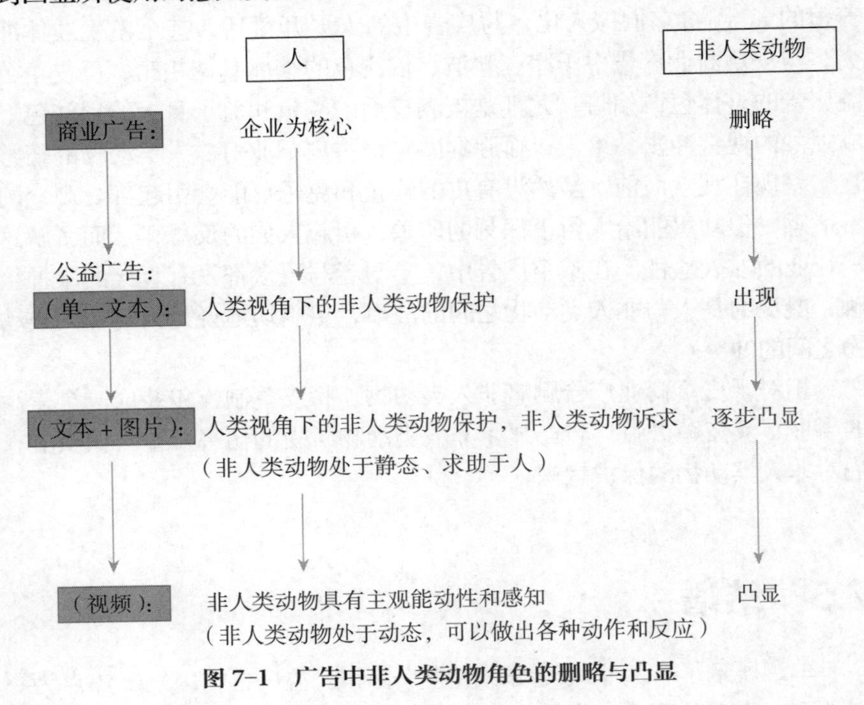

图 7-1　广告中非人类动物角色的删略与凸显

从图 7-1 可以看出，在商业广告中，企业居于核心地位，任何语言资源和图像资源都是用于构建企业形象的，而非人类动物处于完全被删略的状态。在公益广告中，单一文本模式利用物质过程、心理过程和关系过程，以及祈使语气等手段展示了人类视角下对非人类动物的保护，这里的非人类动物主要是被动者，即被保护的对象。公益广告中的“文本 + 图片”模式主要展示了人类视角下对非人类动物的保护以及非人类动物的主动诉求；非人类动物的地位逐步凸显，但是多数仍处于一种静止的状态，求助于人。最后，公益广告视频中的非人类动物最为凸显，它们主动争取自己的权益，突出了非人类动物的主观能动性和感知能力，这里的非人类动物作为施动者可以做出各种动作和反应。

非人类动物在生态系统中处于与人类平等的地位，不过长期以来，它们仅仅被视为人类的物质资源、娱乐资源、攀比资源等，因人类追求利益最大化、享乐最大化而付出巨大的代价。虽然中国在保护非人类动物方面的历史久远，但是就目前来看，大部分人仍然缺乏动物保护意识。在新时代倡导生态文明建设，强调人与自然和谐共生的时代背景下，我国相关话语的研究任重而道远。

第 8 章
生态话语分析

8.1 引言

生态话语分析是生态语言学的主要研究路径之一，与系统功能语言学创始人韩礼德有着密切的联系。20 世纪 90 年代，韩礼德（Halliday, 1990）在《意义表达的新方法：应用语言学的新挑战》中提出了英语语言系统中的非生态因素，包括等级主义（classism）、增长主义（growthism）、消费主义（consumerism）、物种主义（speciesism），等等。其中，增长主义和等级主义被视为人类意识形态上的两大危险（Halliday，1990）。这些非生态因素在语言系统中有各自的表现。举些简单的例子，英语在问问题的时候追求高、大、多，如"How fast is the car?""How long is the sofa?"；将自然资源构建成无穷无尽的不可数的东西，如 water、natural gas 都是不可数名词；将人类与非人类进行划分，如 he/she 和 it。这些观点可以帮助生态话语分析的有效展开：分析者通过观察语言特征，分析话语和语篇中不利于生态可持续发展的因素，揭示背后所隐藏的生态哲学观，由此发现"how do our ways of meaning affect the impact we have on the environment"（我们的意指方式如何左右我们对环境的影响）（Halliday，2007：14）。

在国外，生态话语分析已经发展了超过 30 年，最初集中在直接反映诸如气候变暖、大气污染、生物多样性减少、土地荒漠化、资源枯竭等生态问题的生态类话语。不过最近几年，有学者（Alexander & Stibbe, 2014）提出从对生态话语的分析（the analysis of ecological discourse）走向对话语的生态分析（the ecological analysis of discourse），将研究拓展到所有可能对生态系统产生影响的话语和语篇；因此，生态话语分析应该是包含了对生态话语的分析和对话语的生态分析（参见黄国文、赵蕊华，2019）。

相对而言，生态话语分析在中国的发展时间尚短。虽然在 21 世纪初，范俊军（2005）和王晋军（2007）介绍了生态语言学的韩礼德模式，但是直到最近几年，在中国一批系统功能语言学学者的推动下，生态话语分析才引起广泛关注。这得益于系统功能语言学与中国的深厚渊源及其在中国的广泛影响。系统功能语言学创始人韩礼德在中国学习、工作过，深受中国语言学家王力的语言研究思想和方法影响（参见胡壮麟，2018；黄国文，2018a）。此后，他多次回到中国讲学，影响了一大批有志于从事系统功能语言学研究的人。近年来，中国越来越多的系统功能语言学研究人员开始将目光投向生态领域，利用系统功能语言学的理论和方法研究与语言相关的生态问题，尝试进行系统的、全面的研究，展现了语言工作者的社会责任，为推动生态文明建设贡献力量。由于该领域在中国尚处于起步阶段，目前很多研究都将注意力集中在生态类的话语和语篇，分析时多遵循国外的路径，倾向于采用批评的视角。但正如第 5 章 5.4.1 节提到的，也有学者尝试开展生态话语分析的本土化研究，和谐话语分析就是其中的一个主要代表（详见第 9 章）。

本章以系统功能语言学为框架，在批评的视角下通过分析两个生态类语篇和两个商业语篇揭示对生态不友好的生态哲学观及其在语言中的表现。

8.2 语料选择及其背景信息

目前来说，国内绝大部分生态话语研究都关注生态类语篇。这点是不难理解的，因为生态类语篇集中展示了生态问题，是开展生态话语研究的切入点、基点。但是如果始终聚焦于生态类语篇（即对生态话语的分析），就很难有更多的新发现，因此对话语的生态分析也尤为重要，这是未来生态话语分析的一个发展方向。为展示如何从生态的视角分析不同类型语篇以及挖掘这些语篇中的生态哲学观，本节分别选取两个生态类语篇和两个商业语篇作为研究对象。

生态类语篇选自三文鱼生产商美威（MOWI）网站上关于公司环保理念的语篇和该公司发布的《三文鱼养殖产业手册 2020》（*Salmon Farming Industry Handbook 2020*）中的环境保护部分。美威是全球最大的三文鱼生产商，其业务并不局限于三文鱼养殖，而是形成了一个从育苗到销售的完整产业链，需要面对员工、鱼类（海洋生物）、消费者、合作伙伴、各领域监管者、媒体等不同群体。那么，公司对三文鱼的饲养、加工和销售可以看作是语场，而面对的不同群体则是语旨。亚历山大和斯提布（Alexander & Stibbe，2014：108）指出，养殖产业手册与其他时尚杂志和经济学教科书等文本一样，"fail to mention environmental or ecological considerations that are so potentially damaging to those systems"（未提到有关环境或者生态的考虑，这些对生态系统可能造成很大的潜在伤害）。但是，当今一些大型的、有国际影响力的公司都会考虑到这个方面。本章选择养殖产业手册中有关环保的内容是为了探索这类商业环保语篇的特点，并比较其与一般的（尤其是公益）环保语篇的差异，而这些特点和差异受公司的定位、地位、经营范围和发展理念影响。

商业语篇选自狩猎这一领域。狩猎在国内外都有着悠久的历史。在古代，狩猎是人类维持生存的一种方式，在现代则被人们视为对传统的继承，是一种活动、一种运动、一种娱乐方式。到 20 世纪 90 年代，中国境内的狩猎已经被列为非法（特许除外）。而在国外（例如英国、德国、美国、加拿大等），虽然越来越多的群体反对猎狐，也有国家出台了相关法令禁止这一行为，但是仍然很难阻挡人们（特别是贵族）猎狐的脚步，只不过狩猎者的乐趣由嗜血猎杀转向追踪围捕。例如，在美国和加拿大，猎狐并非为了射杀狐狸，而是享受在野外骑马追逐猎物的过程。时至今日，虽然猎狐不以杀戮为目的，但是整个追逐过程对于狐狸来说是非人道的。狐狸为了逃命跑到精疲力竭，同时要承受来自猎狐狗、马、猎者、管狗人以及汽车的精神震慑，身心俱疲。猎者却从中得到乐趣，获得社会地位和社会认可，巩固并扩展交际圈，而经营这一类活动的人也由此获得收益。那么，整个猎狐行动以及相关的消遣娱乐活动被视为语场，狐狸、人以及猎狐行动所涉及的各个群体被视为语旨。为了追求利益，国外有专门的猎狐俱乐部，其网站上有各种信息用来招募会员。这类语篇被视为商业领域的语篇，其目的是为了实现经济效益。

8.3 对生态话语的分析

本节语料来自美威公司网站，包括有关“可持续性”页面上的语篇（详见附录 G）以及该公司 2020 年的三文鱼养殖产业报告的第五章《可持续性生产》(“Sustainable Production”）的导言部分（详见附录 H）。

8.3.1 “可持续性”语篇分析

作为世界三文鱼巨头公司，美威的宗旨是为顾客提供营养、美味、高品质的三文鱼，并且强调与海洋合作，以此宣告其环保理念。美威在其网站上专门开辟了一个区域讲述其环保理念，标题为“可持续性”（Sustainability），分为三个部分。

第一部分“我们引领蓝色革命”（“We Are Leading the Blue Revolution”）以投射方式，引用其首席执行官的话语来阐释公司蓝色革命的含义。首席执行官利用关系过程定义了美威公司对可持续性的理解：“... producing food that is healthy for people and good for local communities and the planet”，将可持续性界定为生产有利于人们健康、推动当地社区和地球福利的产品，简单来说，就是关于生产某种产品的。但同时也利用关系过程说明这一过程的困难：“Leading a Blue Revolution is not easy”。总的来说，首席执行官的话语展现了对可持续发展的积极态度，通过一个关系过程 are very proud of 和一个心理过程 believe 表达自己的自豪感和自信心，并通过表示角色的环境成分 as an opportunity 将推动可持续发展视为一种机遇而非阻碍。首席执行官的自豪感和自信心源自美威的声誉，包括其全球影响力（unique strengths of a global presence）、运作方式（fully integrated）和地位（a front runner）。在这一段话中，首席执行官的眼界比较广阔，将“环境管理和创新”（environmental stewardship and innovation）的积极影响从本地辐射到全球（local communities and the planet、the world），这实际上是扩大美威公司影响力的方式之一。

第二部分的标题是“与海洋和谐共处”（“Working in Harmony with the Sea”）。这一标题给读者的预设是要讲述人与海洋的和谐关系，但是具体展开的内容并非如预期一般。在这一部分，可持续性体现在该公司对海洋的行动中，包括一个物质过程 farming the ocean 和一个名物化结构 Our stewardship of the environment。可持续性还体现在该公司进行蓝色革命的对象和目的中，通过受益者（for society at large）、表示方式的成分（sustainably）以及表示目的的成分（to reach our long-term goals 和 to safeguard the interests of future generations）实现。这些语言资源展示了以美威为主体的商业活动，其出发点和落脚点在于社会和下一代人的利益，缺乏如第一部分标题下对整个地球、整个世界的关注，而海洋也并非其可持续性理念的直接受益者。

第三部分关于“引领蓝色革命计划”（“Leading the Blue Revolution Plan”），可以看作是对前两个标题内容的细化。这一段首先通过表示角色的同位语 Mowi, the world’s leading aquaculture company 说明公司地位，并点题该公司发布的“蓝色革命计划”。上面的第二个标题介绍了公司实行可持续发展的目的是为了实现其长远目标，这一目标在第三个标题中得到阐释，即“从海洋中生产更多产品”（producing more food from the ocean）。因为在他们看来，目前服务于人类消费的海洋产品与海洋广袤的覆盖面积不相符，这一意义由表达对比的“With our oceans covering 70 percent of our planet’s surface yet only 2% of our calorie intake is seafood”传递。换句话说，海洋的产能不足，它还具有很大的潜力，可以产出更持续性的产品来服务人类，这由存在过程“there is great potential for the ocean to produce more sustainable food.” 实现。与上面第二个标题中的内容不同的是，这里将满足市场需求、谋求消费者权益和尊重地球结合在一起，表现在表示扩展的关系之中，即 meeting the demands of a growing population while respecting the planet and helping local communities to flourish 和 a tasty and nutritious product; financial responsibility and transparency; and taking care of our planet and its people。第三部分的最后提出了当前的生态问题，利用一个关系过程将自身置于生态问题之中（being part of the solution to those challenges），并利用两个物质过程解释如何解决生态问题。这两个物质过程“we operate an eco-efficient value chain and raise our salmon in harmony with nature.”中都出现了与生态相关的词汇，即eco-efficient 和 nature，但是它们仍然建立在价值链（value chain）和三文鱼饲养（raise... salmon）的基础之上。即使该标题肯定了生态保护在公司发展和推进改革中的地位，但是产品生产和产业发展仍然处于核心地位，是公司的出发点和长远目标。

8.3.2 养殖产业报告中“可持续性生产”导言分析

上节对美威公司“可持续性”网页上的语篇的分析显示：所谓的可持续性实际上指的是公司产业发展的可持续性，主要表现在产品生产的可持续性。这在该公司 2020 年养殖产业报告第五章《可持续性生产》的导言中得到进一步证实。

导言总共分为三个部分。第一部分的 5 个小句中有 3 个是关系过程，分别表示海洋在生物系统中的地位（one of the main systems of our planetary biosphere），海洋在生物生产与人类食物中所占的比例（almost half of the planet's biological production 和 a much smaller proportion of human food），以及人类消费的三文鱼的种类（farm-raised and wild-caught fish）。在第二个关系过程中，包含一个表示转折的词组复合体（almost half of the planet's biological production, but a much smaller proportion of human food）以及表示说明的词组复合体（a much smaller proportion of human food—about 2% of overall calorie intake and 15% of protein intake），用于强调对海洋产品开发的不足，为发展持续性产业做好铺垫。虽然这三个过程的主语（The ocean；it，指 the ocean；This，指 human food）都由海洋及其相关产品实现，但是小句的作用是为了描述它们在人类消费中的地位。第一部分还利用一个表达心理的控制主句（We know that...）投射对三文鱼消费的增长预

期（increase in the future），表达对未来市场的乐观情绪。在这一预估中，语篇利用名物化结构（global consumption of farm-raised seafood 和 the global food supply）隐藏了消费主体和供给主体。

第二部分列举了六个要点支撑对养殖海鲜全球消费继续增长的乐观估计。这六个要点都从人类社会出发，包括全球人口增长、中产阶级增长、海味健康福利提升、水产养殖低碳化、野生鱼类供应增长受限以及水土流失带来的人类食物供给问题。这些论点承接第一部分以人类为基点和终点的可持续性概念。此外，论点中使用的名物化结构 the supply of wild fish 和 soil erosion 隐藏行动主体，并利用表示比较的关系过程“Aquaculture is more carbon-efficient than land-based livestock production.”突出水产养殖业与畜牧业相比的低碳特性，借此掩盖水产养殖也同样会污染环境这一事实。就环境污染而言，水产养殖业和畜牧业之间只是程度上的差别。

第三部分的开端将上述六个要点总结为全球趋势，将其构建为推动生产健康的、可持续的产品的动因（“These global trends offer the seafood industry a unique opportunity to deliver food that is both healthy and sustainable.”），同时提出三文鱼养殖公司的可持续发展策略以顺应这一趋势。这样一来，语篇通过列举外部客观因素将公司描述成因势而动、顺势而为的主体，将其发展策略客观化。

总而言之，虽然美威公司这一商业巨头相比一般的商业主体表现出了更多的社会责任感以及对环境的关注，但与公益组织相比，至少还存在以下两个问题。首先，也是最重要的一点，商业公司对“可持续性”这一概念的理解与公益组织对“可持续性”的定义大相径庭。商业主体的可持续发展不可能脱离商业利益来谈；不管是迫于公众压力，还是受法律政策管制，抑或是真正关爱地球的未来，商业主体都会将生态保护与企业发展相结合，而不是放弃利益讲生态。这与公益组织是完全不同的。公益组织的可持续发展通常是广义上的地球（整个生态系统）的可持续发展，将人、非人类动物、植物等一切生态系统的参与者的生命和福祉纳入考虑范围。除了概念转换，商业主体还倾向于突出人（客户）的需求，展示为满足人的需求所作的努力，并勾画满足需求后可以带来的美好将来。公益组织通常凸显当前生态问题的严重性和紧迫性，并告知读者如果不解决问题将给我们赖以生存的地球带来巨大灾难。由此可见，即使当前的养殖产业手册包含了与环境相关的问题，但是它对生态环境保护是否能产生实质性的、积极的影响还有待商榷，对读者的生态认知来说也并不一定是有益的。

8.4 对话语的生态分析

本节语料包含两个语篇，选自 Loudoun Hunt 网站上的“首页”（Home）信息和“关于我们”（About Us）信息（详见附录 I）。

8.4.1 “首页”语篇分析

对“首页”语篇的分析主要从及物性分析和语气分析两方面展开。表 8-1 展示了“首页”语篇中的过程类型、语态选择、参与者角色（P1 代表参与者 1，P2 代表参与者 2）、环境成分以及语气类型。

表 8-1 Loudoun Hunt“首页”语篇的及物性分析和语气分析

小句	过程类型	过程角色（语态）	参与者角色		环境成分	语气（主语同 P1）
			P1	P2		
1	物质	celebrate		the tradition		祈使（you / let’s）
2	物质	established：被动	Loudoun Hunt（隐藏）		时间：in 1894	
3	心理	recognized：被动	Loudoun Hunt（隐藏）		时间：in 1905	
4	物质	hunt	Loudoun Hunt	a pack of American and Crossbred foxhounds	地点：in a live-hunt in Loudoun County, Virginia	

（续表）

小句	过程类型	过程角色（语态）	参与者角色		环境成分	语气（主语同 P1）
			P1	P2		
5	关系	located：被动	Our kennels	outside of Leesburg		
6	物质	hunt	we		时间：Wednesdays, Saturdays, holidays, and occasional bye-days	
7	心理	pride	we	ourselves		
8	关系	being	we	one of the friendliest and most inclusive hunts	地点：in the area	
9	物质	come out	you（隐藏）		伴随：with us	祈使（you）
10	物质	show	we	you		
11	物质	hunt	we	fox	方式：in the traditional format, with our hounds, with the mounted field and spectators	
12	关系	following	the mounted field and spectators		方式：by horse, on foot, or by car	
13	关系	are	Our Capping Fees	the most reasonable		
14	心理	find	you	any hunt	地点：in the area	

由表 8-1 可以看出，首页上的语篇共 14 个小句，以物质过程为主（共计 7 个）。除此之外，还有 4 个关系过程小句和 3 个心理过程小句。

这些过程中有三个被动语态（小句2、小句3和小句5）。前两个被动语态用于告知Loudoun Hunt的成立时间和被认可时间，突出其悠久历史，使读者产生信赖感；第三个被动语态展示狗舍所处位置，突出其便利性。在所有的物质过程中，有3个（小句4、小句6和小句11）与狩猎行动直接相关，由hunt体现，其施动者都是Loudoun Hunt，受动者是fox/a pack of American and Crossbred foxhounds（小句4和小句11）。另外的3个物质过程（小句1、小句9和小句10）将猎狐塑造成一种传统庆典（小句1），呼吁人们参与其中（小句9），并表明俱乐部的作用（小句10），分别由celebrate the tradition、come out with us和we'll show you体现。文中出现了4个关系过程，其中有3个（小句8、小句12和小句13）刻画Loudoun Hunt的特性，一是关于其运营特点的one of the friendliest and most inclusive hunts，二是关于其活动特点的the mounted field and spectators following by horse, on foot, or by car，三是关于其收费特点的the most reasonable；还有一个关系过程（小句5）展示了狗舍的位置just outside of Leesburg。这四个关系过程突出了Loudoun Hunt的优势，即传统的、最友好的、最包容的、收费最合理的、（设备）位置便利的，以此为依据劝说人们加入，呼应由物质过程实现的对人们的号召。文中3个心理过程的感觉者都不同。第一个心理过程（小句3）以被动语态表明Loudoun Hunt受到顾客认可；第二个心理过程（小句7）表明Loudoun Hunt以其友好性和包容性而感到自豪；最后一个心理过程（小句14）出现在有关收费的限定成分中，以顾客的感知说明Loudoun Hunt收费的合理性。环境成分主要用于表示时间（小句2、小句3和小句6）、地点（小句4、小句8和小句14）和方式（小句11和小句12），另有一个小句（小句9）中的环境成分表示伴随。时间成分除了凸显Loudoun Hunt的悠久历史以外（小句2和小句3），还用于说明猎狐行动的具体开展时间（小句6）。地点成分主要用于限制猎狐行动的范围（小句4）和Loudoun Hunt特性的适用范围（小句8和小句14）。方式成分主要用于描述猎狐的方式，强调传统延续和工具辅助（小句11）以及行动开展方式（小句12）。伴随成分出现在发出号召的小句中。除了经验意义，人际意义中出现的两个祈使句也值得关注。该语篇中大比例的陈述句都用于传递信息，两个祈使句（小句 1 和小句 9）用于向人们发出号召，呼吁人们参与到这个传统活动中来，与广告的社会目的相同。

总而言之，Loudoun Hunt“首页”语篇主要用于展示其公司优势，介绍活动开展方式，并向读者发出邀请。作者将猎狐这一行动塑造成传统的、令人引以为傲的活动，从而激发读者的参与感。但是，狐狸作为猎狐过程中的重要参与者在整个文本中只出现了两次，更丝毫未提及猎狐行动对狐狸可能产生的影响。正如 8.2 节介绍猎狐背景信息时所提到的，即使现在狐狸不用付出生命的代价，但是在整个追逐过程中它们承受的体力和精神压迫是巨大的。而 Loudoun Hunt 首页规避了这些信息，删略了这一行动对狐狸造成的伤害，避免或者降低潜在消费者可能产生的疑虑和负罪感。

8.4.2 “关于我们”语篇分析

上面总结的首页所传递的信息在“关于我们”中得到进一步强化和延伸。在这一部分，猎狐不仅仅是对传统的延续，更是一种放松的生活方式。与首页内容的呼应主要表现在以下几个方面：

（1）“关于我们”的第一段向读者发出邀请，利用表示言语投射关系的词组复合体 want you to 表达一种期望，呼吁大家参与到“我们”中来。语篇将猎狐这一行动描述为令人享受的（enjoyable），将其归划为一项运动（sport），向读者传递的信息是：这是一项放松身心、强身健体的运动，是值得参与的。同时，语篇以一个设问句“So what will you find while hunting with the Loudoun Hunt?”来引起读者的兴趣和好奇心，增强与读者间的互动，并引导接下来的内容。

（2）接下来，语篇列举七个要点来回答第一段的问题。第一点的中心思想是：猎狐是一段美好的时光，使猎狐变得有趣是 Loudoun Hunt 的首要任务。首页介绍了公司的特点和优势，这里进一步说明公司的目标，利用评价资源 good 和 fun 突出活动的乐趣。第二、第三和第四点展示 Loudoun Hunt 的资源和设备，包括猎狗数量、栅栏高度和场地类型，利用 ideal 和 reasonable 突出自身优势。同时，利用两个关系过程

“this is the reason we are out here, after all!” 和 “Everyone has a place in our Field.” 突出公司的职责和顾客享有的权利。第五点将目光转向猎狐之外的乐趣——野餐。这里利用表示目的的成分 “Members bring food and drink to share with the Field and guests to relax after a day in the saddle.”，传递 “分享” 和 “放松” 两个信息。换句话说，在猎狐之后，会员还可以拓展人际交往、放松身心。第六点首先展示了 Loudoun Hunt 的员工素养。除了第二、第三和第四点中展示的资源配备，Loudoun Hunt 的员工服务也是其优势，主要表现在员工的服务态度上（辅以表示最高频率的情态动词 are always willing to），从而使整个猎狐过程更加让人享受（enjoyable）。其次，语篇强调了参加这个俱乐部的会员资质和素养，例如形容这些人身份和内涵的 the most personable and knowledgeable foxhunters 和形容这些人光顾频率的 “hunting with the Loudoun Hunt for decades and keep coming back year after year”，这些可以激发读者欲望，使读者也想要加入这一个圈子，成为其中的一分子，因为这是身份的象征，是提升社会地位的一种有效途径。此外，语篇再次利用 superior sport 和 good time 描述参与这一活动的好处，突出参与者的优越感和愉悦感。最后一点将猎狐行为进一步扩展到其他领域，丰富参与者的活动。

（3）回答完问题后，语篇再次向读者发出邀请：“Check out our Fox Hunting & Events page above for...”，并利用心理过程 hope 表达心愿，希望读者参与进来，与该语篇的第一段相呼应。

（4）最后一段再次利用设问句增强与读者的互动，预设可能出现的问题 “Not interested in riding?”，并提供解决方案 “All are welcome to attend our social events, and we often have individuals who follow hounds and hunting on foot.”。由此，将猎狐扩大到社交活动而非单纯的运动，吸引不同类型的潜在客户。

与 “首页” 传递的信息相同，“关于我们” 同样展示了对猎狐的定义，突出了俱乐部的特点和优势，并向读者发出邀请。但是 “关于我们” 进一步深化、具体化了这几方面的内容，从而提升潜在客户的兴趣。由此可见，“首页” 和 “关于我们” 都只是从商业利益的角度出发，将猎狐这一行动美化，使其成为身份的象征，它们忽视了狐狸这一本体存在，更未提及这些动物的伤害。即使是以 hunt 这一动词实现的物质过程，其施动者也明确由人类 we 实现，并说明实施的各种方式和途径。这不同于其他一些语篇为了隐藏人的责任而采用被动语态，以省略施动者。因为对于 Loudoun Hunt 及其会员来说，猎狐是一件正大光明而又体面的事情，他们不会对此产生一丝愧疚，也就不需要遮掩。

总的来说，上面两个语篇对狐狸的忽视、对捕猎行为的美化都不利于人们形成积极的生态认知，是一种破坏性话语（destructive discourse）（Stibbe，2015）。

8.5　结语

本章以系统功能语言学为理论指导，从生态批评的视角分析了两类语篇——公司的环保理念和俱乐部会员招募。

基于上文的分析，有必要强调：美威公司所宣扬的环保理念主要表现在其介绍可持续性含义的网页上和养殖产业手册的相关章节中。养殖产业手册中的"可持续产品"章节的导言部分与该公司网页上的可持续性理念介绍的内容是一致的。它们利用相似的语言手段将公司利益、人类破坏行动对生态环境以及三文鱼的负面影响隐藏起来，以人的福祉为出发点和归宿谈论可持续性问题。总的来说，该公司的生态主题下仍然存在着各种非生态因素。例如，虽然该公司一再强调其与海洋的和谐关系以及养殖三文鱼的生态可持续性，但是 2019 年和 2020 年其在加拿大和智利的养殖基地都发生三文鱼大量死亡的事件，引起了人们对水环境污染的思考，也招来质疑和反对之声[7]。因此，相对于猎狐俱乐部招募会员的语篇大张旗鼓地推广破坏性话语，这类话语的非生态性更为隐蔽，所使用的语言手段也需要更深层的思考和推敲。

通过批评的视角对这类话语进行生态分析可以发现，这类话语表达了对环境问题的关注，努力塑造公司负责任的形象，但是其行动的出发点和最终受益者仍然是公司本身，其目的是为了推动公司经济利益长期

7　参见"Canadian politician warns Northern Harvest's handling of moralities could harm trust"，*Undercurrent News*，2019 年 9 月 25 日。

增长。相对而言，这类语篇更具有迷惑性，不过其破坏性有所降低，因为他们至少在表面上考虑到了可持续性的问题。

生态话语分析并不仅仅局限于生态类语篇，而是可以扩展到各类对生态环境可能产生影响的语篇。就这点而言，生态话语分析的应用范围是广泛的，因此研究者在选择语料的时候需要有广阔的眼界，做出更多的思考。其次，系统功能语言学为开展生态话语分析提供了有力的理论支撑和研究手段。随着跨学科协作的增强，其他学科也相继加入到生态话语研究的行列，有些侧重认知、有些侧重心理、有些侧重社会效应等；还有一些提倡将不同的视角合而为一，例如南丹麦大学的斯特芬森和考利等人提出的“生命科学”（Life Science）（参见 Steffensen & Fill，2014；Cowley，2014，2018；Steffensen，2017）。以上无论哪种方法，都没有优劣之分；研究者需要考虑的是自己的研究问题和研究目的以及自身已经具备的相关理论知识，从实际出发选择适合的研究方法。

第 9 章
和谐话语分析

9.1 引言

第 5 章 5.4.1 节已经对和谐话语分析的产生背景、哲学指导、理论依托和分析原则等进行了简要介绍（另参见黄国文、赵蕊华，2019）。和谐话语分析是受中国传统哲学影响，以中国政治、经济、社会、历史、文化为背景，以系统功能语言学为理论依托的话语研究的一次本土化尝试。该路径首先可以用于研究具有中国特色的话语，例如中国传统文化和哲学话语、生态文明建设话语、中国媒体话语等。但是我们曾明确提出："和谐话语分析应该不局限于中国语境，它可以应用到不同国家、地区和民族在不同发展阶段和社会背景下的生态话语分析"（黄国文、赵蕊华，2019：95）。

本章首先对和谐话语分析作进一步详述，介绍和谐话语分析的哲学渊源和理论基础及其双层分析构架。和谐话语分析的双层分析构架包括宏观层面对社会实践中所有系统及其互动的分析以及微观层面对各种类型话语的分析（参见赵蕊华、黄国文，2021；Huang & Zhao，2021）。鉴于本书关注的是语篇和话语，因此在接下来展示和谐话语分析的实际应用中，聚焦的是微观层面上两个语篇的案例分析。两个案例分别选取一个汉语语篇和一个英语语篇，这首先是为了展示和谐话语分析的操作路径，其次也是为了展示在中国本土语境下提出的和谐话语分析对非汉语语篇的解释力，亦即该路径的适用性问题。

9.2 和谐话语分析的哲学渊源与理论基础

和谐话语分析的哲学渊源与理论基础都离不开一个关键词：中国语境。和谐话语分析中的“和谐”包含了三个方面的意义：一是受中国传统哲学思想“天人合一”“和而不同”“以人为本”的深刻影响；二是基于中国“和谐发展”“绿色发展”的时代背景；三是以促进人与社会、自然环境和生态系统中各个参与者，以及生态与语言和谐共生为研究目的。我们已经在多个研究中提到并介绍了和谐话语分析（如黄国文，2016a，2017；黄国文、赵蕊华，2017，2019；赵蕊华、黄国文，2017，2021；Huang & Zhao，2021）。本章将从“本土化”和“系统功能语言学”两个关键词出发，围绕和谐话语分析的哲学渊源和理论基础展开讨论。

9.2.1 和谐话语分析的哲学指导与分析原则的关系

以儒家和道家为代表的中国传统哲学思想主张天人合一。天，是万物生命的来源，正如《论语·阳货》有云，“天何言哉？四时行焉，百物生焉，天何言哉？”这里的“天”指的是自然界，所有的生命（包括人、非人类动物、植物等）都在自然界中生长。类似的观点在《道德经》中也可以找到：“道生一，一生二，二生三，三生万物”（《道德经》第四十二章）；虽然这里的“道”并不完全等同于“天”，但是也可以理解为宇宙的物理形态及其运作法则。从这个意义上来说，中国的传统哲学是“生”的哲学，也被理解为“生态哲学”（乔清举，2013：331），讨论的是生态系统中的各种生命形式及其价值以及人是如何看待这些生命形式的，从而实现人与自然和谐共生。

从生的源头（“天”“道”）来看，“生”的哲学蕴含了平等的思想，即万物的生命都孕育和成长于自然界。但是这个平等思想是包含了多样的、有差别的平等，而非一视同仁的、无差别的平等。这就涉及人的问题。中国传统哲学思想中，荀子将人定位为：“水火有气而无生，草木有生而无知，禽兽有知而无义，人有气、有生、有知，亦且有义，故最为天下贵也。”（《荀子·王制》）由于人具有其他生物和物质所没有的特性，因此人是维持生态系统可持续发展的关键因素；人在享有生存权利和生活福祉的同时要承担起协调生态系统中各个成分的责任。这就是和谐话语分析的研究假定：以人为本。从研究内容来说，以人为本是要以人的问题为本，而非以人的利益为本。从研究涉及的对象来说，以人为本需要以人民为本，在具体的环境中还可以进一步分为不同的群体。在和谐话语分析中，需要从人（民）的问题出发，了解人（民）的问题是什么及其形成背景，从而利用和谐话语分析的分析原则（良知原则、亲近原则和制约原则）做出解释和评估。和谐话语分析的三条分析原则与以人为本的研究假定有着密切的联系。

以人为本的前提，或者说实现以人为本的条件是：人要有良知，即和谐话语分析的良知原则。良知原则受王阳明“致良知”思想的影响，其基本要义是认知和体验是源自内心的，并外化为对事物的判断，包含了认知、意志和情感三个要素（赵蕊华、黄国文，2021）。认知是人对客观世界信息的加工，对客观世界中不同事物的性质、特点和功能有所了解。在认知过程中，同时包含了意志和情感要素，这与人性本善相关联。正因为人性本善，人在认知过程中会利用意志对认为的负面观点和想法以及可能产生的负面行动进行抑制；也正是因为人性本善，人在认知过程中会对做认为正确的事情感到愉快，对做认为错误的事情感到痛苦或者愧疚。基于这三个要素，人对自己和他人的所思和所行进行判断，以良知指导行动。

虽然和谐话语分析秉承人性本善的观点，认为对待客观世界中的万事万物要有良心、有爱心，但是这并不是一概而论的。爱，是有差别的、分种类的爱；也就是我们所说的亲近原则。亲近原则受儒家“推爱”思想的影响，认为人在对待自身、他人、非人类动物、植物、山川河流等存在远近亲疏上的差异。如《孟子》所载，“君子之于物也，爱之而弗仁；于民也，仁之而弗亲。亲亲而仁民，仁民而爱物。”（《孟子·尽心上》），讲的就是一个由近及远、由人及物的“推爱”过程。在这一过程中，首先要选择观察的基点，即从哪个群体的视角出发进行分析：可以是基于人类的（进一步分为个体、不同类型机构、社区、国家等），也可以是基于非人类的。其次，要选择观察的维度，也就是从哪个方面开展分析，可以分为生物的、时空的、情感的、政治的、社会的，等等。在开展分析时，至少要厘清这两个因素才能在亲近原则的指导下分析不同关系中爱的类型和爱的程度（参见赵蕊华、黄国文，2021；Huang & Zhao，2021）。举个简单的例子，对于一般人来说，猪牛羊肉与其他的蔬菜瓜果一样，都属于食物一类，但是对于素食主义者（特别是出于对动物权益的关心和对生态环境的保护的这一类人）而言，猪牛羊等有生命，与人更为亲近，因此也获得更多的关心和爱护。

人性本善并不排除外界环境对人可能带来的负面影响。受经济、政治、社会风气、社交圈的影响，人的善性可能被蒙蔽，会为追逐利益而做出恶的行动。因此和谐话语分析同时提出制约原则，作为以人为本的限制条件。制约原则在三个层面实现：个人层面的自我约束，社团、社区层面的乡约民俗约束和国家层面的法律法规约束，三个层面制约的正式程度、权威性和约束力是逐级递增的。个人制约受良知道德影响，与个人的出生环境、受教育背景、社会经历等有着密切关系。在该层面，生态教育（如 Orr，1992）对于唤醒人们的生态意识、引导人们的生态认知起着重要作用。社团、社区对某个社会团体或者某个区域的成员的制约主要通过风俗、民俗、惯例等实现。受儒家传统思想影响，社团、社区制约仍以道德教育、情感维系为主。因此，相对于个人的自我制约，社团、社区制约在范围上有所拓展，制约的强度也有所增加，影响力也逐步扩大。最后，国家层面的法律法规的影响范围最大、最具权威、最有制约力。中国传统哲学虽然提倡仁、义、礼，但同时也提出“法者，治之端也”（《荀子·君道》）以及“徒善不足以为政”（《孟子·离娄上》），因此法制化也成为中国生态文明建设的重要特征之一（赵蕊华、黄国文，2019；Huang & Zhao，2021）。

受中国传统哲学文化的影响，和谐话语分析以人为本的研究假定与良知、亲近和制约这三个分析原则是一脉相承的。我们也多次提到（如黄国文、赵蕊华，2019），这三个分析原则通常是共同作用的。但正如第 4 章所说，根据不同的研究目的和研究问题，分析者也可以侧重其中一个或两个原则。

9.2.2 和谐话语分析的理论基础

和谐话语分析以系统功能语言学为理论基础，重点利用系统类型说（第 3 章 3.3.1 节）、语境（第 3 章 3.3.2 节）和元功能（第 3 章 3.4.1 节）的思想，结合上述的研究假定和分析原则展开研究。本节主要介绍采用系统功能语言学作为和谐话语分析理论基础的动因，分为韩礼德的汉语研究和系统功能语言学的适用性两个方面；这两个方面都与中国语境下的研究本土化相关。

系统功能语言学的创始人韩礼德对语言的研究是从汉语入手的，他有着多年学习、研究和教授汉语的经历。韩礼德（2015）强调，汉语语法描写一开始就要采用自上而下的视角，挣脱结构的藩篱，将描述“根植于系统里”（韩礼德，2015：2–3），但也要采用自下而上的视角，考察表达意义的类型。韩礼德进一步提到：

> 当我第一次在英格兰的“语文学会”做讲座时，我的主题是“现代汉语的语法范畴”；在几年后的另一个场合，当我在那谈论英语时，尤热妮·亨德森（Eugénie Henderson）教授问我：我研究英语是否曾受我研究汉语的影响。…… 我承认这种可能性；但我补充道：英语跟汉语在某些有趣的方面很相像。（韩礼德，2015：3）

从上面韩礼德自己的话可以看出韩礼德早期汉语研究对其英语研究的影响。杨延宁（2012：22）甚至直接指出：“如果这位大语言学家（韩礼德）没有学汉语、教汉语和研究汉语的经历，系统功能语言学是否会出现都是一个问题。”韩礼德在中国的汉语学习和研究涉猎广泛，从最初 1947 年至 1949 年在北京大学修读汉语，到 1949 年底到广州的岭南大学跟随王力教授开展珠三角地区的方言调查。最后，韩礼德在 1950 年回到英国完成对《元朝秘史》的语言学分析，并获得博士学位。韩礼德多次谈到，他的语言学理论和研究方法是在中国开始学的。他在 1998 年说过，“我最早是在中国由两位杰出的学者教我语言学的，特别是其中的一位帮我打下了现代语言学和音系学的基础。那是王力。”（Martin，2013：149；胡壮麟，2018：30；另见 Halliday，1985/2007：188）韩礼德有关汉语的一系列研究（如 Halliday，1956，1992，2005）

都与系统功能语言学的形成和发展有着千丝万缕的关系，可以说系统功能语言学作为韩礼德语言学研究的主要成就"是东西方语言学研究相结合的结果"（杨延宁，2012：25）。和谐话语分析在中国的语境下提出，受中国传统文化和时代背景的影响，研究对象包括汉语和英语，因此以系统功能语言学作为理论基础无疑是最为合适的。

除了系统功能语言学与中国和汉语的深厚渊源之外，和谐话语分析以该理论作为基础的另一个原因在于系统功能语言学理论的适用性。本书在其他多处也提到，韩礼德（Halliday，2009b：61）尤其强调系统功能语言学的适用性，将系统功能语言学定位为以问题为导向的理论，用以帮助识别和解决问题，可以广泛应用到各个实践领域。本章的引言部分已经谈到，和谐话语分析在宏观层面关注可能对生态环境产生影响的社会实践中的各个系统的互动，在微观层面探索各类可能对生态环境产生影响的话语和语篇；因此，和谐话语分析的研究涉及生态、经济、政治、社会、文化等不同领域，也需要一个普遍适用的语言学理论来支撑。

9.3 和谐话语分析的双层分析构架

受亚历山大和斯提布（Alexander & Stibbe，2014）的影响，和谐话语分析同样主张从生态的角度探讨一切语篇和话语问题，研究一切对生态系统（包含社会系统）可能产生影响的话语。在和谐话语分析中，话语包含广义的社会实践中的一切系统及其表现形式以及狭义的以书面形式或者口头形式出现的语言使用（Foucault，1972）。基于此，和谐话语分析在两个层面展开。在宏观层面，和谐话语分析超越语言，探索社会实践中各个系统的互动及其对社会和生态发展的影响；这些系统可以是物理的、生物的、社会的或者意义的（Halliday & Matthiessen，1999）。在微观层面，和谐话语分析是基于语篇的，讨论的是语篇中各种意义资源的特征及其作用。换句话说，和谐话语分析研究关注的不仅仅是基于语篇的语言，还涉及其他影响或者制约人的思想和行为的系统。（参见 Huang & Zhao，2021）

系统类型说（Halliday & Matthiessen，1999）所提出的四类系统，

物理系统、生物系统、社会系统和意义系统，指导着和谐话语分析在宏观层面的分析。在宏观分析层面，我们以传统风俗为例进行简要说明。传统风俗表现为民俗、乡约、惯例等，可以由书面文字的方式传播，但在一些缺少文字记载的地方则主要以口述、歌曲、舞蹈、动作的方式传播。在传统仪式进行中，除了分析可能出现的口头话语（有些仪式并不一定会有言语自述或者言语交流，所以是“可能出现”），还要分析仪式所处的物理环境、仪式参与者的身份、行动、表情等。要开展这方面的研究，仅仅依赖语言学的知识是不够的，还需要借助民俗学、人类学、地理学等学科的思想。对传统文化的研究只是和谐话语分析宏观层面分析的内容之一，研究者还应该关注历时视角下意义生成的问题以及生态教育的问题（参见 Huang & Zhao，2021）。鉴于本书主要讨论基于语篇的话语分析，这里不做详述。

在第 4 章讨论功能话语分析的研究方法中，我们提到语境的关键作用。在和谐话语分析的微观层面，语境仍然是不可或缺的要素。分析者首先要考虑的是以人为本（以人的问题为本）的三个方面：人的问题是什么？问题牵涉哪些人？人是通过什么方式牵涉到问题当中的？（赵蕊华、黄国文，2021）这三个方面进一步反映到语言系统中的及物性系统、逻辑语义系统、语气系统、情态系统、主位系统、信息系统和衔接机制当中，是良知原则、亲近原则和制约原则在语言中的体现。但是不同于语境三要素（语场、语旨和语式）和三大元功能（概念功能、人际功能和语篇功能）的“耦合”关系，三个分析原则与三大元功能及其在词汇语法层面的体现并非一一对应的关系。具体来说，良知原则中对事物的判断以及亲近原则中对事物间亲疏关系的认识都可以通过及物性分析来展现，探讨人类对非人类参与者的行动、感情、态度、认知以及对非人类参与者的定位；亲疏关系还可以通过对语气的分析来展现，讨论参与者的角色分配和互动。对语气的分析（以及情态分析）还可以揭示制约原则中处于不同层面的制约的正式程度、权威性和约束力，例如使用祈使语气和陈述语气的区别，使用低值、中值和高值情态动词或者不使用情态动词的区别。除此之外，制约原则还受传播渠道的影响，反映在主位系统和信息系统之中。（参见黄国文、赵蕊华，2019；赵蕊华、黄国文，2021；Huang & Zhao，2021）

9.4 两个案例分析

9.4.1 生态文明建设话语分析

本章的和谐话语实证分析是在微观层面基于语篇的分析，本节用于分析的语料选自求是网的《生态文明建设到底有多重要?》一文，与生态文明建设的重要性相关（详见附录J）。2012年，党的十八大做出“大力推进生态文明建设”的战略决策，以解决或缓解日益突出的生态问题，推动可持续发展。这不仅关系到中国人民的生存生活和中华民族的永续发展，也是建设人类命运共同体的重要内容。

该语篇正文共四个段落，分别从四个方面讲述了生态文明建设的重要性。每个段落的第一句话都由关系过程实现，分别构建了生态文明建设与可持续发展、生态文明建设与人民美好生活需要、生态文明建设与经济发展方式以及生态文明建设与全球环境问题的关系。前三个段落的结构比较相似，分别在阐述生态文明建设与中华民族永续发展、党的使命宗旨、经济高质量发展和现代化建设的关系后，突出人或者与人相关的问题（以人为本），并提出如何看待问题和解决问题（良知、亲近和制约）。而最后一个段落有其自身特点，没有明显的从展示问题到解决问题的发展线索。

在第一段介绍生态文明建设在中华民族永续发展的重要性时，语篇使用了一系列物质过程（“先污染后治理”“边污染边治理”“吃祖宗饭、断子孙路”）、关系过程（“生态环境没有替代品”“我们没有别的选择”）以及心理过程（“(用之）不觉”）展示人们在处理与生态系统之间关系方面的问题。这些过程揭示了传统发展模式下的关系设定，即经济发展与人的关系更为亲近，而污染治理则相对疏远，同时也揭示了受良知制约的对下一代生存发展的关注。生态文明建设改变旧有的观念，重新设定了经济发展与环境保护的关系，提出经济发展和生态保护与人的亲密程度相同。为突出生态文明建设的重要性，语篇利用识别类关系过程（“唯有经济与环境并重、遵循自然发展规律的发展，才是最有价值、最可持续、最具实践意义的发展”）、心理过程（“重视生态文明建设”）和物质过程（“走一条绿色、低碳、可持续发展之路”）提出解决问题的方法。此外，语篇还利用表示穷尽的语言资源强调问题解决方法的唯一性，如识别类关系过程中的“唯有”“才是”。

第二段介绍了生态文明建设对实现人民美好生活的重要性。该段采取与第一段类似的策略，突出人或者与人相关的问题，并提出解决问题的途径，主要由物质过程和心理过程实现。在描述问题方面，物质过程除了展示现在的人的问题，例如“积累下诸多环境问题”和“在生态环境方面欠账太多”，还预设了如果不采取有效措施将来可能产生的人的问题，即“付出更大的代价”。心理过程用于展示人们对提高生态环境质量的要求，例如“广大人民群众热切期盼加快提高生态环境质量”，这构成推进生态文明建设的主观因素。在解决问题方面，语篇继续利用表示穷尽的“只有”突出生态文明建设在解决问题中的唯一性，同时利用一系列的物质过程“既要算经济账，更要算政治账，算大账、算长远账，绝不能急功近利”说明行动的重点，也就是“更要”后面所包含的内容，由此重新设定了经济、近利、小利和政治、长远、大利与人民生活的亲近程度。

第三段介绍了生态文明建设在经济发展中的重要性，提出旧有发展模式存在的问题，并阐释解决问题的新型发展模式。这一段提出的人的问题是“传统的”“大量生产、大量消耗、大量排放的生产模式和消费模式”。问题解决部分涉及的主要过程类型是物质过程和关系过程。物质过程用于强调经济与环境的平等地位以及对人而言两者等同的亲近关系（“环境保护与经济发展同行”“实现经济社会发展和生态环境保护协调统一”），描述如何开展生态文明建设（“坚持绿色发展，改变传统的……生产模式和消费模式”），以及改变旧有发展模式的途径（“使资源、生产、消费等要素相匹配相适应”）。关系过程主要用于提出新的发展类型（“由高速增长阶段转向高质量发展阶段”），解释高质量发展的含义（“是体现新发展理念的发展”“是绿色发展成为普遍形态的发展”）和地位（“是……必然要求”“是……根本之策”）。

最后，语篇从大国担当强化中国推进生态文明建设的责任。不同于前面三段利用亲近原则重新设定生态文明建设中的各种关系，第四段主要围绕道义、良知和责任对大国的制约展开。该段虽然利用关系过程展示了中国开展生态文明建设所面临的困难，如“处于全面建成小康社会的关键时期，工业化、城镇化加快发展的重要阶段”和“发展经济、改善民生任务十分繁重”，但是也利用物质过程展示中国作为大国的积极应对，如“为全球环境治理、生态安全作奉献”中体现的大国良知制约以及“树立起全球生态文明建设重要参与者、贡献者、引领者的良好形象”中体现的大国身份制约。

总而言之，中国的生态文明建设是一个对旧关系重新审视和对新关系重新设定的过程，是一个解决旧问题，提供新路径的过程。其中涉及对亲近关系的判断、生态良知的觉醒以及大国的责任制约。就本节所选取的语料而言，这些主要由物质过程和关系过程体现，并辅以表示唯一的语言资源。

9.4.2 对非中国语境下话语的分析

本节语料（详见附录K）选自美国环保科技公司 EnviroScience 网站主页上的文本。

环保科技公司是环保公司的一种类别，是在环境保护相关需求背景下应运而生的，更强调科技的参与和作用。这些需求来自社会和生态的多个领域，比较突出的有：第一，生态问题日益严峻，保护环境已经刻不容缓，否则包括人在内的一切生命有机体都难以持续生存，这是来自自然界的需求；第二，部分企业自身具有良好的环保观念，自发承担起改善生态环境的社会责任，这是来自企业（一般是企业创始人或者领导人）的素养需求；第三，不同国家和地区都出台了环境保护的政策、法律、法规，企业必须在达到环保标准的前提下才可以顺利生产，这是受制于国家的企业基本需求；第四，除了来自国家层面的强制性要求，企业还可能受限于媒体和大众监督，或者想要塑造良好的企业形象，这是来自企业自身追求发展的需求。由此可见，这四类需求从人的问题出发，涉及人（人类）的可持续发展、人（企业）的生存和发展以及人（国家、媒体、大众）的监管，可以从良知和制约两个方面理解。

在这样的背景下，国内外大批环保公司应运而生。同样地，这些公司可能有自身的环保理念，但是不可否认的是它们与其他商业公司一样，以盈利为目的。本节所选取的语篇是对 EnviroScience 公司的介绍，是一个推广性语篇，用于吸引潜在客户；如果在批评的视角下分析这类语篇可能被视为传递浅生态主义（shallow environmentalism）（Stibbe, 2004）的哲学观，因为其目的还是为了促进消费（参见第 8 章 8.3.2 节的结语部分）。但是如果分析者在和谐视角下进行分析，就会有新的发现。

语篇的题目是 "Providing Efficient, Cost-Conscious, and Time-Sensitive Solutions to Environmental Challenges Since 1989"，为读者提供了大量信息。首先，标题以"问题–解决"的模式展现了语篇的主题，即为人们所面临的环境挑战（问题）提供解决方案（解决）。其次，标题利用一个物质过程（由 providing 实现）表达 EnviroScience 可以做什么（即提供解决方案）以及做的怎么样（即高效的、控制成本的和具有时间敏感度的解决方案），并利用表示时间的环境成分（since 1989）强调公司的历史，以此提供了潜在消费者购买产品或者服务时最需要的信息——时间、费用和效用。该题目在正文第一段的第二句话（"Since 1989, EnviroScience has provided expert technical services to help our clients meet their environmental design and regulatory requirements."）和第二段的第二句话（"we are able to provide comprehensive in-house services and an integrated approach to solving environmental challenges, saving clients time, reducing costs, and ensuring high-quality work products."）得到延伸。在第一段的第二句话中，表示时间的环境成分（since 1989）继续保留，物质过程仍然由 provide 实现，不过这里利用现在完成时（has provided）传递一个从过去持续到现在，并对将来产生影响的意义。标题中提供的包含三个修饰成分的解决方案（efficient, cost-conscious, and time-sensitive solutions）在这句话中被概括为 expert technical services；同时，第一段的第二句话利用表示目的的成分表明提供服务是为了帮助客户解决问题（"to help our clients meet their environmental design and regulatory requirements."），其服务对象是客户。在第二段的第二句话中，实现物质过程的仍然是 provide，不过由表示能力的意态动词 are able to 引导。标题中含有三个修饰成分的解决方案（efficient, cost-conscious, and time-sensitive solutions）在这句话中首先被解释为 comprehensive in-house services and an integrated approach，并进一步被拆解为四个物质过程，如下所示：

solutions → solving environmental challenges
time sensitive → saving clients time
cost conscious → reducing costs
proficient → ensuring high-quality work products

总的来说，上述两个句子丰富了公司的行动内容、明确了行动对象和行动目的，使标题的含义更为具体。上文讨论的标题与正文中这两句话之间的关系可以由表 9-1 展示。

表 9-1　案例标题在正文中的体现和细化

<table>
<tr><th></th><th>标题</th><th colspan="2">第一段第二句</th><th colspan="2">第二段第二句</th></tr>
<tr><td>动作者</td><td>EnviroScience
（隐藏）</td><td colspan="2">EnviroScience</td><td colspan="2">We (EnviroScience)</td></tr>
<tr><td>动作</td><td>provide</td><td>has</td><td>provided</td><td>are able to</td><td>provide</td></tr>
<tr><td rowspan="2">动作内容</td><td rowspan="2">efficient, cost-conscious, and time-sensitive solutions to environmental challenges</td><td colspan="2" rowspan="2">expert technical services</td><td colspan="2">comprehensive in-house services and an integrated approach</td></tr>
<tr><td colspan="2">solving environmental challenges, saving clients time, reducing costs, and ensuring high-quality work products</td></tr>
<tr><td>动作目的</td><td></td><td colspan="2">to help our clients meet their environmental design and regulatory requirements</td><td colspan="2" rowspan="2"></td></tr>
<tr><td>环境</td><td>since 1989</td><td colspan="2">since 1989</td></tr>
</table>

接下来，我们从经验功能和人际功能对语篇正文进行讨论。

语篇正文出现最多的是物质过程，总计 11 个，分别由表示公司动作的 has provided、help、has completed、provide、put... (first)、using、completing、hold、take... into consideration，表示（在 EnviroScience 支持下）客户动作的“meet... (design and regulatory requirements)”以及表示（在 EnviroScience 呼吁下）潜在客户动作的 find out 实现。除此之外，还有级阶转移中的物质过程，包括“(an integrated approach to) solving environmental challenges, saving clients time, reducing costs, and ensuring high-quality work products.” 和“From meeting the challenges of environmental disasters, to measuring water toxicity with bioassay, to restoring streams to a functional and natural state.”。这一系列物质过程展示了该环保科技公司为解决问题所做出的行动，使用的都是一般现在时或者现在完成时，表示一个持续性或者重复性的过程。语篇的另一个主要过程类型是关系过程，共计 8 个。这些关系过程主要用于说明该公司的处所（headquartered）、资质（is a team of over 100 expert biologists, commercial divers, environmental scientists, and environmental engineers；retain as many biologists, licensed engineers, divers, and scientists；have over 10 years of experience in their fields）、服务对象（include federal, state, and municipal governments, ODOT and other DOTs, the railroad industry, utilities, mining, and manufacturing, engineering firms, and private individuals）、定位（is... considered a “niche” environmental consultant；are leaders in environmental services）和材料使用限制（resources that are absolutely necessary），以此说明支撑公司解决问题的资历和能力。这些物质过程和关系过程中使用了少量表示能力的意态动词（are able to）和表示最高值频率的情态动词（always）进一步强调公司资质。此外，语篇还利用各类环境成分表达不同的意义，例如，表示手段的 with additional offices in Nashville, Tennessee, Richmond, Virginia and Akron, Ohio 展示公司实力雄厚、分布广泛，可以为不同地区的客户提供服务；表示时间的 since 1989 展示公司的历史悠久，是值得信赖的；表示因果的 due to our ecological consulting focus and nationally-recognized ecological services and environmental compliance for...，Because of our team’s diverse professional background 和 Because of this business model 展示公司的特点，进一步为公司所采取的

行动提供证据。

对语篇中过程类型、时态、环境成分和情态的分析初步展示了公司为解决问题所采取的行动以及背景支撑，回答的是“如何解决人的问题”这一问题。为了解在解决人的问题中所涉及的各个群体，就需要进一步观察各个过程参与者的构成；该语篇最突出的是参与者的多层面和多领域特征。首先，为了证明公司解决问题的能力，公司内部参与者（公司成员）涉及问题解决这一过程的包括 over 100 expert biologists, commercial divers, environmental scientists, and environmental engineers 和 biologists, licensed engineers, divers, and scientists。其次，为了证明公司的受认可度，介绍一系列公司已经服务过的对象，包括 federal, state, and municipal governments, ODOT and other DOTs, the railroad industry, utilities, mining, and manufacturing, engineering firms, and private individuals；USEPA；a number of national transportation and utility companies，覆盖多个层面和行业。第三是公司所解决的问题本身和可服务类别，包括 freshwater mussels, bats, fisheries, aquatic surveys, and stream and wetland management；nationwide surveys of streams, rivers, coastal areas, and other aquatic resources和 Aquatic Survey、Commercial Diving、Ecological Restoration、Ecological Services、Emergency Response、Endangered Mussel Surveys、Laboratory & Analysis、Stormwater Management、Environmental Compliance Services、Threatened & Endangered Species、Wetlands & Streams，这些都是目前较为“热门”或者较为普遍的问题。

从上面的分析可以看出，语篇以 EnviroScience 为中心，从环境挑战这一问题出发，以公司自身的资质为依托，利用面向不同受众的各种行动展示了公司解决问题的能力和实践。在这一过程中，亲近的理念贯穿始终，辅以良知和制约的思想。从公司这一基点出发，形成三个生态圈——公司内部，公司和客户，公司和与其业务相关的生态环境，如图 9-1 所示。

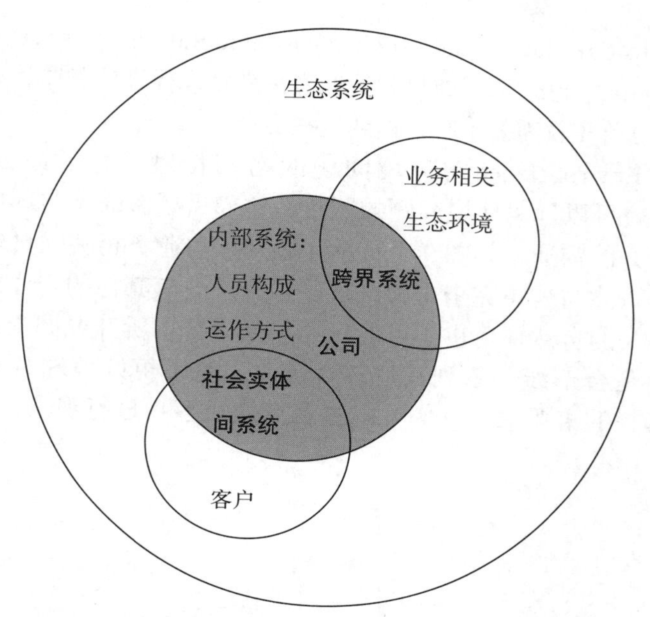

图 9–1 案例中以 EnviroScience 为基点的相关生态圈

图 9–1 将公司、客户以及与公司业务相关的生态环境共同置于大的生态系统之中，因为在和谐话语分析视角下，生态系统是包含人和人类社会在内的系统，这与拉尔森（Larson，2011）的观点是一致的。从公司出发，其本身内部的人员构成和运作方式形成一个公司内部的生态子系统，它与不同层面、不同领域客户的互动形成一个社会实体之间的生态子系统，同时它与解决水的问题、湿地问题、濒危物种和稀缺物种问题中涉及的各种生态成分形成一个社会实体与自然界之间的跨界生态子系统。这样一来，公司与自己的员工、客户和研究对象都要保持亲近关系。除此之外，公司也要遵从良知和法律法规的制约。例如，语篇标题中包含三个修饰语的名词词组 efficient, cost-conscious, and time-sensitive solutions 以及正文中与它们相照应的 expert technical services、comprehensive in-house services and an integrated approach、solving environmental challenges, saving clients time, reducing costs, and ensuring high-quality work products；为客户提供优质服务正是出于良知，从客户的角度出发进行考虑的。同时，上文提到的表示目的的成

分“to help our clients meet their environmental design and regulatory requirements.”也暗示了如果要帮助客户满足环保设计和监管要求，环保公司自己首先就需要了解并达到这些要求。

相对 EnviroScience 与环境问题的密切接触，有了该公司的帮助，客户就可以远离环境问题的困扰，他们需要做的是与环保科技公司保持良好的沟通。如图 9–1 所示，客户和与业务相关的自然环境两个部分不可能与公司完全重合；这些客户还会有其他的合作对象，而与业务相关的自然环境也不可能仅局限于该公司所开展调查研究的那部分，而是会牵涉一系列其他环境因素。为了更好地理解亲近原则下基点选择的重要性，我们可以将基点换成客户进行观察，如图 9–2 所示。

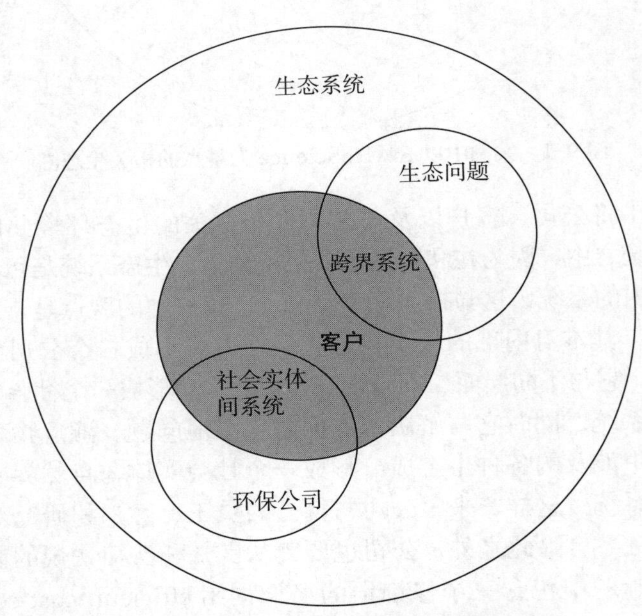

图 9–2 案例中以客户为基点的相关生态圈

图 9–2 与图 9–1 最大的区别在于，图 9–2 中客户同时与环境问题和环保公司保持密切联系，却不会考虑，也难以考虑环保公司与环境问题的互动。需要进一步说明的是，这里所说的“客户不考虑环保公司与环

境问题的互动”并不是指现实中环保公司与环境问题没有互动，而是指从客户的视角出发，与其更为密切的是其本身与环境问题的关系及其本身与环保公司的互动。同样，上面解释图 9-1 所说的“客户远离环境问题”并不是否认客户与环境问题之间的联系，而是强调从环保公司的视角出发，与其直接关联的是与客户的协商和沟通以及对相关环境问题的研究和解决。

9.5 结语

本章通过介绍和谐话语分析的哲学渊源和理论基础，凸出了该分析路径的本土化（中国语境）概念，并进一步通过实例分析展示了该分析路径的适用性和基于语篇的微观层面分析构架。

批评视角（第 8 章）与和谐视角是对话语进行生态分析的两个路径。这两个路径产生于不同的背景（前者兴起于欧美，后者源自中国），根植于不同的哲学传统、政治体制、经济轨迹和社会文化之中，但是两者都为生态话语分析的多样化发展做出了贡献。

采取不同的分析路径，对同一种语言现象可能产生不同的描述，由此产生的结论也可能不同，对话语性质和作用的评估也会产生区别（对比第 8 章 8.3.2 节和本章 9.4.2 节的分析）。从批评的视角出发固然可以发现话语中的一些非生态因素，因为现实中不存在百分之百的有益性话语（beneficial discourse）（Stibbe，2015），而分析者也总可以从话语分析中发现某些可以批判的问题。但是，如果一味地采取批评的视角，研究就可能会比较片面，忽视从人的问题出发来解决问题所带来的好处，因此所产生的影响也是有限的。

总的来说，生态话语分析的批评路径和和谐路径并不是对立的。采用不同的分析路径而获得的不同结论更有利于分析者和读者多角度地了解话语所带来的影响和启示。

第 10 章 功能话语研究思考

10.1 引言

功能话语研究属于广义的话语分析，但本书所讨论的是系统功能语言学框架下的话语研究，它既与一般的语篇分析、话语分析和话语研究有相同或相似之处，又有与它们不同的地方。我们在前面的九章中对话语研究背景（第 1 章）作了梳理，对功能话语研究的一些基本概念和理论支撑以及研究方法作了比较详细的描述（第 2—4 章），同时对这个研究领域近十年来的成果进行总结和评论（第 5 章），最后四章分别讨论了四种类型的语篇和话语（翻译语篇、多模态语篇、生态话语、和谐话语）。本章是对我们所作的功能话语研究的一些思考。

本章主要关注以下三个方面：首先，功能话语研究注重问题导向，因为韩礼德的马克思主义语言观注重的是理论联系实际和解决社会实践中的问题；功能话语研究的目的是在特定的社会语境中聚焦问题，采取以问题为导向的途径，最终为解决问题服务。其次，由于本书所说的功能话语研究与一般的语篇分析和话语分析一样具有“多学科性”或“跨学科性”的特点，所作的研究就势必涉及学科交叉和学科融合问题，因此需根据所要解决的问题寻找合适的研究方法和解决途径。最后，在话语研究中，语言分析是不可忽视的；语言是体现语篇和话语意义的重要手段，没有语言分析的语篇分析和话语分析根本就算不上是分析，没有语言研究的话语研究就如无源之水。

10.2 注重问题导向

第 2 章已经明确指出，本书所说的功能话语研究的理论支撑是来自韩礼德（如 Halliday，1985，1994；Halliday & Matthiessen，1999，2004，2014）的系统功能语言学。该语言学理论从一个角度看，是普通语言学；从另外一个角度看，是适用语言学。说它是普通语言学，是因为其研究重点之一是语言的共性问题和普遍规律，通过系统思维（systems thinking）的整体性（integrity）和综合性（comprehensiveness）途径研究语言和语言系统。说它是适用语言学，是因为它是为应用而设计的，是理论联系实际的表现。无论是普通语言学，还是适用语言学，系统功能语言学始终是问题驱动的。

10.2.1 韩礼德的马克思主义语言观

第 3 章 3.2 节强调了韩礼德的语言学是马克思主义语言学；马克思主义的理论指导并影响着系统功能语言学的构建。据韩礼德（Halliday，1993/2007：223）本人所说，20 世纪 50 年代，他参加了英国共产党语言学小组活动，与其他人一起寻找并发展“马克思主义语言学”（Marxist linguistics）。关于韩礼德理论的马克思主义取向，可参见 Martin（2013）、何远秀（2016）、胡壮麟（2018）和黄国文（2018a）等有关论著。

马克思主义的理论和思想博大精深，这里我们只简述马克思主义学说的问题意识。据谭希培和刘小容（2009：26）的研究，“马克思主义学说的创始人并非仅仅为了建构一套完整的理论体系，而是为了创立一种能够用以指导解决现实生活中重大或核心问题的理论与方法”；这就是说，理论的构建是为了解决问题的，是要解决现实问题、社会问题以及其他与我们的生活息息相关的问题。因此，谭希培和刘小容（2009：26）认为，“马克思主义学说是在社会实践问题的导向下逻辑地整体展开的，是在关注、研究、解决不断变化发展着的社会现实问题中生成的”，因此，“当今马克思主义研究也应该树立强烈的问题意识，以提出和解答全球化时代的重大、核心问题为自己的使命”。

马克思主义的学说不是只停留在理论，从理论到理论，而是“在从实践到认识的循环往复中生成的；不是为了编织一个完整的理论体系，而是为了从实践中提炼出理论并指导解决现实社会的实际问题”（谭希培、刘小容，2009：27）。马克思主义学说特别强调理论联系实际，强调发现问题和解决问题。这在人们解读马克思早期著作时就已经发现了：“‘以问题为中心’几乎成为马克思颠覆传统的哲学、政治经济学及其他学科概念及其体系，实现人类思想史的伟大革命的重要路径”（谭希培、刘小容，2009：28）。

在谈到自己的语言学理论构建和自己的语言观时，韩礼德（Halliday，2015：97）说：“我认为马克思主义的理念对我的语言学研究，无论是宏观还是微观方面，都对我的研究工作提供指导。宏观上，我总是认为理论应该服务实践，运用于解决研究中的实际问题和某个实践领域。我最终理解并发展命名成‘适用语言学’用以概括这个理念。”（何远秀，2016：208）根据系统功能语言学知名学者马丁（参见王振华、张庆彬，2013：11；另见王振华，2015：80–81）的说法，韩礼德在构建系统功能语言学的早期阶段，构想的就是要发展马克思主义语言学，并认为这个构建是一种忠于意识形态的社会行为。对于韩礼德来说，系统功能语言学的终极目标是为了发展马克思主义语言学，将理论联系实际，把语言研究和语言学研究都放置在社会语境中，以此来解决现实社会中各种各样与语言有关的问题；这也是韩礼德后来明确提出系统功能语言学是适用语言学的主要原因之一。韩礼德（Halliday，2015：98）还谈到自己的社会责任：“I hoped that what I was trying to achieve as a linguist might make some contribution to improving the human condition, however minuscule and oblique. This is what I meant by calling the theory ‘appliable’.”（作为一名语言学家，我希望自己能为改善人类的状况尽一份绵薄之力。这就是我为什么把系统功能语言学理论叫作“适用”语言学的原因。）

我们在本书第 3 章 3.2 节说到，韩礼德的马克思主义语言学核心思想是语言的“实践观”，提倡理论联系实际，坚信理论来自社会实践，并将语言和语言学置于社会语境中来发现、分析、评估和解决社会中任何与语言相关的问题。因此，语言学不是只描述现实，而是一种行为，是社会实践中的一种干预方式。韩礼德认为他自己一直致力于在政治语境中研究语言，这为我们的功能话语研究指明了一个方向。本书所讨论的功能话语研究也是以问题为导向的学术活动。

10.2.2 作为问题导向的系统功能语言学

早在 1972 年，韩礼德在接受帕勒特（Parret，1974：119–120）的访谈时就说到他对语言研究的观点。他认为，人类语言研究领域有两个根本性问题需要考虑：一个是内在的，另一个是外在的。关于内在问题，他提出了两个具体问题："Why is language as it is?"（为什么语言是这样的？）；"Why did mankind evolve a system which has these particular properties that language has?"（为什么人类能够逐步形成语言这个具有特殊属性的系统？）。我们认为，对内在问题的研究就是作为普通语言学的系统功能语言学所要完成的任务。

韩礼德说到的一个外在问题是（Parret，1974：119—120）："... how is it that the most ordinary, casual, informal, everyday uses of language, without any kind of instruction and without even any kind of explicit understanding behind them, so efficiently transmit to the child the fundamental patterns of the culture, systems of knowledge, social structure, value systems and the like?"（在没有任何指导和帮助，甚至尚未明确理解的情况下，最普通的、随意的、非正式的、日常的语言使用，如何能如此有效地向儿童传递文化的基本模式、知识体系、社会结构、价值体系等？）。据我们的理解，外在的问题首先涉及的是语言与社会和语言与文化的传播问题，是关于语言的社会属性问题。语言既是社会文化的产物，又是社会文化这一意义体系的组成部分。这是适用语言学要研究的问题。

韩礼德的研究是问题导向的，他的学术论著都是关于语言的内在问题和外在问题的研究；他毕生都在寻找这两类问题的答案，也引导着其他系统功能语言学研究者朝着这个方向深入探索。纵观韩礼德的学术生涯，可以这样说，他的学术研究一直是问题驱动的，早期的研究重点主要落在作为普通语言学的系统功能语言学，过去二三十年则主要落在作为适用语言学的系统功能语言学。

2009 年，韩礼德（Halliday，2009b：61）明确指出，系统功能语言学是“a problem-oriented theory”（一个以问题为导向的理论）。在此之前，就有很多学者看出系统功能语言学是为解决问题而设计的。对韩礼德来说，创建系统功能语言学的目的之一就是为语言学消费者所面临的各种问题提供一个理论。如第 5 章所展示的，近年来大多数系统功能语言学研究都集中在解决问题上，所涉及的问题包括语言教育、外语教学、儿童语言发展、语言和社会阶层关系、语篇分析、话语分析、文体学、多语研究（包括翻译研究）、临床医学、法律语言研究、生态语言学等。

10.2.3 话语研究的目的

我们在第 2 章指出，韩礼德多次（如 Halliday，1985，1994）提到，他构建功能语法的目的之一是为语篇分析提供理论支撑，语篇分析者可以把这个理论用于分析英语中的任何语篇。事实证明，韩礼德的理论也成功地应用于其他语言的分析和语篇的分析中（Caffarel et al.，2004）。

功能话语研究的目的就是发现问题、分析问题和解决问题。对于一个特定的语篇，我们要从不同的视角进行分析，并要考虑与该语篇有关的语境因素（如文化语境、情景语境和上下文语境）和其他相关的历史、文化、政治、社会、个人的心理和个人认知因素。作为以问题为导向的功能话语研究者，我们首先要问的是：意义是怎样表达的？特定的语篇怎样表达特定的意义？为何特定的语篇能够表达它所要表达的意义？为何某一语篇就其使用目的而言是（或不是）有效的？它在哪方面是成功的？在哪方面是不怎么成功的或是失败的？这些问题是韩礼德（Halliday，1994：xv）多年前就提出来的。当然，功能话语分析者还有其他问题需要研究，如：语篇是怎样影响人们的生活方式的？语篇是怎样构建现实和未来的？

功能话语研究还要根据特定的社会环境提出研究问题。例如，关于环境保护等生态问题，中国学者与西方学者有相同和相近的观点，但也有不同甚至相反的观点。这点在生态话语分析文献中已经有很多讨论。即使同一个国家的人也可能有不同的看法，例如，2009 年 12 月 7 日联合国气候变化峰会在哥本哈根召开后，著名电视主持人柴静访谈科学家丁仲礼院士。谭晓春（2018）对该访谈作了话语分析，研究重点是分析柴静和丁仲礼对 IPCC（Intergovernmental Panel on Climate Change，联合国政府间气候变化专门委员会）的二氧化碳排放方案做出怎样的价值判断和科学判断。虽然柴静和丁仲礼都是中国人，但他们对生态问题的认识是有差异的；由于站的角度不同，所以他们在很多地方的观点是不一致的。丁仲礼在访谈中说道：排放权意味着未来的发展权，排放权意味着生活的改善，排放权意味着国家的发展，排放权意味着福利能不能进一步地增加；他把排放权与世界各国的不同发展情况结合起来考虑，也把各国人民的生活、福利、工作、幸福联系在一起，体现了以人为本和构建人类命运共同体的发展理念。这也体现了一个有家国情怀的科学家的社会责任。相比之下，柴静的一些问题或观点就显得有些"西化"，没有充分考虑到像中国这样的发展中国家的实际情况。

功能话语研究的目的就是要在特定的语境中聚焦问题，采取以问题为导向的途径，采用问题倒逼的方法，分析问题、解释问题，将理论联系实际，最终为解决问题服务。语言反映社会实践和现实，语言也构建现实。功能话语研究就是要揭示语篇和话语的这种功能，要在特定的社会、政治环境中研究意义。功能话语研究要注重对语篇的评估，评估是话语分析和话语研究的较高层次（参见 Halliday，1994：xv）。

10.3 学科的交叉融合

学科交叉与学科融合是目前学科发展的趋势。新工科、新文科、新农科和新医科就是在这样的背景下提出来的。学科交叉与学科融合的目的之一是解决单一学科无法或很难解决的问题。因此，从某种程度上说，推进学科交叉与学科融合，也是为了解决问题。这里说的问题既包括学科自身（内部）的问题，也包括学科交叉过程中出现的问题和社会实践中出现的问题。要解决问题，就必须理论联系实际，多视角、多维度地去审视问题和分析问题，最终解决问题。

10.3.1 功能话语研究的多学科性

本书多次说到，我们所作的功能话语研究是在系统功能语言学框架中进行的。但是，就涉及的问题和解决问题而言，功能话语研究与一般的话语分析一样，所面临的问题是多种多样的。尽管话语分析源于语言学，其核心是语言和语言学，但所涉及的问题是多方面的，因此功能话语研究同样具有“多学科性”（multidisciplinarity）或“跨学科性”（interdisciplinarity）的特点；这点在本书第 5 章已经指出。功能话语研究虽然源于和根植于功能语言学，但也正在吸收意义学、符号学、人类学、社会学、心理学、政治学等学科的理论，并正在发展成为其他人文和社会学科共同关注的对象，如哲学、心理学、法学、人类学、政治学、社会学、修辞学、新闻传播学、地理学、文化研究、音乐研究、国际关系研究、行为研究、种族研究、性别研究等。

话语分析发端于语言学研究，最近二三十年的发展非常迅猛；很多人试图把它与语言学学科分开，并在其内部不断开拓新的研究领域。有关话语分析的研究无论在深度还是广度都一直在扩展，例如，对语篇类型的新分类使语篇分析关注的对象不断扩展，从书面语语篇到口语语篇，从机构语篇到非机构语篇，从传统语篇到新媒体语篇，从普通语篇到专门用途语篇，从单一模态语篇到多模态语篇，等等。尤其是近年来互联网的迅速发展使电子语篇的研究成为话语研究的新的研究热点（如 Jones et al.，2015），这为话语研究不断开拓新的领地提供了基础，也提出了要求。此外，大型语料库的建设以及话语分析工具的改进，也为话语研究提供了更多的可能，而专门用途英（外）语研究的兴起和发展，使特定类型语篇的语言研究受到了前所未有的关注（参见黄国文、刘明，2016）。

功能话语研究，也与一般的语篇分析和话语分析一样，其研究一方面要涉及或借鉴语言学以外的学科的研究成果；另一方面，其研究领域和研究维度也在不断扩大。但是，正如第 2 章中所讲，很多话语分析者都认为语篇分析、话语分析和话语研究是语言学理论的应用（即不把理论与分析看作是一体的，而是分开的），是选择来自不同学派的观点和方法并用其作为研究的理论支撑或理论解释。本书所讨论的功能话语研究，是在韩礼德理论指导下的语篇和话语研究，因此我们认同韩礼德

（Halliday，2008：192）的观点，接受话语研究（语篇分析、话语分析）是系统功能语言学的一个组成部分的说法。也就是说，理论与实践（分析、应用）是一个整体的两个界面，就像气候和天气都是属于同一现象一样。从这一点看，我们所作的话语研究属于系统功能语言学研究。

10.3.2 人工智能对话语研究的影响

科学技术的革新影响着人们生活的方方面面。人工智能对推动话语研究的发展也起着不可估量的作用。本书第 6 章谈到了翻译语篇，但并没有专门讨论与机器翻译（machine translation）、机器辅助翻译（machine-aided translation）或电脑辅助翻译（computer-assisted translation）等与机器和人工智能有关的翻译问题。

在我们的话语研究和翻译教学中，必须重视机辅翻译所涉及的问题以及解决问题的办法。为了说明问题，我们在这里不妨分析一个例子[8]（开头部分有改写），为了方便分析，我们对语篇的小句进行了编号。

【例 1】(1) The simple answer to the question of "Is donating old clothes a sustainable way to clean out your closet?" is as follows: (2) While charities and thrift stores do give away or sell a portion of the clothes they receive, your donated clothes are likely to end up being shipped overseas to resale markets in developing countries, which can negatively impact their local industries, or in a landfill. (3) Only 10% of clothing given to thrift stores is actually sold. (4) The US alone ships a billion pounds of used clothing per year to other countries. (5) Africa receives 70% of global secondhand clothes.

上面这个段落如果采用人工翻译，估计要花上一些时间（虽然翻译者英语水平的高低会影响翻译的时间），特别是对于一些英语不是很好的人，要把它翻译出来是不容易的。

我们（2020 年 10 月 7 日上午 10：30）把例 1 输入电脑的百度翻译，

8 选自《关于可持续时尚最常见的 9 个误解（上）》，中国日报网，2020 年 9 月 29 日。

很快就出现了下面这个译文（为了方便分析，我们在翻译语篇中加了编号）：

【例 2】[1] 对于“捐赠旧衣服是一种可持续的方法来清理你的衣橱”这个问题，答案很简单？具体如下：[2] 虽然慈善机构和旧货店确实会赠送或出售他们收到的一部分衣服，但你捐赠的衣服很可能最终被运往海外，运往发展中国家的转售市场，这可能会对它们的当地产业产生负面影响，或者被扔进垃圾场。[3] 给旧货店的衣服只有 10% 是实际出售的。[4] 光是美国每年运往其他国家的服装就有 10 亿英镑。[5] 全球 70% 的二手服装来自非洲。

从经验功能看，例 2 对例 1 意义的翻译准确度大约达到 75% 左右，但存在的问题也是明显的。具体说来，比较大的问题是对第（5）句的翻译，原文的“Africa receives 70% of global secondhand clothes.”（非洲接收了全球 70% 的二手衣服。）被误译为“全球 70% 的二手服装来自非洲。”，这是机器对 receive 的误解和误译造成的。另一个比较大的问题是对例 1 中第（1）句的翻译，主要是标点的位置和词序的问题。我们把第（1）句单独放进百度翻译，其翻译结果与例 2 中基本一致：

(1) The simple answer to the question of “Is donating old clothes a sustainable way to clean out your closet?” is as follows:

<1> 对于“捐赠旧衣服是一种可持续的方法来清理你的衣橱”这个问题，答案很简单？如下：

比较例 2 中的 [1] 和上方 <1> 这两个译文，可以看出，它们的不同是“具体如下”和“如下”。同样，我们把第（5）句“Africa receives 70% of global secondhand clothes.”单独放进百度翻译，其结果与例 2 中的 [5] 是一模一样的。所以也许可以这样说，目前的百度翻译还不能较好地处理这类英文结构。

为了进一步研究第（1）句和第（5）句英语的翻译问题，我们把例 1 放进电脑的有道翻译进行翻译，同样很快得到译文（例 3）；其中，有道翻译对第（2）、第（3）和第（4）句的翻译结果与例 2 百度翻译的结果大同小异，意义基本是准确的。有道翻译对第（1）句的翻译比百度翻译的要好些，而对第（5）句的翻译就基本准确了。例 3 展示了有道翻译对例 1 的翻译结果：

【例 3】{1}“捐赠旧衣服是清理衣柜的一种可持续的方式吗？”是这样的：{2} 虽然慈善机构和旧货店确实会捐赠或出售他们收到的一部分衣服，但你捐赠的衣服很可能最终被运到海外，转售到发展中国家的市场，这可能会对他们当地的工业造成负面影响，或者被扔进垃圾填埋场。{3} 赠送给旧货店的衣服只有 10% 真正售出。{4} 仅美国每年就向其他国家运送 10 亿磅的旧衣服。{5} 非洲收到了全球 70% 的二手衣服。

必须说明的是，我们在这里不是比较百度翻译与有道翻译，更不是评估它们的优劣，因为通过一两个例子是无法做出这方面的判断和评论的。我们的目的是提醒读者，免费的、一键可得的翻译对我们的外语教学和研究是有帮助的、有启发的，人工智能的研究成果应该引起外语工作者的高度重视。

下面例 4 是中国日报网提供的翻译（第一句因对原文改动而略有改动）：

【例 4】对“捐旧衣服是清理衣柜的可持续方式？”这个问题的简单回答是：尽管慈善机构和二手店确实会捐掉或卖掉它们获得的一部分旧衣服，但是你捐的衣服很可能最终会被运到发展中国家的转售市场或者进入垃圾填埋场，而运到发展中国家的旧衣服会给他们的当地产业带来负面影响。捐给二手店的衣服只有 10% 真的被卖掉了。光是美国每年就会运 10 亿磅（约合 45 万吨）旧衣服到其他国家。非洲接收了全球 70% 的二手衣服。（翻译 & 编辑：丹妮）

比较例 3 和例 4，我们发现，电脑翻译的准确率已经逼近人工翻译。如果从成本来说，机器翻译又快又省钱，而人工翻译的花费是很大的；对于英语水平不是很高的人来说，机器翻译所做的是他们不容易达到的。

10.3.3　人工翻译与机器翻译的实例分析

一直以来，翻译是外语学习者必须掌握的技能之一，外语教学强调的技能就是听、说、读、写、译。最近十几年的技术革新和人工智能的发展给外语工作者既带来了机遇也带来了挑战。通过比较例 2、例 3 和例 4，可以启发外语教育工作者思考：人工智能对于从事外语教育的话语研究者意味着什么？第 6 章（例 14 和例 15）谈到赫拉利所著的《人类简史》（Harari，2014：3）一书第一章开头两个自然段中文翻译的问题。为了方便比较，我们把原文的两个自然段作为例 5，人工翻译（林俊宏，2017：3）作为例 6，百度翻译作为例 7，看看百度的机器翻译与人工翻译的区别在哪里。

【例 5】(1) About 13.5 billion years ago, matter, energy, time and space came into being in what is known as the Big Bang. The story of these fundamental features of our universe is called physics.

(2) About 300,000 years after their appearance, matter and energy started to coalesce into complex structures, called atoms, which then combined into molecules. The story of atoms, molecules and their interactions is called chemistry.

【例 6】[1] 大约在 135 亿年前，经过所谓的“大爆炸”（Big Bang）之后，宇宙的物质、能量、时间和空间才成了现在的样子。宇宙的这些基本特征，就成了“物理学”。

[2] 在这之后过了大约 30 万年，物质和能量开始形成复杂的结构，称为“原子”，再进一步构成“分子”。至于这些原子和分子的故事以及它们如何互动，就成了“化学”。

【例 7】{1} 大约 135 亿年前，物质、能量、时间和空间在所谓的大爆炸中诞生。我们宇宙中这些基本特征的故事叫作物理学。

{2} 在它们出现大约 30 万年后，物质和能量开始结合成复杂的结构，称为原子，然后再结合成分子。原子、分子及其相互作用的故事叫作化学。

简单对比例 6（人工翻译）和例 7（电脑自动翻译），便可看出，我们就第 6 章例 15 指出的三处误译并没有在电脑自动翻译中出现：

第一，以例 7 {1} 中的“大约 135 亿年前，物质、能量、时间和空间在所谓的大爆炸中诞生”作为对例 5（1）中的“About 13.5 billion years ago, matter, energy, time and space came into being in what is known as the Big Bang.”的翻译，要比例 6 [1] 中的“大约在 135 亿年前，经过所谓的‘大爆炸’（Big Bang）之后，宇宙的物质、能量、时间和空间才成了现在的样子”更准确。

第二，以例 7 {2} 中的“在它们出现大约 30 万年后，物质和能量开始结合成复杂的结构”作为对例 5（2）中的“About 300,000 years after their appearance, matter and energy started to coalesce into complex structures”的翻译，要比例 6 [2] 中的“在这之后过了大约 30 万年，物质和能量开始形成复杂的结构”更准确。

第三，以例 7 {2} 中的“原子、分子及其相互作用的故事叫作化学”作为对例 5（2）中的“The story of atoms, molecules and their interactions is called chemistry.”的翻译，虽然还可以改进，但要比例 6 [2] 中的“至于这些原子和分子的故事以及它们如何互动，就成了‘化学’”更准确。

人类在不断地发明、创造、挑战未来，把不可能变成可能。学科的交叉与融合给我们既带来了方便和机会，也带来了挑战。功能话语研究怎样探讨与人工智能密切相关的语篇分析和话语分析问题，怎样在学科交融的时代中向前发展，怎样充分利用技术来帮助我们更好地生活，这些都是话语研究者应该考虑的问题。因此，未来的语言与话语研究是离不开科学技术所带来的影响的。

10.4 语言分析与话语研究

无论是语篇分析、话语分析还是话语研究，语言都是不可忽视的因素。语言不仅反映现实，还构建现实，构建过去、现在和将来。因此，对语言和语言使用的研究，是话语研究一个非常重要的部分。

10.4.1　基于语言的分析

无论是语篇分析，还是功能话语研究，语言都是研究的基础，也是研究的起点。韩礼德在接受胡壮麟和朱永生的访谈中（Halliday et al.，2010：18）曾这样说过，“I think one of the things we've been trying to do is to say to people: 'Well, look: you've got a problem. Do try to think about it linguistically. The language element in what you're doing may be where the problems have arisen.'”（我想一直以来我们尝试做的一件事就是对人们说，“好吧，听着：你有问题。一定要试着用语言来思考；你所做的事情中的语言因素可能就是问题产生的地方。）韩礼德告诉我们，我们生活中所遇到的很多问题都与语言有关；如果我们从语言的角度去分析、去思考，就有可能解决问题。从这点看，语言研究者通过分析和研究语言，可以解决或者帮助解决社会实践中遇到的问题。

韩礼德这里的观点也反映了他所采取的问题导向的研究视角。话语的意义是通过语言来表达的，要了解话语的意义，就要研究体现意义的语言。当然，仅看语言本身是不够的，还要看语言的使用者——其目的和表达的方式以及语言使用的语境。每个人都生活在特定的社会环境和生态系统中，个人的言行和作为值得功能话语研究者的关注，因为这些个人的日常活动也与语言、话语有关；语言是我们赖以生存的一种方式。

10.4.2　语法分析是话语研究的基础

语法是语言系统的中心（Halliday，1994：15），语法研究属于语言研究。关于语法分析与话语研究的关系以及语法分析在语篇分析和话语研究中的作用问题，不同人有不同的说法，同一个人在不同时期也有不同的说法。有些人甚至认为，语篇分析和话语研究超越语法、超越句子界限，因此做语篇分析或话语研究不需要做语法分析。关于这个问题，韩礼德有很精辟的论述。在《功能语法导论》（Halliday，1985）的前言中，韩礼德说了这么一段话：

Twenty years ago, when the mainstream of linguistics was in what has been called its "syntactic age", it was necessary to argue against grammar, pointing out that it was not the beginning and the end of all study of language and that one could go a long way towards an understanding of the nature and functions of language without any grammar at all. ... Now, however, it is necessary to argue the opposite case, and to insist on the importance of grammar in linguistic analysis. If I now appear as a champion of grammar, it is not because I have changed my mind on the issue, but because the issue has changed. The current preoccupation is with discourse analysis, or "text linguistics"; and it is sometimes assumed that this can be carried on without grammar—or even that it is somehow an alternative to grammar. But this is an illusion. A discourse analysis that is not based on grammar is not an analysis at all, but simply a running commentary on a text... (Halliday, 1985: xvi–xvii)

二十年前，当语言学的主流处于所谓的"句法时代"时，有必要反对语法，指出语法并不是所有语言研究的开始和结束，人们可以在没有任何语法分析的情况下，很好地理解语言的性质和功能……然而，现在有必要反过来说，坚持语法在语言分析中的重要性。如果说我现在是语法的拥护者，那不是因为我在这个问题上改变了主意，而是因为这个问题已经发生了变化。目前人们的注意力集中在话语分析或语篇语言学上，有人认为不用语法也可以进行话语分析或语篇语言学研究，还有人甚至认为话语分析可以替代语法分析。但这是一种错误的观念。一个不以语法为基础的话语分析根本就不是分析，而只是对一个语篇所作的随意评论……

韩礼德上面这段话同样出现在该书的第二版（Halliday，1994：xvi–xvii）中；韩礼德说得非常明白，尤其是最后这一句话说得很重。他告诉我们，没有语法分析就没有话语分析，这表明了他对话语分析中语法分析的重要性的明确态度。

要深刻理解韩礼德上面这段话的含义，我们就需要简单回顾语言学的发展历史。韩礼德这段话中的“二十年前”是 1965 年，也就是乔姆斯基出版《句法理论要略》（*Aspects of Theory of Syntax*）（Chomsky，1965）的那一年，当时被称为“句法时代”，因为当时的世界语言学研究界都在谈论乔姆斯基的《句法结构》（*Syntactic Structures*）（Chomsky，1957），并认为乔姆斯基提出了革命性的语言学理论。那段时间，语言学界的大多数人都认为句法研究才是语言学研究的内容和重点。乔姆斯基提出的研究语言的思路不仅在语言学界引起轰动，在哲学、心理学等学科也引起重视；越来越多的人对乔姆斯基的句法理论感兴趣，并跟着他的句法理论道路走。因此，韩礼德把这一时期称为“句法时代”。

正当大家都在随大流、沉浸在研究句法的热潮中时，作为系统功能语言学的代表人物，韩礼德在著名的期刊《语言学杂志》（*Journal of Linguistics*）上发表了具有划时代意义的长文《英语及物性和主位的注释》（“Notes on Transitivity and Theme in English”）（Halliday，1967a，1967b，1968），通过其功能的思想来呼吁人们重视语言功能、语言使用和语篇研究。在同一时期，菲尔莫（Fillmore，1968）发表了著名的《格辩》（“The Case for Case”），提出语言分析应该考虑语义因素。差不多同时，海姆斯（Hymes，1972）提出了“交际能力”（communicative competence）这一概念，以及随后的“意念大纲”（notional syllabus）和“功能大纲”（functional syllabus）概念，再接下来就是狂热的“交际语言教学”运动。突然间，从 20 世纪 70 年代初期开始，越来越多的人，尤其是欧洲的学者，开始相信并践行“功能”“交际”“语义”“语境”这些概念，而“语篇分析”“话语分析”和“语用学”这些新兴研究领域就是在这种形势下形成和发展起来的。在这样的形势下，很多人认为句法分析应该被语篇分析所替代，在他们看来，语篇分析可以代替语法分析和语言分析。

韩礼德经历了 20 世纪 60 年代的“句法时代”，也经历了后来的“交际语言教学”运动。因此，在 20 世纪 80 年代中期，他高瞻远瞩，看到了语言学研究与语篇分析和话语分析中存在的不重视语法的问题，所以他明确指出，话语分析不能代替语法分析，没有语法分析的话语分析根本算不上是分析。因此就说了引文中的那段话。

我们认为，语法分析是话语研究的基础，语篇分析和话语研究都离不开语法分析和语言分析，这是因为，意义和形式的关系是体现和被体现的关系。关于这一点，韩礼德是这样说的：

> Meanings are realized through wordings; and without a theory of wording—that is, a grammar—there is no way of making explicit one's interpretation of the meaning of a text. Thus the present interest in discourse analysis is in fact providing a context within which grammar has a central place. (Halliday, 1994: xvii)
>
> 意义是通过措辞来体现的；没有一个措辞理论，即语法理论，就没有办法明确地解释一个语篇的意思；因此，目前对话语分析的兴趣实际上是提供这么一个语境：语法在其中占有中心地位。

本书第 3 章 3.1 节已经提到，在韩礼德的语言学理论中，就语言的三个层次（语义、词汇语法、音系 / 字系）而言，语法被认为是中心的层次，是语言的内部核心（Halliday，1994：15）。它上接语义，下连音系 / 字系；语义层的意义通过词汇语法层的选择体现，并通过声音或文字表达出来。正因如此，韩礼德把语法分析当作话语分析的基础。通过研究词语和结构在小句中的出现和在语篇中的使用，可以探讨语法研究是怎样成为意义研究的组成部分的，为什么语法是意义资源，以及语法怎样体现意义的等问题。我们进行语法分析，就是要考察形式与意义的关系，研究形式是怎样体现意义的。因此，功能语言学研究者所作的语法分析与传统的语法分析在本质上是完全不同的，因为“句法分析是为意义分析服务的，而不是无目的地为分析句法而分析句法”（黄国文，1999：115）。

10.4.3 语言分析与话语分析举例

语言分析是话语研究的基础和起点，但话语分析或话语研究绝不是停留在语言层面的分析。或者说，语言分析只是话语研究的一个重要组成部分。话语研究涉及很多其他方面，包括话语作为交际单位的参与者（发话人、受话人、旁观者）的各种因素（包括他们之间的各种关系和交际目的）、交际所处的情景、社会和文化环境等。

下面我们通过几个关于“禁止吸烟”的例子对语言分析与话语分析做些简单说明。

【例 8】吸烟有害健康

【例 9】温馨提示：吸烟有害健康

【例 10】吸烟有害健康　休息处　吸烟点

【例 11】请勿在床上吸烟

【例 12】吸烟有害健康　尽早戒烟　有益健康

【例 13】吸烟可引致阳痿

【例 14】本公司提示　吸烟有害健康　请勿在禁烟场所吸烟

上面七个例子都是想传递“吸烟有害健康”或“请勿吸烟”的意义。这是所有告示共同的特点，也是语言告诉我们的。但是，如果了解了各个语篇出现的语境，就会发现它们是有差异的。

例 8 是个比较纯粹的告示，直截了当，只说“吸烟有害健康”。

例 9 是酒店做的公益广告，在提示公众“吸烟有害健康”的同时也在宣传酒店。很多企业都是通过公益广告来树立企业形象和宣传企业品牌的，这点我们在第 7 章对企业广告的分析和第 8 章对企业环保理念的分析中已经有所讨论。

例 10 应该是机场或高铁站的告示，一方面提醒旅客“吸烟有害健康”，另一方面又给需要吸烟的乘客提供“吸烟点”。

例 11 应该是出现在宾馆的房间里（的床头柜上），这里的“请勿在床上吸烟”实际上不是劝别人不要抽烟，而是说抽烟时不要躺在床上。

例 12 是印在香烟盒上的警告语。有趣的是，该警告语所说的“吸烟有害健康 尽早戒烟 有益健康”与该产品（烟）的出售是矛盾的。据我们了解，在香烟盒上印上“吸烟有害健康”字样是根据相关管理部门的有关规定做出的，即不印上这种字样的香烟不能出售，但作为商品，香烟是可以出售的。

例 13 中所印的“吸烟可引致阳痿”，说明其目标消费者是成年男性；通过把吸烟与成年男性的某种疾病联系到一起，所说的危害更加惊人。但是，例 13 是否有这样的暗示：男人（或具体地说中青年男人）吸烟可引致男性的某种疾病，但年老者和女性就可以吸烟？我们之所以提这样的问题，是因为这种病与年老者（已经丧失某种能力的）和女性来说没有什么关系。

例 14 一方面说“吸烟有害健康”，另一方面又说“请勿在禁烟场所吸烟”。第一句是通常的警告，但第二句反而有点像例 11 那样：不是提醒消费者不要吸烟，而是说可以吸烟，但不要在禁烟场所吸。

上述七个关于“吸烟有害健康”的告示可以分为五类。第一类（例 8）是不带其他意义或含义，只是单纯提醒消费者“吸烟有害健康”。第二类（例 9）是带有商业目的的公益告示，一方面提醒消费者“吸烟有害健康”，另一方面也给有关企业做广告。第三类（例 10）一方面提醒吸烟者“吸烟有害健康”，另一方面又为这些消费者提供吸烟的方便（场所）。第四类（例 11）的目的不是警告吸烟者“吸烟有害健康”，而是以企业（如宾馆）自己的利益为重。提醒吸烟者不要在床上吸烟，是害怕引起火灾或导致其他安全问题，这样有关企业就会惹来麻烦。第五类是例 12—例 14。香烟盒上的提醒应该不是生产商自愿写的，所以才一方面提醒消费者“吸烟有害健康”，另一方面又销售香烟；例 14 多少有鼓励消费者吸烟的意味：“请勿在禁烟场所吸烟”，隐含的意思可能就是：只要不在禁烟场所就可以吸烟。

从语言的层面分析，只是研究的起点。对语篇意义的解释，要结合各种语境和社会环境（包括政治、经济等因素）。比如说，几乎所有国家对烟草的税收都是比较高的，香烟生产商和销售商也给国家缴纳了不少税款。尽管吸烟不仅有害于吸烟者健康，也有害于周围不吸烟的人的健康，但现实是有些人明明清楚吸烟对自己和他人的危害，但还是选择吸烟。当然，现实社会中通常也不能完全（处处）禁烟，不让吸烟者有满足个人嗜好的一些空间。因此，从某种程度上说，让明知道吸烟有害健康的人满足自己的吸烟嗜好，也体现了社会的宽容与和谐。

10.5 结语

本书所讨论的功能话语研究是一个以问题为导向的研究领域，其理论指导、研究假定、研究方法等主要来自韩礼德的系统功能语言学。功能话语研究涉及对语篇和话语的分析（包括用于体现语篇意义的语言分析）和对语境的分析（包括上下文语境、情景语境、文化语境以及其他关于社会、历史、政治、文化等因素），以及对语篇和话语的评估。

功能话语研究在本质上是跨学科的，因为话语涉及广泛的学科。但是，正如我们（如黄国文，2020：8）所说的那样，跨学科研究中所涉及的各个学科之间的关系是复杂的；无论是跨学科还是超学科，都要跨越单一学科的界限和藩篱，都要从实际问题出发，并对问题进行多维的、整体的考察，寻找解决问题的办法，对现实世界中各种错综复杂的问题进行观察、分析，最终达到解决问题的效果。但是，在进行跨学科研究中，需要认识到不同学科之间的复杂关系，明白不同学科是处在相互影响、相互作用、相互制约的关系中的。

无论功能话语研究与什么学科交叉或融合，语言学都是占中心位置的，是研究的核心所在。就功能话语研究而言，要突出关键概念“功能”和“话语”：“功能”强调的是意义和语言使用，“话语”强调的是交际中的语言；这样一来，我们的研究就与哈里斯（Harris，1952）所说的“话语分析”有很大的区别。正如我们在本书中多次强调的，由于本书认同韩礼德（Halliday，2008）关于话语分析（语篇分析、话语研究）是系统功能语言学的一个组成部分的观点，也由于我们的理论支撑和研究方法是来自系统功能语言学，所以从某种意义上说，本书关于功能话语研究的讨论属于系统功能语言学研究。

参考文献

巴金. 1980. 巴金中篇小说选. 成都：四川人民出版社.

保罗·贝克，西博纳尔·埃莱斯. 2016. 话语分析核心术语. 黄国文，刘明，注. 北京：外语教学与研究出版社.

布占廷. 2016. “中国梦”及物性建构研究. 天津外国语大学学报，（4）：22–29，80–81.

曹春春，宋玮，杨彬. 2003. *Discourse Analysis*（语篇分析）. 济南：山东大学出版社.

常军芳，丛迎旭. 2018. 功能语言学视角下的生态话语分析模式建构——以中国环保部长报告为例. 北京科技大学学报（社会科学版），（4）：27–32.

陈令君，赵闯. 2016. 新闻语篇中的“中国梦”——评价理论态度视域下的话语分析. 天津外国语大学学报，（4）：34–39，81.

陈瑜敏，2008. 奥运电视公益广告多模态评价意义的构建. 北京科技大学学报（社会科学版），（3）：108–114.

陈瑜敏，黄国文. 2010. 马丁的语篇分析观. 当代外语研究，（10）：19–24.

陈中竺. 1995. 批评语言学述评. 外语教学与研究，（1）：21–27.

戴凡，常晨光. 2019. 韩礼德与中山大学. 广州：中山大学出版社.

丁言仁. 2000. *Discourse Analysis*（语篇分析）. 南京：南京师范大学出版社.

丁肇芬，张德禄. 2018. 儿童话语分析的多模态意义模块建构探索——模态系统框架. 西安外国语大学学报，（1）：19–24.

杜金榜. 2013. 语篇分析教程. 武汉：武汉大学出版社.

范俊军. 2005. 生态语言学研究述评. 外语教学与研究，（2）：110–115.

方梦之. 2011. 中国译学大辞典. 上海：上海外语教育出版社.

韩礼德. 2015. 韩礼德文集（一）：论语法. 北京：北京大学出版社.

韩礼德，何远秀，杨炳钧. 2015. 系统功能语言学的马克思主义取向——韩礼德专题访谈录. 当代外语研究，（7）：1–4.

何伟，耿芳. 2018. 英汉环境保护公益广告话语之生态性对比分析. 外语电化教学，（4）：57–63.

何伟，马宸. 2020. 生态语言学视角下的衔接与连贯. 北京第二外国语学院学报，（2）：26–45.

何伟，马子杰. 2019. 生态语言学视角下的澳大利亚主流媒体之十九大报道. 外国语文，（4）：1–9.

何伟，马子杰. 2020. 生态语言学视角下的评价系统. 外国语，（1）：48–58.

何伟，魏榕. 2017a. 国际生态话语之及物性分析模式建构. 现代外语，（5）：597–607.

何伟，魏榕. 2017b. 国际生态话语的内涵及研究路向. 外语研究，（5）：18–24.

何伟，张瑞杰. 2017. 生态话语分析模式构建. 中国外语，(5)：56–64.
何小敏，王晓燕. 2018. 评价视角下新闻报道的生态话语分析——以《卫报》美国空袭叙利亚专题为例. 牡丹江大学学报，(11)：89–93.
何远秀. 2016. 韩礼德的新马克思主义语言研究取向. 北京：中国社会科学出版社.
胡春阳. 2007. 话语分析：传播研究的新路径. 上海：上海世纪出版集团.
胡曙中. 2012. 语篇语言学导论. 上海：上海外语教育出版社.
胡壮麟. 1993. 语音系统在英语语篇中的衔接功能. 外语教学与研究，(2)：1–8，80.
胡壮麟. 1994. 语篇的衔接与连贯. 上海：上海外语教育出版社.
胡壮麟. 1996. 有关语篇衔接理论多层次模式的思考. 外国语，(1)：1–8.
胡壮麟. 2018. 韩礼德学术思想的中国渊源和回归. 北京：外语教学与研究出版社.
胡壮麟，朱永生，张德禄，李战子. 2005. 系统功能语言学概论. 北京：北京大学出版社.
黄国文. 1988. 语篇分析概要. 长沙：湖南教育出版社.
黄国文. 1999. 英语语言问题研究. 广州：中山大学出版社.
黄国文. 2000. 英语动词词组复合体的功能语法分析. 现代外语，(3)：222–236.
黄国文. 2001a. 语篇分析的理论与实践. 上海：上海外语教育出版社.
黄国文. 2001b. 功能语篇分析纵横谈. 外语与外语教学，(12)：1–4.
黄国文. 2002. 功能语篇分析面面观. 国外外语教学，(4)：25–32.
黄国文. 2005. 电子语篇的特点. 外语与外语教学，(12)：1–5.
黄国文. 2006. 翻译研究的语言学探索. 上海：上海外语教育出版社.
黄国文. 2007. 中国的语篇分析研究——写在中国英汉语篇分析研究会成立之际. 外语教学，(5)：6–9.
黄国文. 2009. 系统功能语言学研究中的整合. 中国外语，(1)：17–23.
黄国文. 2010. 语篇分析与系统功能语言学理论的建构. 外语与外语教学，(5)：1–4.
黄国文. 2011.《论语》的篇章结构及英语翻译的几个问题. 中国外语，(6)：88–95.
黄国文. 2012. 典籍翻译：从语内翻译到语际翻译——以《论语》英译为例. 中国外语，(6)：64–71.
黄国文. 2015a. 对原文注释的理解与取舍：典籍外译的一个重要过程——以“子罕言利与命与仁”为例. 当代外语研究，(8)：1–5，77.
黄国文. 2015b. 功能语用分析与《论语》的英译研究. 北京科技大学学报（社会科学版），(2)：1–7.
黄国文. 2016a. 外语教学与研究的生态化取向. 中国外语，(5)：1，9–13.
黄国文. 2016b. 生态语言学的兴起和发展. 中国外语，(1)：1，8–10.
黄国文. 2017. 生态话语和行为分析的假定和原则. 外语教学与研究，(6)：880–889.
黄国文. 2018a. M. A. K. Halliday 的系统功能语言学理论与生态语言学研究. 浙江外国语学院学报，(5)：31–40.
黄国文. 2018b. 从生态批评话语分析到和谐话语分析. 中国外语，(4)：39–46.
黄国文. 2018c. 自然诗歌中的元功能和语法隐喻分析——以狄金森的一首自然诗歌

为例. 外语教学，（3）：1–5.
黄国文. 2018d. “解读”在典籍翻译过程中的作用——以“唯女子与小人为难养也”的英译为例. 英语研究，（1）：100–109.
黄国文. 2020. 功能取向. 北京：高等教育出版社.
黄国文，常晨光，戴凡. 2006. 功能语言学与适用语言学. 广州：中山大学出版社.
黄国文，陈旸. 2016. 生态哲学与话语的生态分析. 外国语文，（6）：55–61.
黄国文，陈旸. 2017a. 作为新兴学科的生态语言学. 中国外语，（5）：38–46.
黄国文，陈旸. 2017b. 自然诗歌的生态话语分析——以狄金森的《一只小鸟沿小径走来》为例. 外国语文，（2）：61–66.
黄国文，陈旸，赵蕊华. 即将出版. 生态语言学的理论与实践. 北京：高等教育出版社.
黄国文，葛达西. 2006. 功能语篇分析. 上海：上海外语教育出版社.
黄国文，黄志英. 2009. 语篇功能中的复杂主位. 外语与外语教学，（12）：1–4.
黄国文，文秋芳. 2018. 新时代外语工作者的社会责任. 中国外语，（3）：1，12–14.
黄国文，肖家燕. 2017. “人类世”概念与生态语言学研究探. 外语研究，（5）：14–17.
黄国文，辛志英. 2014. 什么是功能语法. 上海：上海外语教育出版社.
黄国文，徐珺. 2006. 语篇分析与话语分析. 外语与外语教学，（10）：1–6.
黄国文，赵蕊华. 2017. 生态话语分析的缘起、目标、原则与方法. 现代外语，（5）：585–596.
黄国文，赵蕊华. 2019. 什么是生态语言学. 上海：上海外语教育出版社.
惠长征. 2015. 历史学科语篇分析理论和实例——系统功能语言学视角. 北京科技大学学报（社会科学版），（1）：33–38.
姜望琪. 2011. 语篇语言学研究. 北京：北京大学出版社.
孔子. 2018. 论语. 贾丰臻，选注. 陈淑梅，校订. 北京：商务印书馆.
旷战，李淑晶. 2019. 精神科医患会话语类结构之系统功能视角研究. 北京科技大学学报（社会科学版），（1）：8–15.
老子. 2015. 道德经. 高文方，译. 北京：京华出版社.
李平艳. 2019. 翻译改写理论与中国当代“文学外译”——以葛浩文英译《废都》中的翻译改写为例. 中国报业，（14）：72–73.
李淑晶，刘承宇. 2020. 基于评价系统的生态话语分析——以特朗普退出《巴黎气候协定》的演讲为例. 外语与外语教学，（5）：65–76，149.
李悦娥，范宏雅. 2002. 话语分析. 上海：上海外语教育出版社.
李战子. 2003. 多模式语篇的社会符号学分析. 外语研究，（5）：1–8.
李战子. 2016. 话语分析与新媒体研究. 当代修辞学，（4）：46–55.
李战子. 2018. 中国军事公共外交建设的话语分析视角. 外语研究，（4）：1–7，112.
李战子，陆丹云. 2012. 社会符号学视角下多模态研究话语研究的新发展. 黄国文，辛志英编. 系统功能语言学研究现状和发展趋势. 北京：外语教学与研究出版社，260–293.

廖秋忠. 1992. 廖秋忠文集. 北京：北京语言学院出版社.
廖益清. 2000. 批评话语分析综述. 集美大学学报（哲学社会科学版），（1）: 76–82.
廖益清. 2008. 社会性别的批评话语分析述评. 外语教学，（5）: 23–27.
林予婷. 2013. 评价意义在科技史语篇中的分布模式与功能——一项基于小型评价语料库的系统分析. 外语教育，（1）: 91–99.
刘辰诞. 1999. 教学篇章语言学. 上海：上海外语教育出版社.
刘承宇，李淑晶. 2019. 生态话语分析的伦理标准——兼论人类中心主义的是与非. 中国外语，（5）: 51–58.
刘明. 2016. 及物分析、作格分析及其在批评话语分析中的应用. 外国语，（5）: 66–74.
刘明，常晨光. 2018. 语料库辅助话语研究的缘起、特征及应用. 福建师范大学学报（哲学社会科学版），（1）: 90–96.
刘妍，于晖. 2018. 韩礼德生态语言学研究模式中的马克思主义思想. 北京科技大学学报（社会科学版），（6）: 10–17.
刘玉梅，王术芬. 2019. 自然诗歌的生态话语分析——以 Thomas Nashe 的《春》为例. 外国语文，（5）: 91–97.
刘云虹. 2019. 葛浩文翻译研究. 南京：南京大学出版社.
陆丹云. 2013. 知识机制、心理语境和个体语域模型——认知性话语分析和系统功能语言学“个体化”研究的融合. 外语研究，（4）: 33–40.
卢健，常晨光. 2019. 有益性话语中的变与不变：两首《洪湖水》的和谐话语分析. 外语教学，（5）: 34–38.
蒙培元. 2004. 人与自然——中国哲学生态观. 北京：人民出版社.
孟子. 2017. 孟子. 方勇，译注. 北京：中华书局.
苗兴伟. 2016a. 批评话语分析的系统功能语言学路径. 山东外语教学，（6）: 10–17.
苗兴伟. 2016b. 未来话语：中国梦的话语建构. 天津外国语大学学报，（1）: 24–28，81.
苗兴伟，雷蕾. 2019. 基于系统功能语言学的生态话语分析. 山东外语教学，（1）: 13–22.
苗兴伟，雷蕾. 2020. 基于功能语言学系统进化观的生态语言学维度探析. 中国外语，（1）: 35–40.
苗兴伟，穆军芳. 2016. 批评话语分析的马克思主义哲学观和方法论. 当代语言学，（4）: 532–543.
苗兴伟，赵云. 2018. 生态话语的系统功能语言学阐释. 浙江外国语学院学报，（5）: 41–46.
乔清举. 2013. 儒家生态思想通论. 北京：北京大学出版社.
史铁强，安利. 2012. 语篇语言学概论. 北京：外语教学与研究出版社.
谭希培，刘小容. 2009. 论马克思主义学说的问题意识. 湖南师范大学社会科学学报，（4）: 26–31.

谭晓春. 2018. 生态话语的价值判断和科学判断. 中国外语，(4)：47–53.
唐丽萍. 2017. 两种评价韵律的演进、对视与反思. 外语研究，(6)：38–42.
陶炀. 2002.《列车上的对话》功能文体分析. 黄国文编. 语篇·语言功能·语言教学. 广州：中山大学出版社，114–124.
田海龙. 2009. 语篇研究：范畴、视角、方法. 上海：上海外语教育出版社.
田海龙. 2016a. 话语研究的语言学范式：从批评话语分析到批评话语研究. 山东外语教学，(6)：3–9.
田海龙. 2016b. 批评话语分析精髓之再认识——从与批评话语分析相关的三个问题谈起. 外语与外语教学，(2)：1–9，144.
王大濂，译. 1997. 英译唐诗绝句百首. 天津：百花文艺出版社.
王得杏. 1998. 英语话语分析与跨文化交际. 北京：北京语言文化大学出版社.
王红阳，陈雨涵. 2020. 生态语言学视角下的海洋诗歌分析——以惠特曼的《给军舰鸟》为例. 宁波大学学报（人文科学版)，(4)：37–43.
王晋军. 2007. 生态语言学：语言学研究的新视域. 天津外国语学院学报，(1)：53–57.
王丽娟. 2019. 系统功能语言学视阈下《咏水仙》的生态话语分析. 安徽工业大学学报（社会科学版)，(5)：59–61.
王铭玉，于鑫. 2007. 功能语言学. 上海：上海外语教育出版社.
王秀丽. 2008. 篇章分析——汉法话语范围导入词对比研究. 北京：北京语言大学出版社.
王振华. 2015. 詹姆斯·马丁访谈录. 北京：外语教学与研究出版社.
王振华，张庆彬. 2013. 系统功能语言学的演变：小句之外——J. R. 马丁教授访谈录. 当代外语研究，(10)：1–12.
魏榕，何伟. 2019. 国际生态话语之介入系统分析模式建构. 解放军外国语学院学报，(6)：91–99.
卫真道. 2002. 篇章语言学. 徐赳赳，译. 北京：中国社会科学院出版社.
文军，王小川，赖甜. 2007. 葛浩文翻译观探究. 外语教学，(6)：78–80.
吴国向. 2013. 系统功能语言学与语篇分析——“功能语言学与语篇分析高层论坛”回顾. 黄国文、常晨光、廖海青编. 系统功能语言学研究群言集（第三辑). 北京：高等教育出版社，105–115.
萧涤非，程千帆，马茂元，周汝昌，周振甫，霍松林，1983. 唐诗鉴赏辞典. 上海：上海辞书出版社.
辛斌. 2005. 批评语言学：理论与应用. 上海：上海外语教育出版社.
辛斌. 2007. 批评语篇分析的社会和认知取向. 外国语，(6)：19–24.
辛斌，高小丽. 2013. 批评话语分析：目标，方法与动态. 外语与外语教学，(4)：1–5，16.
辛志英. 2019. 语篇分析入门. 厦门：厦门大学出版社.
辛志英，黄国文. 2010. 系统功能类型学：理论、目标与方法. 外语学刊，(5)：

50–55.
辛志英，黄国文. 2011. 系统功能普通语言学发展五十年回顾. 外语教学，（4）：22–26，84.
辛志英，黄国文. 2013. 系统功能语言学与生态话语分析. 外语教学，（3）：7–10，31.
许多. 2019. 翻译理念、翻译策略与传译路径——关于《葛浩文翻译研究》. 外语与外语教学，（6）：90–98.
许家金. 2019. 语料库与话语研究. 北京：外语教学与研究出版社.
许渊冲. 2005. 汉英对照论语. 北京：高等教育出版社.
许渊冲. 2012. 论语：汉语对照. 北京：五洲传播出版社.
荀子. 2015. 荀子. 方勇，李波，译注. 北京：中华书局.
杨炳钧. 2011. 系统功能语法多重主位问题探讨. 北京科技大学学报（社会科学版），（1）：14–18.
杨炳钧. 2016. 语法隐喻理论及有关质疑. 语言学研究，（2）：6–20.
杨伯峻. 1958/2006. 论语译注（简体字本）. 北京：中华书局.
杨雪燕，赵思奇. 2016. 父母教养方式在话语中的体现——以《爸爸去哪儿》中两位父亲的信为例. 北京科技大学学报（社会科学版），（1）：21–28.
杨延宁. 2012. 汉语教学与汉语研究：韩礼德的早年经历及其影响. 国际汉语（第二辑）：22–25，138.
杨阳. 2018. 系统功能视角下新闻报道的生态话语分析. 北京第二外国语学院学报，（1）：33–45.
杨自俭. 2005. 对比语篇学与汉语典籍英译. 外语与外语教学，（7）：60–62.
尤瓦尔·赫拉利. 2017. 人类简史：从动物到上帝. 林俊宏，译. 北京：中信出版集团.
于晖，王丽萍. 2020. 生态话语及物性分析模式探究——以教育语篇为例. 外语与外语教学，（6）：43–54，120，148.
张彩华，黄国文. 2019. 系统论、系统功能语言学与生态语言学. 中国外语，（5）：43–50.
张德禄. 1992. 语篇连贯与语篇的信息结构——论语篇连贯的条件. 外语研究，（3）：9–13，28.
张德禄. 1993. 语篇连贯与语篇的非结构性组织形式——论语篇连贯的条件. 外国语，（3）：38–82.
张德禄. 1994. 论语篇连贯的条件——谈接应机制在语篇连贯中的作用. 现代外语，（1）：19–24，72.
张德禄. 1999. 语篇连贯研究纵横谈. 外国语，（6）：3–5.
张德禄. 2000. 论语篇连贯. 外语教学与研究，（2）：103–109.
张德禄. 2001. 衔接力与语篇连贯的程度. 外语与外语教学，（1）：9–15.
张德禄. 2004. 系统功能语言学的新发展. 当代语言学，（1）：57– 65.
张德禄. 2012. 语篇分析理论的发展及应用. 北京：外语教学与研究出版社.

张德禄. 2015. 多模态话语分析理论与外语教学. 北京：高等教育出版社.
张德禄. 2018. 系统功能语言学 60 年发展趋势探索. 外语教学与研究，（1）：37–48.
张德禄，郭恩华. 2013. 多模态话语分析的双重视角——社会符号观与概念隐喻观的连接与互补. 外国语，（3）：20–28.
张德禄，刘秀丽. 2011. 批评话语分析中的词汇语法. 中国海洋大学学报（社会科学版），（2）：101–106.
张发祥，康立新，赵文超. 2009. 话语分析：理论与案例. 北京：科学出版社.
张瑞杰，何伟. 2018. 生态语言学视角下的人际意义系统. 外语与外语教学，（2）：99–108，150.
张旭红. 2010. 视觉诗 Me up at does 多模态意义的构建. 外语学刊，（1）：85–90.
张引，冯思怡. 2019. 医患交互话语人际意义研究. 安顺学院学报，（1）：50–55，102.
张应林. 2006. 语篇分析学. 武汉：华中师范大学出版社.
赵俊海，杨炳钧. 2012. 临床话语分析的系统功能语言学理据及途径. 中国外语，（6）：96–101.
赵蕊华. 2016. 系统功能视角下生态话语分析的多层面模式——以生态报告中银无须鳕身份构建为例. 中国外语，（5）：84–91.
赵蕊华. 2018a. 基于语料库的生态跨学科性及学科生态化表征研究. 中国外语，（4）：54–60.
赵蕊华. 2018b. 基于语料库 CCL 的汉语语言生态研究——以“野生动物”为例. 外语与外语教学，（5）：12–20，147.
赵蕊华. 2020. 生态语言学视角下中国不同时期生态建设对比研究——以 2001 年和 2018 年《中国日报》生态文章为例. 山东外语教学，（1）：33–45.
赵蕊华，黄国文. 2017. 生态语言学研究与和谐话语分析——黄国文教授访谈录. 当代外语研究，（4）：15–18，25.
赵蕊华，黄国文. 2019. 汉语生态和谐化构建的系统功能语言学分析. 外语研究，（4）：44–49，108.
赵蕊华，黄国文. 2021. 和谐话语分析框架及其应用. 外语教学与研究，（1）：42–53，159–160.
周文娟. 2019. 基于生态语法的自然灾害新闻语篇及物性对比分析. 阴山学刊，（6）：46–51.
朱永生. 1995a. 主位推进模式与语篇分析. 外语教学与研究，（3）：6–12，80.
朱永生. 1995b. 衔接理论的发展与完善. 外国语，（3）：36–41.
朱永生. 1996. 试论语篇连贯的内部条件（上）. 现代外语，（4）：18–20，46.
朱永生. 1997. 试论语篇连贯的内部条件（下）. 现代外语，（1）：12–15.
朱永生. 2006. 积极话语分析：对批评话语分析的反拨与补充. 英语研究，（4）：36–42.
朱永生. 2007. 多模态话语分析的理论基础与研究方法. 外语学刊，（5）：82–86.

朱永生，严世清，苗兴伟. 2014. 功能语言学导论. 上海：上海外语教育出版社.
庄子. 2017. 庄子. 孙通海，译注. 北京：中华书局.
Alba-Juez, L. 2009. *Perspectives on Discourse Analysis: Theory and Practice*. Newcastle upon Tyne: Cambridge Scholars Publishing.
Alexander, R. & Stibbe, A. 2014. From the Analysis of Ecological Discourse to the Ecological Analysis of Discourse. *Language Sciences, 41*: 104–110.
Ba, Jin. 1985. *Autumn in Spring and Other Stories*. Beijing: Panda Book.
Baker, P. & Ellece, S. 2016. *Key Terms in Discourse Analysis*. Beijing: Foreign Language Teaching and Research Press.
Baldry, A. 2004. Phase and Transition, Type and Instance: Patterns in Media Texts as Seen through a Multimodal Concordancer. In K. O'Halloran (Ed.), *Multimodal Discourse Analysis: Systemic Functional Perspectives*. London & New York: Continuum, 83–108.
Baldry, A. 2007. The Role of Multimodal Concordancers in Multimodal Corpus Linguistics. In T. D. Royce & W. L. Bowcher (Eds.), *New Directions in the Analysis of Multimodal Discourse*. New Jersey: Lawrence Erlbaum Associates, 173–193.
Baldry, A. & Thibault, P. J. 2006. *Multimodal Transcription and Text Analysis: A Multimedia Toolkit and Coursebook*. London & Oakville: Equinox.
Ball, M., Perkins, M., Müller, N. & Howard, S. (Eds.). 2008. *The Handbook of Clinical Linguistics*. London: Blackwell.
Bartlett, T. 2012. *Hybrid Voices and Collaborative Change: Contextualising Positive Discourse Analysis*. London & New York: Routledge.
Bartlett, T. 2018. Positive Discourse Analysis. In J. Flowerdew & J. E. Richardson (Eds.), *The Routledge Handbook of Critical Discourse Studies*. London & New York: Routledge, 133–147.
Bartlett, T. & O'Grady, G. (Eds.). 2017. *The Routledge Handbook of Systemic-functional Linguistics*. London & New York: Routledge.
Bateman, J. A. 2008. *Multimodality and Genre: A Foundation for the Systematic Analysis of Multimodal*. New York: Palgrave.
Bateman, J. A. 2019. Towards Critical Multimodal Discourse Analysis: A Response to Ledin and Machin. *Critical Discourse Studies, 16*(5): 531–539.
Bateman, J. A. & Schmidt, K-H. 2011. *Multimodal Film Analysis: How Films Mean*. London & New York: Routledge.
Bednarek, M. & Martin, J. R. 2010. *New Discourse on Language: Functional Perspectives on Multimodatity, Identity and Affiliation*. London: Continuum.
Bell, R. T. 1991. *Translation and Translating: Theory and Practice*. London:

Longman.
Berry, M. 1992a. *Theme and Variation*. The Conference of the Applied Linguistics Association of Australia 1992, Sydney, Austrilia.
Berry, M. 1992b. *Bringing Systems Back Into a Discussion of Theme*. The 19th International Systemic Functional Congress, Sydney, Austrilia.
Berry, M. 1995. Thematic Options and Success in Writing. In M. Ghadessy (Ed.), *Thematic Development of English Texts*. London: Pinter, 55–84.
Bhatia, V. K., Flowerdew, J. & Jones, R. H. (Eds.). 2008a. *Advances in Discourse Studies*. London & New York: Routledge.
Bhatia, V. K., Flowerdew, J. & Jones, R. H. 2008b. Approaches to Discourse Analysis. In V. Bhatia, J. Flowerdew & R. H. Jones (Eds.), *Advances in Discourse Studies*. London & New York: Routledge, 1–17.
Biber, D. 2012. Register as a Predictor of Linguistic Variation. *Corpus Linguistics & Linguistic Theory, 8*(1): 9–37.
Brown, G. & Yule, G. 1983. *Discourse Analysis*. Cambridge: Cambridge University Press.
Bühlter, K. 1934/1990. *Theory of Language: The Representational Function of Language*. (D. F. Goodwin, Trans.). Amsterdam: John Benjamins.
Caffarel, A., Martin, J. R. & Matthiessen, C. M. I. M. (Eds.). 2004. *Language Typology: A Functional Perspective*. Amsterdam: John Benjamins.
Carroll, L. 1922. *Alice in Wonderland*. London, Bombay, Calcutta, Madras & Melbourne: Macmillan.
Catford, J. C. 1965. *A Linguistic Theory of Translation*. Oxford: Oxford University Press.
Chilton, P. 2004. *Analyzing Political Discourse: Theory and Practice*. London & New York: Routledge.
Chomsky, N. 1957. *Syntactic Structures*. The Hague: Mouton de Gruyter.
Chomsky, N. 1965. *Aspects of the Theory of Syntax*. Cambridge: MIT Press.
Christie, F. & Derewianka, B. 2008. *School Discourse: Learning to Write across the Years of Schooling*. London & New York: Continuum.
Coffin, C. 2001. Theoretical Approaches to Written Language: A TESOL Perspective. In A. Burns & C. Coffin (Eds.), *Analysing English in a Global Context*. London & New York: Routledge, 93–122.
Cook, G. 1989. *Discourse*. Oxford: Oxford University Press.
Cook, G. 1994. *Discourse and Literature*. Oxford: Oxford University Press.
Cook, G. 1998/2001. Discourse Analysis. In K. Johnson & H. Johnson (Eds.), *Encyclopedic Dictionary of Applied Linguistics: A Handbook for Language Teaching*. Oxford: Blackwell / Beijing: Foreign Language Teaching and

Research Press, 99–101.
Coulthard, M. 1977. *An Introduction to Discourse Analysis*. London: Longman.
Coulthard, M. 1985. *An Introduction to Discourse Analysis* (2nd ed.). London: Longman.
Coulthard, M. & Montgomery, M. (Eds.). 1981. *Studies in Discourse Analysis*. London: Routledge & Kegan Paul.
Cowley, S. J. 2014. Bio-ecology and Language: A Necessary Unity. *Language Sciences, 41*: 60–70.
Cowley, S. J. 2018. Life and Language: Is Meaning Biosemiotic?. *Language Sciences, 67*: 46–58.
Crystal, D. 2001. *Language and the Internet*. Cambridge: Cambridge University Press.
Danes F. 1970. On Linguistic Analysis of Text Structure. *Folia Linguistics*, (6): 72–78.
Darics, E. & Koller, V. 2019. Social Actors "to Go": An Analytical Toolkit to Explore Agency in Business Discourse and Communication. *Business & Professional Communication Quarterly, 82*(2): 214–238.
De Beaugrande, R. A. & Dressler, W. U. 1981. *Introduction to Text Linguistics*. London: Longman.
Downing, A. 1991. An Alternative Approach to Theme: A Systemic-functional Perspective. *Word, 42*(2): 119–143.
Eggins, S. 1994. *An Introduction to Systemic Functional Linguistics*. London: Pinter.
Eggins, S. & Slade, D. 2005. *Analysing Casual Conversation*. London: Equinox.
Eggins, S. & Slade, D. 2016. Contrasting Discourse Styles and Barriers to Patient Participation in Bedside Nursing Handovers. *Communication & Medicine, 13*(1): 71–83.
Fairclough, N. 1989. *Language and Power*. London: Longman.
Fairclough, N. 1995. *Critical Discourse Analysis: The Critical Study of Language*. London: Longman.
Fairclough, N. 2003. *Analysing Discourse: Textual Analysis for Social Research*. London & New York: Routledge.
Fairclough, N. & Wodak, R. 1997. Critical Discourse Analysis. In T. A. van Dijk (Ed.), *Discourse as Social Interaction: Discourse Studies: Vol. 2. A Multidisciplinary Introduction*. London: Sage, 258–284.
Fawcett, R. P. 2008. *Invitation to Systemic Functional Linguistics through the Cardiff Grammar*. London: Equinox.
Fernández-Fontecha, A., O'Halloran, K., Tan, S. & Wignell, P. 2018. A Multimodal Approach to Visual Thinking: The Scientific Sketchnote.

Visual Communication, 18(1): 5–29.

Fernández-Fontecha, A., O'Halloran, K., Wignell, P. & Tan, S. 2020. Scaffolding CLIL in the Science Classroom via Visual Thinking: A Systemic Functional Multimodal Approach. *Linguistics & Education, 55*: 1–10.

Fillmore, C. J. 1968. The Case for Case. In E. Bach & R. T. Harms (Eds.), *Universals in Linguistic Theory*. New York: Holt, Rinehart & Winston, 1–88.

Firth, J. R. 1957. *Papers in Linguistics 1934–1951*. Oxford: Oxford University Press.

Flowerdew, J. 2008. Critical Discourse Analysis and Strategies of Resistance. In V. K. Bhatia, J. Flowerdew & R. H. Jones (Eds.), *Advances in Discourse Studies*. London & New York: Routledge, 195–210.

Flowerdew, J. & Richardson, J. E. (Eds.). 2018. *The Routledge Handbook of Critical Discourse Studies*. London & New York: Routledge.

Foucault, M. 1970. *The Order of Things*. London: Tavistock & Routledge.

Foucault, M. 1972. *The Archaeology of Knowledge* (S. Smith, Trans.). London: Tavistock.

Foucault, M. 1997. *Power/Knowledge*. Hemel Hempstead: Harvester.

Fowler, R. 1986. *Linguistic Criticism*. Oxford: Oxford University Press.

Fowler, R. 1991. *Language in the News: Discourse and Ideology in the Press*. London & New York: Routledge.

Fowler, R., Hodge, R., Kress, G. & Trew, T. 1979. *Language and Control*. London: Routledge & Kegan Paul.

Francis, G. 1989. Thematic Selection and Distribution in Written Discourse. *Word, 40*: 201–221.

Fries, P. 1983. On the status of Theme in English. In J. S. Petofi & E. Sozer (Eds.), *Micro and Macro Connexity of Texts*. Hamburg: Buske Verlag, 116–152.

Fries, P. 1995. Theme, Methods of Development, and Texts. In R. Hasan & P. Fries (Ed.), *On Subject and Theme: A Discourse Functional Perspective*. Amsterdam: John Benjamins, 317–359.

Gardner, S. & Donohue, J. (Eds.). 2020. Halliday's Influence on EAP Practice. *Journal of English for Academic Purposes, 44*, 1–3.

Gavioli, L. 2005. *Exploring Corpora for ESP Learning*. Amsterdam: John Benjamins.

Gavioli, L. 2016. *Exploring Copera for ESP Learning*. Beijing: Tsinghua University Press.

Gee, J. P. 1999. *An Introduction to Discourse Analysis: Theory and Method*. London & New York: Routledge.

Gee, J. P. 2000. *An Introduction to Discourse Analysis: Theory and Method*. Beijing:

Foreign Language Teaching and Research Press.

Gee, J. P. 2011. *An Introduction to Discourse Analysis: Theory and Method* (3rd ed.). London & New York: Routledge.

Gee, J. P. & Handford, M. (Eds.). 2012. *The Routledge Handbook of Discourse Analysis*. London & New York: Routledge.

Georgakopoulou, A. & Goutsos, D. 1997. *Discourse Analysis: An Introduction*. Edinburgh: Edinburgh University Press.

Goatly, A. 1996. Green Grammar and Grammatical Metaphor, or Language and the Myth of Power, Metaphor We Die By. *Journal of Pragmatics, 25*(4): 537–560.

Goatly, A. 2014. Nature and Grammar. In C. Coffin, A. Hewings & K. O'Halloran (Eds.), *Analysing English Grammar: Corpus and Functional Approaches*. London & New York: Routledge, 197–215.

González, G. 2011. Who does What? A Linguistic Approach to Analyzing Teachers' Reactions to Videos. *ZDM Mathematics Education, 43*: 65–80.

Halliday, M. A. K. 1956. Grammatical Categories in Modern Chinese. *Transactions of the Philosophical Society, 55*(1): 177–224.

Halliday, M. A. K. 1961. Categories of the Theory of Grammar. *Word, 17*(3): 241–292.

Halliday, M. A. K. 1967a. Notes on Transitivity and Theme in English 1. *Journal of Linguistics, 3*(1): 37–81.

Halliday, M. A. K. 1967b. Notes on Transitivity and Theme in English 2. *Journal of Linguistics, 3*(2): 199–244.

Halliday, M. A. K. 1968. Notes on Transitivity and Theme in English 3. *Journal of Linguistics, 4*(2): 179–215.

Halliday, M. A. K. 1973. *Explorations in the Functions of Language*. London: Edward Arnold.

Halliday, M. A. K. 1978. *Language as Social Semiotic: The Social Interpretation of Language and Meaning*. London: Edward Arnold.

Halliday, M. A. K. 1985. *An Introduction to Functional Grammar*. London: Edward Arnold.

Halliday, M. A. K. 1985/2007. Systemic Background. In J. J. Webster (Ed.), *Collected Works of M. A. K. Halliday: Vol. 3. On Language and Linguistics*. Beijing: Peking University Press, 185–198.

Halliday, M. A. K. 1990. New Ways of Meaning: The Challenge to Applied Linguistics. *Journal of Applied Linguistics*, (6): 7–36.

Halliday, M. A. K. 1999. The Notion of "Context" in Language Education.

In T. Lê & M. McCausland (Eds.), *Language Education: Interaction and Development: Proceedings of the International Conference*. Vietnam, April. Launceston: University of Tasmania. (Reprinted from *Text and Context in Functional Linguistics*, pp. 1–24, by M. Ghadessy, Ed., 1991, John Benjamins)

Halliday, M. A. K. 1992. A Systemic Interpretation of Peking Syllable Finals. In Tench, P. (Ed.), *Studies in Systemic Phonology*. London & New York: Pinter, 98–121.

Halliday, M. A. K. 2002. How Do You Mean. In M. Davies & L. Ravelli (Eds.), *Advances in Systemic Linguistics: Recent Theory and Practice*. London: Pinter, 20–35. (Reprinted from *On Grammar. Volume 1 in the Collected Works of M. A. K. Halliday*, pp. 352–368, by J. Webster Ed., 1991, Continuum)

Halliday, M. A. K. 1993/2007. Language in a Changing World. In J. J. Webster (Ed.), *Collected Works of M. A. K. Halliday: Vol. 3. On Language and Linguistics*. Beijing: Peking University Press, 213–231.

Halliday, M. A. K. 1994. *An Introduction to Functional Grammar* (2nd ed.). London: Edward Arnold.

Halliday, M. A. K. 2001a. Interview with M. A. K. Halliday. Cardiff (July, 1998). *Documentação de Estudos em Lingüística Teórica e Aplicada*, (1): 131–153.

Halliday, M. A. K. 2001b. Towards a Theory of Good Translation. In E. Steiner & C. Yallop (Eds.), *Exploring Translation and Multilingual Text Production: Beyond Context*. Berlin: Mouton de Gruyter, 13–18.

Halliday, M. A. K. 2005. The Origin and Early Development of Chinese Phonological Theory. In J. J. Webster (Ed.), *Collected Works of M. A. K. Halliday: Vol. 8. Studies in Chinese Language*. London & New York: Continuum, 275–293.

Halliday, M. A. K. 2006. *Working with Meaning: Towards an Appliable Linguistics*. (Inaugural lecture to mark the official launch of the Halliday Center for Intelligent Applications of Language Studies at City University of Hong Kong on 26 March, 2006.)

Halliday, M. A. K. 2007. Applied Linguistics as an Evolving Theme. In J. J. Webster (Ed.), *Collected Works of M. A. K. Halliday: Vol. 9. Language and Education*. London: Continuum, 1–19.

Halliday, M. A. K. 2008. *Complementaries in Language*. Beijing: The Commercial Press.

Halliday, M. A. K. 2009a. The Gloosy Ganoderm: Systemic Functional Linguistics and Translation. *Chinese Translators Journal*, (1): 17–26.

Halliday, M. A. K. 2009b. Methods–Techniques–Problems. In M. A. K.

Halliday & J. J. Webster (Eds.), *Continuum Companion to Systemic Functional Linguistics*. London: Continuum, 59–86

Halliday, M. A. K. 2013. Pinpointing the Choice: Meaning and Search for Equivalents in a Translated Text. In J. J. Webster (Ed.), *Halliday in the 21st Century*. London: Bloomsbury Academic, 143–154.

Halliday, M. A. K. 2015. The Influence of Marxism. In J. J. Webster (Ed.), *The Bloomsbury Companion to M. A. K. Halliday*. London: Bloomsbury Academic, 94–100.

Halliday, M. A. K. & Hasan, R. 1976. *Cohesion in English*. London: Longman.

Halliday, M. A. K. & Hasan, R. (Eds.). 1985. *Language, Context and Text: Aspects of Language in a Social Semiotic Perspective*. Geelong: Deakin University Press.

Halliday, M. A. K., Hu, Zhuanglin & Zhu, Yongsheng. 2010. Interviewing Professor M. A. K. Halliday by Hu Zhuanglin and Zhu Yongsheng. *Foreign Languages in China*, 7(06): 17–24.

Halliday, M. A. K. & Martin, J. R. 1993. *Writing Science: Literacy and Discursive Power*. London: Falmer.

Halliday, M. A. K. & Matthiessen, C. M. I. M. 1999. *Construing Experience through Meaning: A Language-based Approach to Cognition*. London: Cassell.

Halliday, M. A. K. & Matthiessen, C. M. I. M. 2004. *An Introduction to Functional Grammar* (3rd ed.). London: Edward Arnold.

Halliday, M. A. K. & Matthiessen, C. M. I. M. 2014. *Halliday's Introduction to Functional Grammar* (4th ed.). London & New York: Routledge.

Harari, Y. N. 2014. *Sapiens: A Brief History of Humankind*. London: Vintage Books.

Harris, Z. 1951. *Methods in Structural Linguistics*. Chicago: The University of Chicago Press.

Harris, Z. 1952. Discourse Analysis. *Language*, *28*(1): 1–30.

Hartmann, P. 1964. Text, Texte, Klassen von Texten. Bogawus: Forum für Literatur, Kunst, Philosophie. *Heft*, 2: 15–25.

Hasan, R. 1978. Text in the Systemic-Functional Model. In W. Dressler (Ed.), *Current Trends in Text Linguistics*. Berlin & New York: Walter de Gruyter, 228–246.

Hasan, R. 1985. "The Structure of a Text" and "The Texture of a Text". In M. A. K. Halliday & R. Hasan (Eds.), *Language, Context and Text: Aspects of Language in a Social-semiotic Perspective*. Geelong: Deakin University Press, 52–95.

Hasan, R. 1995. The Conception of Context in Text. In P. Fries & M. Gregory (Eds.), *Discourse in Society: Systemic Functional Perspectives. Meaning and*

Choice in Language: Studies for Michael Halliday. Norwood: Ablex, 183–283.

Hatch, E. 1992. *Discourse and Language Education*. Cambridge: Cambridge University Press.

Herbel-Eisenmann, B. & Wagner, D. 2010. Appraising Lexical Bundles in Mathematics Classroom Discourse: Obligation and Choice. *Educational Studies in Mathmatics, 75*: 43–63.

Hoey, M. 1983. *On the Surface of Discourse*. London: Allen & Unwin.

Hoey, M. 1991. *Patterns of Lexis in Text*. Oxford: Oxford University Press.

Hoey, M. 2001. *Textual Interaction: An Introduction to Written Discourse Analysis*. London & New York: Routledge.

Hoey, M., Mahlberg, M., Stubbs, M. & Teubert, W. (Eds.). 2007. *Text, Discourse and Corpora: Theory and Analysis*. London: Continuum.

Hood, S. 2004. *Appraising Research: Taking a Stance in Academic Writing* [Unpublished doctoral dissertation]. Sydney: University of Technology.

Huang, Guowen. 2017. Searching for Metafunctional Equivalence in Translated Texts. In J. J. Webster & X. W. Peng (Eds.), *Applying Systemic Functional Linguistics in China*. London: Bloomsbury Academic, 285–304.

Huang, Guowen & Zhao, Ruihua. 2021. Harmonious Discourse Analysis: Approaching Peoples' Problems in a Chinese Context. *Language Science, 85*: 1–18.

Hyland, K. & Paltridge, B. (Eds.). 2013. *Bloomsbury Companion to Discourse Analysis*. London: Bloomsbury Academic.

Hymes, D. 1972. On Communicative Competence. In J. B. Pride & J. Holmes (Eds.), *Sociolinguistics: Selected Readings*. Harmondsworth: Penguin, 269–293.

Iedema, R. 2003. Multimodality, Resemiotization: Extending the Analysis of Discourse as Multi-semiotic Practice. *Visual Communication, 2*(1): 29–57.

Jakobson, R. 1960. Linguistics and Poetics. In T. A. Sebeok (Ed.), *Style in language*. Cambridge: MIT Press, 350–377.

Jakobson, R. 1971. On Linguistic Aspects of Translation. In R. Jakobson (Ed.), *Selected Writings 2: Word and Language*. The Hague: Mouton, 260–266.

Jawahar, K. & Dempster, E. R. 2013. A Systemic Functional Linguistic Analysis of the Utterances of Three South African Physical Sciences Teachers. *International Journal of Science Education, 35*(9): 1425–1453.

Jaworski, A. & Coupland, N. (Eds.). 1999. *The Discourse Reader*. London & New York: Routledge.

Jaworski, A. & Coupland, N. (Eds.). 2014. *The Discourse Reader* (3rd ed.). London & New York: Routledge.

Jewitt, C. (Ed.). 2009. *Handbook of Multimodal Analysis*. London & New York: Routledge.

Johnstone, B. 2002. *Discourse Analysis*. Oxford: Blackwell.

Jones, R. H. 2012. *Discourse Analysis*. London & New York: Routledge.

Jones, R. H., Chik, A. & Hafner, C. A. 2015. *Discourse and Digital Practices: Doing Discourse Analysis in the Digital Age*. London & New York: Routledge.

Karagiannaki, E. & Stamou, A. G. 2018. Bringing Critical Discourse Analysis into the Classroom: A Critical Language Awareness Project on Fairy Tales for Young School Children. *Language Awareness*, *27*(3): 222–242.

Kress, G. 1991. Critical Discourse Analysis. *Annual Review of Applied Linguistics*, *11*: 84–99.

Kress, G. 1996. Representational Resources and the Production of Subjectivity: Questions for the Theoretical Development of Critical Discourse Analysis in a Multicultural Society. In C. R. Caldas-Coulthard & M. Coulthard (Eds.), *Texts and Practices: Readings in Critical Discourse Analysis*. London & New York: Routledge, 15–31.

Kress, G. 2000. Design and Transformation: New Theories of Meaning. In B. Cope & M. Kalantzis (Eds.), *Multiliteracies: Literacy Learning and the Design of Social Futures*. London & New York: Routledge, 153–161.

Kress, G. & van Leeuwen, T. 1996. *Reading Images: The Grammar of Visual Design*. London & New York: Routledge.

Kress G. & van Leeuwen, T. 2001. *Multimodal Discourse: The Modes and Media of Contemporary Communication*. London: Edward Arnold.

Kšner, H. 2000. *Negotiating Authority: The Logogenesis of Dialogue in Common Law Judgments* [Unpublished doctoral dissertation]. Sydney: University of Sydney.

Ku, Hungming. 1898. *The Discourses and Sayings of Confucius*. Shanghai: Kelly & Walsh.

Lander, J. 2014. Conversations or Virtual IREs? Unpacking Asynchronous Online Discussions Using Exchange Structure Analysis. *Linguistics & Education*, *28*: 41–53.

Larson, B. 2011. *Metaphors for Environmental Sustainability: Redefining Our Relationship with Nature*. New Haven: Yale University Press.

Lau, D. C. 1979. *The Analects (Lun yü)*. Harmondsworth & New York: Penguin.

Ledin, P. & Machin, D. 2016. A Discourse-design Approach to Multimodality: The Visual Communication of Neoliberal Management Discourse. *Social Semiotics*, *26*(1): 1–18.

Ledin, P. & Machin, D. 2018a. Doing Critical Discourse Studies with Multimodality: From Metafunctions to Materiality. *Critical Discourse Studies, 16*(5): 1–17.

Ledin, P. & Machin, D. 2018b. *Doing Visual Analysis: From Theory to Practice*. London: Sage.

Legge, J. 1861/2011. *The Chinese Classics with a Translation, Critical and Exegetical Notes, Prolegomena and Copious Indexes* (Vol.1). London: Trübner & Co. / Shanghai: East China Normal Unversity Press.

Lim, V. F. 2019. Analysing the Teachers' Use of Gestures in the Classroom: A Systemic Functional Multimodal Discourse Analysis Approach. *Social Semiotics, 29*(1): 83–111.

Locke, T. 2004. *Critical Discourse Analysis*. London & New York: Continuum.

Lockwood, J. & Forey, G. 2016. Discursive Control and Power in Virtual Meetings. *Discourse & Communication, 10*(4): 323–340.

Luke, A. 2002. Beyond Science and Ideology Critique: Developments in Critical Discourse Analysis. *Annual Review of Applied Linguistics*, 22: 96–110.

Ma, Y. Y. & Wang, B. 2020. *Translating Tagore's Stray Birds into Chinese: Applying Systemic Functional Linguistics to Chinese Poetry Translation*. London & New York: Routledge.

Malinowski, B. 1923. *The Problem of Meaning in Primitive Languages. Supplement to Ogden, C. K. & Richards, I. A. The Meaning of Meaning*. New York: Harcourt, Brace & World.

Malinowski, B. 1935. *Coral Gardens and Their Magic* (Vol. 2). London: Allen & Unwin.

Malmkjaer, K. (Ed.). 2004. *The Linguistics Encyclopedia*. London & New York: Routledge.

Martin, J. R. 1986. Grammaticalising Ecology: The Politics of Baby Seals and Kangaroos. In T. Threadgold, E. A. Grosz, G. Kress & M. A. K. Halliday (Eds.), *Semiotics, Ideology, Language*. Sydney: Sydney Association for Studies in Society and Culture, 225–268.

Martin, J. R. 1992. *English Text: System and Structure*. Amsterdam: John Benjamins.

Martin, J. R. 2000. Grammar Meets Genre: Reflections on the Sydney School. *Arts: The Journal of the Sydney University Arts Association*, 22: 47–95.

Martin, J. R. 2004. Positive Discourse Analysis: Solidarity and Change. *Revista Canaria De Estudios Ingleses, 49*(1): 179–200.

Martin, J. R. 2008. Boomer Dreaming: The Texture of Recolonisation in a Lifestyle Magazine. In G. Forey & G. Thompson (Eds.), *Text Type and*

Texture. London: Equinox.
Martin, J. R. (Ed.). 2013. *Interviews with M. A. K. Halliday: Language Turned Back on Himself*. London: Bloomsbury Academic.
Martin, J. R. & Rose, D. 2003. *Working with the Discourse: Meaning beyond the Clause*. London: Continuum.
Martin, J. R. & Rose, D. 2007. *Working with the Discourse: Meaning beyond the Clause* (2nd ed.). London: Continuum.
Martin, J. R. & Rose, D. 2008. *Genre Relations: Mapping Culture*. London: Equinox.
Martin, J. R. & White, P. R. R. 2005. *The Language of Evaluation: Appraisal in English*. London: Palgrave.
Matthiessen, C. M. I. M 1992. Interpreting the Textual Metafunction. In M. Davies & L. Ravelli (Eds.), *Advances in Systemic Linguistics*. London: Pinter, 37–82.
Matthiessen, C. M. I. M. 2001. The Environments of Translation. In E. Steiner & C. Yallop (Eds.), *Exploring Translation and Multilingual Text Production: Beyond Content*. Berlin: Mouton de Gruyter, 41–124.
Matthiessen, C. M. I. M. 2006, December 10–12. *Systemic Functional Linguistics—Appliability: Areas of Research.* The First Symposium on Functional Linguistics and Discourse Analysis, Guangzhou, China.
Matthiessen, C. M. I. M. 2007a. The Multimodal Page: A Systemic Functional Exploration. In T. D. Royce & W. L. Bowcher (Eds.), *New Directions in the Analysis of Multimodal Discourse*. Mahwah: Lawrence Erlbaum Associates, 1–62.
Matthiessen, C. M. I. M. 2007b. The "Architecture" of Language According to Systemic Functional Theory: Developments since the 1970s. In R. Hasan, C. M. I. M. Matthiessen & J. J. Webster (Eds.), *Continuing Discourse on Language: A Functional Perspective (Vol. 2)*. London: Equinox, 505–561.
Matthiessen, C. M. I. M. 2007c. Lexicogrammar in Systemic Functional Linguistics: Descriptive and Theoretical Developments in the "IFG" Tradition since the 1970s. In R. Hasan, C. M. I. M. Matthiessen & J. J. Webster (Eds.), *Continuing Discourse on Language: A Functional Perspective* (Vol. 2). London: Equinox, 765–858.
Matthiessen, C. M. I. M. 2009. Ideas and New Directions. In M. A. K. Halliday & J. J. Webster (Eds.), *Continuum Companion to Systemic Functional Linguistics*. London: Continuum, 12–58.
Matthiessen, C. M. I. M. 2013. Applying Systemic Functional Linguistics in

Healthcare Contexts. *Text & Talk, 33*(4–5): 437–466.

Matthiessen, C. M. I. M. 2014. Appliable Discourse Analysis. In Y. Fang & J. J. Webster (Eds.), *Developing Systemic Functional Linguistics: Theory and Application*. London: Equinox, 138–208.

Matthiessen, C. M. I. M. 2015. Register in the Round: Registerial Cartography. *Functional Linguistics, 2*(9): 1–48.

Matthiessen, C. M. I. M. & Halliday, M. A. K. 2009. *Systemic Functional Grammar: A First Step into the Theory*. Beijing: Higher Education Press.

Matthiessen, C. M. I. M., Teruya, K. & Lam, M. 2016. *Key Terms in Systemic Functional Linguistics*. Beijing: Foreign Language Teaching and Research Press.

Maxwell-Reid, C. 2011. The Challenges of Contrastive Discourse Analysis: Reflecting on a Study into the Influence of English on Students' Written Spanish on a Bilingual Education Program in Spain. *Written Communication, 28*(4): 417–435.

McCarthy, M. 1991. *Discourse Analysis for Language Teachers*. Cambridge: Cambridge University Press.

McCarthy, M. & Carter, R. 1994. *Language as Discourse: Perspectives for Language Teaching*. London: Longman.

McMurtrie, R. J. 2010. Bobbing for Power: An Exploration into the Modality of Hair. *Visual Communication, 9*(4): 399–424.

McMurtrie, R. J. 2012. Feeling Space Dynamically: Variable Interpersonal Meanings in High-rise Apartment Complexes. *Visual Communication, 11*(4): 511–534.

Medina, A. M. 2018. A Hispanic Mother's Beliefs about Stuttering Aetiology: A Systemic Functional Linguistic Analysis. *Clinical Linguistics & Phonetics, 32*(11): 1012–1026.

Meetham, A. R. & Hudson, R. A. 1969. *Encyclopaedia in Linguistics, Information and Control*. Oxford: Pergamon.

Mitchell, T. F. 1957. The Language of Buying and Selling in Cyrenaica: A Situational Statement. *Herperis, 44*(1–2): 31–71.

Nida, E. A. 1975. *Language Structure and Translation*. California: Stanford University Press.

Nida, E. A. & Taber, C. R. 1969. *The Theory and Practice of Translation*. Leiden: Brill.

Oddo, J. 2013. Discourse-based Methods across Texts and Semiotic Modes: Three Tools for Micro-rhetorical Analysis. *Written Communication, 30*(3): 236–275.

O'Halloran, K. 2003. *Critical Discourse Analysis and Language Cognition*.

Edinburgh: Edinburgh University Press.

O'Halloran, K. 2008. Systemic Functional-multimodal Discourse Analysis (SF-MDA): Construing Ideational Meaning Using Language and Visual Imagery. *Visual Communication, 7*(4): 443–475.

Orr, D. 1992. *Ecological Literacy: Education and the Transition to a Postmodern World*. Albany: State University of New York Press.

O'Toole, M. 1994. *The Language of Displayed Art*. London: Leicester University Press.

Paltridge, B. 2006. *Discourse Analysis: An Introduction*. London: Continuum.

Paltridge, B. 2012. *Discourse Analysis: An Introduction* (2nd ed.). London: Continuum.

Pang, K. M. A. 2004. Making History in from Colony to Nation: A Multimodal Analysis of a Museum Exhibition in Singapore. In K. O'Halloran (Ed.), *Multimodal Discourse Analysis: Systemic Functional Perspectives*. London & New York: Continuum, 28–54.

Parret, H. 1974. *Discussing Language*. The Hague: Mouton.

Parsons, G. 1990. *Cohesion and Coherence: Scientific Texts: A Comparative Study*. Nottingham: Nottingham University Press.

Paugh, P. C. 2015. Discourses as Resources: Active Literacy Practices and a Microculture of Rich Meaning Making in an Urban Elementary Classroom. *Literacy Research: Theory, Method, and Practice, 64*: 132–148.

Paugh, P. C. & Dudley-Marling, C. 2011. "Speaking" Deficit into (or out of) Existence: How Language Constrains Classroom Teachers' Knowledge about Instructing Diverse Learners. *International Journal of Inclusive Education, 15*(8): 819–833.

Pecheux, M. 1969. *Analyse Automatique du Discours*. Paris: Dunod.

Pitsoe, V. & Letseka, M. 2013. Foucault's Discourse and Power: Implications for Instructionist Classroom Management. *Open Journal of Philosophy, 3*(1): 23–28.

Poucke, M. L-V. 2016. Exploiting the "Non-dit" and Other Discursive Tactics in the New Caledonian Independence Debate: a Pragma-Functional Approach to Critical Discourse Analysis. *Functional Linguistics, 3*(2): 1–30.

Poucke, M. L-V. 2018. The Conjunction of a French Rhetoric of Unity with a Competing Nationalism in New Caledonia: A Critical Discourse Analysis. *Argumentation, 32*: 351–395.

Pun, J. K. H. 2019. Salient Language Features in Explanation Texts that Students Encounter in Secondary School Chemistry Textbooks. *Journal of English for Academic Purposes, 42*: 1–16.

Rad, E. Y., Tabrizi, M. H., Ardalan, P., Seyedi, S. M. R., Yadamani, S., Zamani-

Esmati, P. & Sereshkeh, N. H. 2020. Citrus Lemon Essential Oil Nanoemulsion (CLEO-NE), A Safe Cell-depended Apoptosis Inducer in Human A549 Lung Cancer Cells with Anti-angiogenic Activity. *Journal of microencapsulation, 37*(5): 394–402.

Renkema, J. 1984. Text Linguistics and Media: An Experimental Inquiry into Coloured News Reporting. In W. van Peer & J. Renkema (Eds.), *Pragmatics and Stylistics*. Leuven: Acco, 317–371.

Renkema, J. 1993. *Discourse Studies: An Introductory Textbook*. Philadelphia: John Benjamins.

Renkema, J. 2004. *Introduction to Discourse Studies*. Amsterdam: John Benjamins.

Renkema, J. (Ed.). 2009. *Discourse, of Course: An Overview of Research in Discourse Studies*. Amsterdam & Philadelphia: John Benjamins.

Richards, J. C., Platt, J. & Platt, H. 1992/2000. *Longman Dictionary of Language Teaching and Applied Linguistics*. Beijing: Foreign Language Teaching and Research Press.

Robins, R. H. 1967/2001. *A Short History of Linguistics*. London: Longman / Beijing: Foreign Language Teaching and Research Press.

Rose, D. 2012. Genre in the Sydney School. In J. P. Gee & M. Handford (Eds.), *The Routledge Handbook of Discourse Analysis*. London & New York: Routledge, 209–225.

Rose, D. & Martin, J. R. 2012. *Learning to Write, Reading to Learn: Genre, Knowledge and Pedagogy in the Sydney School*. London: Equinox.

Royce, T. D. 2015. Intersemiotic Complementarity in Legal Cartoons: An Ideational Multimodal Analysis. *International Journal for the Semiotics of Law, 28*: 719–744.

Safeyaton, A. 2004. A Semiotic Study of Singopore's Orchard Road and Marriott Hotel. In K. O'Halloran (Ed.), *Multimodal Discourse Analysis: Systemic-functional Perspectives*. London: Continuum, 55–82.

Schiffrin, D. 1994. *Approaches to Discourse*. Oxford: Blackwell.

Schiffrin, D., Tannen, D. & Hamilton, H. E. (Eds.). 2001. *The Handbook of Discourse Analysis*. Oxford: Blackwell.

Sealey, A. & Oakley, L. 2013. Anthropomorphic Grammar? Some Linguistic Patterns in the Wildlife Documentary Series *Life*. *Text & Talk, 33*(3): 399–420.

Shin, D., Cimaskob, T. & Yic, Y. 2020. Development of Metalanguage for Multimodal Composing: A Case Study of an L2 Writer's Design of Multimedia Texts. *Journal of Second Language Writing, 47*: 1–14.

Slade, D., Manidis, M., Jeannette, M., Scheeres, H. & Herke, M. 2011.

Communicating in Hospital Emergency Departments: Final Report. Sydney: University of Technology.

Stamou, A. G., Alevriadou, A. & Soufla, F. 2016. Representations of Disability from the Perspective of People with Disabilities and Their Families: A Critical Discourse Analysis of Disability Groups on Facebook. *Scandinavian Journal of Disability Research, 18*(1): 1–16.

Starfield, S., Paltridge, B., McMurtrie, R. J., Holbrook, A., Lovat, T., Kiley, M. & Fairbairn, H. 2017. Evaluation and Instruction in PhD examiners' Reports: How Grammatical Choices Construe Examiner Roles. *Linguistics & Education, 42*: 53–64.

Steffensen, S. V. 2017. The Microecological Grounding of Language: How Linguistic Symbolicity Extends and Transforms the Human Ecology. In A. Fill & H. Penz (Eds.), *The Routledge Handbook of Ecolinguistics*. London & New York: Routledge, 393–405.

Steffensen, S. V. & Fill, A. 2014. Ecolinguistics: The State of The Art and Future Horizons. *Language Sciences, 41*: 6–25.

Stibbe, A. 2004. Environmental Education across Cultures: Beyond the Discourse of Shallow Environmentalism. *Language & Intercultural Communication, 4*: 242–259.

Stibbe, A. 2015. *Ecolinguistics: Language, Ecology and the Stories We Live By*. London & New York: Routledge.

Stibbe, A. 2018. Positive Discourse Analysis: Rethinking Human Ecological Relationships. In A. Fill & H. Penz (Eds.), *The Routledge Handbook of Ecolinguistics*. London & New York: Routledge, 165–178.

Stubbs, M. 1983. *Discourse Analysis: The Sociolinguistic Analysis of Natural Language*. Oxford: Blackwell.

Stubbs, M. 1996. *Text and Corpus Analysis*. Oxford: Blackwell.

Swales, J. 1990. *Genre Analysis: English in Academic and Research Settings*. Cambridge: Cambridge University Press.

Thomas, E. E. 2013. Dilemmatic Conversations: Some Challenges of Culturally Responsive Discourse in a High School English Classroom. *Linguistics & Education*, 24: 328–347.

Thompson, G. 2014. *Introducing Functional Grammar* (3rd ed.). London: Edward Arnold.

Thomson, J. 2003. Clinical Discourse Analysis: One Theory or Many?. *Advances in Speech-Language Pathology*, 5(1): 41–49.

Toolan, M. (Ed). 2002. *Critical Discourse Analysis: Critical Concepts in Linguistics*

(Vol. 1–4). London & New York: Routledge.

Tucker, G., Huang, G., Fontaine, L. & McDonald, E. (Eds.). *Approaches to Systemic Functional Grammar: Convergence and Divergence*. Sheffield: Equinox.

van Dijk, T. A. 1972. *Some Aspects of Text Grammar*. The Hague: Mouton.

van Dijk, T. A. 1977. *Text and Context*. London: Longman.

van Dijk, T. A. (Ed.). 1985a. *Handbook of Discourse Analysis: Vol. 1. Discourse and Dialogue*. London: Academic Press.

van Dijk, T. A. (Ed.). 1985b. *Handbook of Discourse Analysis: Vol. 2. Dimensions of Discourse*. London: Academic Press.

van Dijk, T. A. (Ed.). 1985c. *Handbook of Discourse Analysis: Vol. 3. Disciplines of Discourse*. London: Academic Press.

van Dijk, T. A. (Ed.). 1985d. *Handbook of Discourse Analysis: Vol. 4. Discourse Analysis in Society*. London: Academic Press.

van Dijk, T. A. 1998. *Ideology: A Multidisciplinary Approach*. London & New York: Sage.

van Dijk, T. A. (Ed.). 2011. *Discourse Studies: A Multidiscipinary Introduction* (2nd ed.). London: Sage.

van Leeuwen, T. 2005. *Introducing Social Semiotics*. London: Routledge.

van Valin, R. D. Jr. 2001. Functional Linguistics. In M. Aronoff & J. Rees-Miller (Eds.), *The Handbook of Linguistics*. Oxford: Blackwell / Beijing: Foreign Language Teaching and Research Press, 319–336.

Vitacolonna, L. 1988. "Text/Discourse" Definitions. In J. S. Petöfi (Ed.), *Text and Discourse Constitution: Vol. 4. Empirical Aspects, Theoretical Approaches*. Berlin: Walter de Gruyter, 421–439.

Waley, A. 1938. *The Analects of Confucius*. London: Allen & Unwin.

Wang, B & Ma, Y. 2020. *Lao She's Teahouse and Its Two English Translations: Exploring Chinese Drama Translation with Systemic Functional Linguistics*. London & New York: Routledge.

Wetherell, M., Taylor, S. & Yates, S. J. (Eds.). 2001. *Discourse Theory and Practice: A Reader*. London: Sage.

White, P. R. R. 1998. *Telling Media Tales: The News Story as Rhetoric* [Unpublished doctoral dissertation]. Sydney: University of Sydney.

Widdowson, H. G. 1978. *Teaching Language as Communication*. Oxford: Oxford University Press.

Widdowson, H. G. 1979. *Explorations in Applied Linguistics*. Oxford: Oxford University Press.

Widdowson, H. G. 2004. *Text, Context, Pretext*. Oxford: Blackwell.

Widdowson, H. G. 2012. *Discourse Analysis*. Shanghai: Shanhai Foreign Langhage Education Press.

Wodak, R. 1996. *Disorder in Discourse*. London: Longman.

Wodak, R. 2005. Discourse Analysis (Foucault). In Herman, D., M. Jahn & M. Ryan (Eds.), *Routledge Encyclopedia of Narrative Theory*. London & New York: Routledge, 112–114.

Wodak, R. 2006. Review Focus: Boundaries in Discourse Analysis. *Language in Society, 35*: 595–611.

Wodak, R. 2011. Critical Discourse Analysis. In Hyland, K. & B. Paltridge (Eds.), *The Continuum Companion to Discourse Analysis*. London: Continuum, 38–53.

Wodak, R. & Chilton, P. (Eds.). 2005. *A New Agenda in (Critical) Discourse Analysis*. Amsterdam: John Benjamins.

Wodak, R. & Meyer, M. (Eds.). 2001. *Methods of Critical Discourse Analysis*. London: Sage.

Wood, L. A. & Kroger, R. O. 2008. *Doing Discourse Analysis: Methods for Studying Action in Talk and Text*. Shanghai: Shanghai Foreign Language Education Press.

Woodward-Kron, R. 2016. A Comparative Discourse Study of Simulated Clinical Roleplays in Two Assessment Contexts: Validating a Specific-purpose Language Test. *Language Testing, 33*(2): 251–270.

Yallop, C. 2001. The Construction of Equivalence. In Steiner, E. & C. Yallop (Eds.), *Exploring Translation and Multilingual Text Production: Beyond Context*. Berlin: Mouton de Gruyter, 229–246.

Yang, B. 2018. Textual metaphor revisited. *Australian Journal of Linguistics, 38*(2): 205–222.

Yang, B. & Li, W. (Eds.). 2020. *Corpus-based Approaches to Grammar, Media and Health Discourses: Systemic Functional and Other Perspectives*. Singapore: Springer.

Young, L. & Harrison, C. (Eds.). 2004. *Systemic Functional Linguistics and Critical Discourse Analysis: Studies in Social Change*. London: Continuum.

Zappavigna, M. 2011. Ambient Affiliation: A Linguistic Perspective on Twitter. *New Media & Society, 13*(5): 788–806.

Zappavigna, M. 2012. *Discourse of Twitter and Social Media*. London: Continuum.

Zappavigna, M. 2014. Enacting Identity in Microblogging through Ambient Affiliation. *Discourse & Communication, 8*(2): 209–228.

Zappavigna, M. 2015. Searchable Talk: The Linguistic Functions of Hashtags.

Social Semiotics, *25*(3): 274–291.

Zhao, S., Djonov, E., Björkvall, A. & Boeriis, M. (Eds.). 2018. *Advancing Multimodal and Critical Discourse Studies: Interdisciplinary Research Inspired by Theo van Leeuwen's Social Semiotics*. London & New York: Routledge.

术语表

被识别者（作为参与者）	Identified
本土化	localization
标记（作为参与者）	Token
并列关系	parataxis
层次化	stratification
常态（评价系统）	normality
超新信息	hypo-New
超主位	hypo-Theme
陈述语气	declarative
垂直视点	vertical perspective
词汇衔接	lexical cohesion
词汇语法层	lexicogrammatical stratum
从属关系	hypotaxis
存在过程	existential process
存在者	Existent
单项主位	simple Theme
等级主义	classism
电子语篇分析	electronic text analysis
动作过程	action process
动作者	Actor
多重主位	multiple Theme
多模态话语分析	Multimodal Discourse Analysis
多学科性	multidisciplinarity
翻译语篇	translated text
反应（评价系统）	reaction
反应过程	reactional process
分类过程	classificational process
分析过程	analytical process
福柯学派	Foucault school
复杂性（评价系统）	complexity
复杂主位	complex Theme
和平语言学	peace linguistics

和谐话语分析	harmonious discourse analysis
宏观新信息	macro-New
宏观主位	macro-Theme
互动意义	interpersonal meaning
话题主位	topical Theme
话语	discourse
话语分析	discourse analysis
话语内容（作为参与者）	Verbiage
话语研究	discourse studies
话语语义学	discourse semantics
概念功能	ideational metafunction
概念再现	conceptual representation
感觉者	Senser
个人距离	personal distance
公共距离	public distance
功能	function
功能对等	functional equivalence
功能话语分析	functional discourse analysis
功能话语研究	functional discourse studies
构成（评价系统）	composition
构图意义	compositional meaning
关系过程	relational process
级差系统	graduation system
积极话语分析	Positive Discourse Analysis
及物性	transitivity
继续句	continuing clause
价值（作为参与者）	Value
价值（评价系统）	valuation
价值取向	value-laden
鉴赏（评价系统）	appreciation
教养方式理论	parenting style
接触（多模态人际要素）	contact
结构主义语言学	structuralist linguistics
介入系统	engagement system
解释	elaboration
借言	heterogloss
经验功能	experiential metafunction

经验功能对等	the equivalence of experiential metafunction
距离（多模态人际要素）	distance
控制句	dominant clause
跨学科性	interdisciplinarity
扩展	expansion
礼节（评价系统）	propriety
连贯	coherence
连接	conjunction
良知原则	the principle of conscience
临床话语分析	clinical discourse analysis
逻辑功能	logical metafunction
逻辑功能对等	the equivalence of logical metafunction
逻辑语义关系	logical-semantic relationship
马克思主义语言观	a Marxist view of language
马克思主义语言学	Marxist linguistics
描写语言学	descriptive linguistics
目标（作为参与者）	Goal
目的语篇	target text
内在功能	intrinsic functionality
能力（评价系统）	capacity
判断（评价系统）	judgment
批评话语分析	Critical Discourse Analysis
批评话语学派	the school of Critical Discourse Analysis
平衡（评价系统）	balance
评价系统	appraisal system
起始句	initiating clause
祈使语气	imperatives
潜势	potential
亲近原则	the principle of proximity
情感（评价系统）	affect
情景语境	context of situation
情态	modality
取景（多模态人际要素）	framing
人际功能	interpersonal metafunction
人际功能对等	the equivalence of interpersonal metafunction
人际主位	interpersonal Theme
三维视角	a trinocular perspective

删略	erasure
删略模式	erasure pattern
上下文语境	context of co-text
社会系统	social system
社会许可	social sanction
社会意义过程	a socio-semiotic process
社会尊严	social esteem
社交距离	social distance
省略	ellipsis
生态话语分析	Ecological Discourse Analysis
生态批评话语分析	eco-critical discourse analysis
生物系统	biological system
识别者（作为参与者）	Identifier
视点（多模态人际要素）	perspective
适用语言学	appliable linguistics
属性（作为参与者）	Attribute
水平视点	horizontal perspective
说话者（作为参与者）	Sayer
态度系统	attitude system
替代	substitution
投射	projection
凸显（生态话语分析）	salience
凸显模式	salience pattern
外在功能	extrinsic functionality
文化语境	context of culture
问题导向	problem-oriented
物理系统	physical system
物质过程	material process
物种主义	speciesism
系统功能多模态话语分析	systemic functional multi-modal discourse analysis
系统功能分析	Systemic Functional Analysis
系统功能语言学	Systemic-Functional Linguistics
系统类型说	a typology of systems
系统生态语言学	systemic ecolinguistics
衔接	cohesion
现象（作为参与者）	Phenomenon
显著性（多模态语篇要素）	salience

象征过程	symbolic process
消费主义	consumerism
消极话语	destructive discourse
心理过程	mental process
新马克思主义语言学	a neo-Marxist linguistics
信息	information
信息值	information value
新信息	new information
形式对等	formal equivalence
行为过程	behavioural process
行为者	Behaver
叙事再现	narrative representation
延伸	extension
言语过程	verbal process
言语和心理过程	speech and mental process
依赖关系	interdependency relationship
依赖句	dependent clause
以人为本	people-oriented
疑问语气	interrogative
意义对等	semantic equivalence
意义系统	semiotic system
意志（评价系统）	tenacity
已知信息	given information
英美学派	the British-American school
影响（评价系统）	impact
语场	field
语法分析	grammar analysis
语法隐喻	grammatical metaphor
语境	context
语篇分析	text analysis
语篇功能	textual metafunction
语篇功能对等	the equivalence of textual metafunction
语篇主位	textual Theme
语气	mood
语式	mode
语义表征	Semantic Representation
语义层	semantic stratum

语义单位	semantic unit
语用论辩学	Pragma-dialectics
语域	register
语旨	tenor
元功能	metafunction
元功能对等	metafunctional equivalence
载体（作为参与者）	Carrier
再现意义	representational meaning
照应	reference
增强	enhancement
增长主义	growthism
真实（评价系统）	veracity
质量（评价系统）	quality
制约原则	the principle of regulation
自上而下（分析视角）	from above (perspective)
自下而上（分析视角）	from below (perspective)
自言	monogloss
自周围（分析视角）	from around about (perspective)
主位	Theme
主位推进	thematic progression

附　录

[A]

They were indeed a queer-looking party that assembled on the bank—the birds with draggled feathers, the animals with their fur clinging close to them, and all dripping wet, cross, and uncomfortable.

The first question of course was, how to get dry again: they had a consultation about this, and after a few minutes it seemed quite natural to Alice to find herself talking familiarly with them, as if she had known them all her life. Indeed, she had quite a long argument with the Lory, who at last turned sulky, and would only say, "I am older than you, and must know better"; and this Alice would not allow without knowing how old it was, and, as the Lory positively refused to tell its age, there was no more to be said.

At last the Mouse, who seemed to be a person of authority among them, called out, "Sit down, all of you, and listen to me! I'LL soon make you dry enough!" They all sat down at once, in a large ring, with the Mouse in the middle. Alice kept her eyes anxiously fixed on it, for she felt sure she would catch a bad cold if she did not get dry very soon. "Ahem!" said the Mouse with an important air, "are you all ready? This is the driest thing I know. Silence all round, if you please! 'William the Conqueror, whose cause was favoured by the pope, was soon submitted to by the English, who wanted leaders, and had been of late much accustomed to usurpation and conquest. Edwin and Morcar, the earls of Mercia and Northumbria—'"

"Ugh!" said the Lory, with a shiver.

"I beg your pardon!" said the Mouse, frowning, but very politely: "Did you speak?"

"Not I!" said the Lory hastily.

"I thought you did," said the Mouse. "—I proceed. 'Edwin and Morcar, the earls of Mercia and Northumbria, declared for him: and even Stigand, the patriotic archbishop of Canterbury, found it advisable — '"

"Found WHAT?" said the Duck.

"Found IT," the Mouse replied rather crossly: "of course you know what 'it' means."

"I know what 'it' means well enough, when I find a thing," said the Duck: "it's generally a frog or a worm. The question is, what did the archbishop find?"

The Mouse did not notice this question, but hurriedly went on, "'—found it advisable to go with Edgar Atheling to meet William and offer him the crown. William's conduct at first was moderate. But the insolence of his Normans—' How are you getting on now, my dear?" it continued, turning to Alice as it spoke.

"As wet as ever," said Alice in a melancholy tone: "it doesn't seem to dry me at all."

"In that case," said the Dodo solemnly, rising to its feet, "I move that the meeting adjourn, for the immediate adoption of more energetic remedies—"

"Speak English!" said the Eaglet. "I don't know the meaning of half those long words, and, what's more, I don't believe you do either!" And the Eaglet bent down its head to hide a smile: some of the other birds tittered audibly.

"What I was going to say," said the Dodo in an offended tone, "was, that the best thing to get us dry would be a Caucus-race."

"What IS a Caucus-race?" said Alice; not that she wanted much to know, but the Dodo had paused as if it thought that SOMEBODY ought to speak, and no one else seemed inclined to say anything.

"Why," said the Dodo, "the best way to explain it is to do it." (And, as you might like to try the thing yourself, some winter day, I will tell you how the Dodo managed it.)

First it marked out a race-course, in a sort of circle, ("the exact shape doesn't matter," it said,) and then all the party were placed along the course, here and there. There was no "One, two, three, and away," but they began running when they liked, and left off when they liked, so that it was not easy to know when the race was over. However, when they had been running half an hour or so, and were quite dry again, the Dodo suddenly called out "The race is over!" and they all crowded round it, panting, and asking, "But who has won?"

This question the Dodo could not answer without a great deal of thought, and it sat for a long time with one finger pressed upon its forehead (the position in which you usually see Shakespeare, in the pictures of him), while the rest waited in silence. At last the Dodo said, "EVERYBODY has won, and all must have prizes."

"But who is to give the prizes?" quite a chorus of voices asked.

"Why, SHE, of course," said the Dodo, pointing to Alice with one finger; and the whole party at once crowded round her, calling out in a confused way, "Prizes! Prizes!" Alice had no idea what to do, and in despair she put her hand in her pocket, and pulled out a box of comfits, (luckily the salt water had not got into it), and handed them round as prizes. There was exactly one a-piece all round.

"But she must have a prize herself, you know," said the Mouse.

"Of course," the Dodo replied very gravely. "What else have you got in your pocket?" he went on, turning to Alice.

"Only a thimble," said Alice sadly.

"Hand it over here," said the Dodo.

Then they all crowded round her once more, while the Dodo solemnly presented the thimble, saying "We beg your acceptance of this elegant thimble"; and, when it had finished this short speech, they all cheered.

Alice thought the whole thing very absurd, but they all looked so grave that she did not dare to laugh; and, as she could not think of anything to say, she simply bowed, and took the thimble, looking as solemn as she could. The next thing was to eat the comfits: this caused some noise and confusion, as the large birds complained that they could not taste theirs, and the small ones choked and had to be patted on the back. However, it was over at last, and they sat down again in a ring, and begged the Mouse to tell them something more.

"You promised to tell me your history, you know," said Alice, "and why it is you hate—C and D," she added in a whisper, half afraid that it would be offended again.

"Mine is a long and a sad tale!" said the Mouse, turning to Alice, and sighing.

"It IS a long tail, certainly," said Alice, looking down with wonder at the Mouse's tail; "but why do you call it sad?" And she kept on puzzling about it while the Mouse was speaking, so that her idea of the tale was something like this: —

"Fury said to a
mouse, That he
met in the
house,
'Let us
both go to

law: I will
prosecute
YOU. —Come,
I'll take no
denial; We
must have a
trial: For
really this
morning I've
nothing
to do.'
Said the
mouse to the
cur, 'Such
a trial,
dear Sir,
With
no jury
or judge,
would be
wasting
our
breath.'
'I'll be
judge, I'll
be jury,'
Said
cunning
old Fury:
'I'll
try the
whole
cause,
and
condemn
you
to
death.'"

"You are not attending!" said the Mouse to Alice severely. "What are you thinking of ?"

"I beg your pardon," said Alice very humbly: "you had got to the fifth bend, I think?"

"I had NOT!" cried the Mouse, sharply and very angrily.

"A knot!" said Alice, always ready to make herself useful, and looking anxiously about her. "Oh, do let me help to undo it!"

"I shall do nothing of the sort," said the Mouse, getting up and walking away. "You insult me by talking such nonsense!"

"I didn't mean it!" pleaded poor Alice. "But you're so easily offended, you know!"

The Mouse only growled in reply.

"Please come back and finish your story!" Alice called after it; and the others all joined in chorus, "Yes, please do!" but the Mouse only shook its head impatiently, and walked a little quicker.

"What a pity it wouldn't stay!" sighed the Lory, as soon as it was quite out of sight; and an old Crab took the opportunity of saying to her daughter "Ah, my dear! Let this be a lesson to you never to lose YOUR temper!" "Hold your tongue, Ma!" said the young Crab, a little snappishly. "You're enough to try the patience of an oyster!"

"I wish I had our Dinah here, I know I do!" said Alice aloud, addressing nobody in particular. "She'd soon fetch it back!"

"And who is Dinah, if I might venture to ask the question?" said the Lory.

Alice replied eagerly, for she was always ready to talk about her pet: "Dinah's our cat. And she's such a capital one for catching mice you can't think! And oh, I wish you could see her after the birds! Why, she'll eat a little bird as soon as look at it!"

This speech caused a remarkable sensation among the party. Some of the birds hurried off at once: one old Magpie began wrapping itself up very carefully, remarking, "I really must be getting home; the night-air doesn't suit my throat!" and a Canary called out in a trembling voice to its children, "Come away, my dears! It's high time you were all in bed!" On various pretexts they all moved off, and Alice was soon left alone.

"I wish I hadn't mentioned Dinah!" she said to herself in a melancholy tone. "Nobody seems to like her, down here, and I'm sure she's the best cat in the world! Oh, my dear Dinah! I wonder if I shall ever see you any more!" And here poor Alice began to cry again, for she felt very lonely and low-spirited. In a little while, however, she again heard a little pattering of footsteps in the distance, and she looked up eagerly, half hoping that the Mouse had changed his mind, and was coming back to finish his story.

[B]

B-1

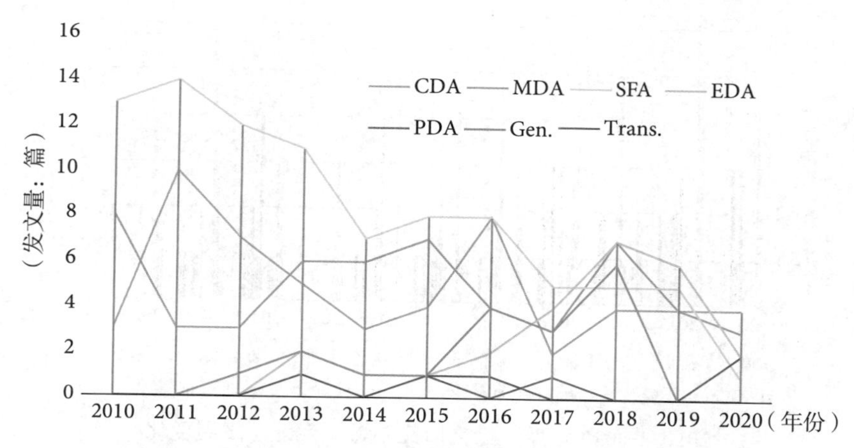

2010—2020 年期刊论文研究路径发展变化

B-2

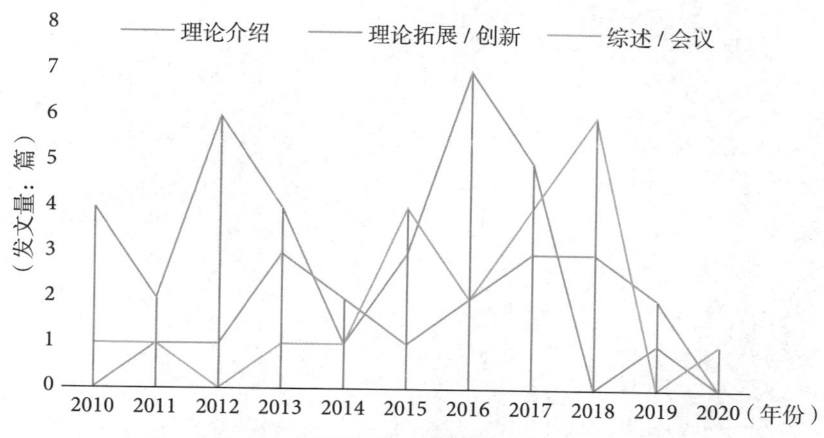

2010—2020 年期刊论文研究领域（理论）发展变化

B-3

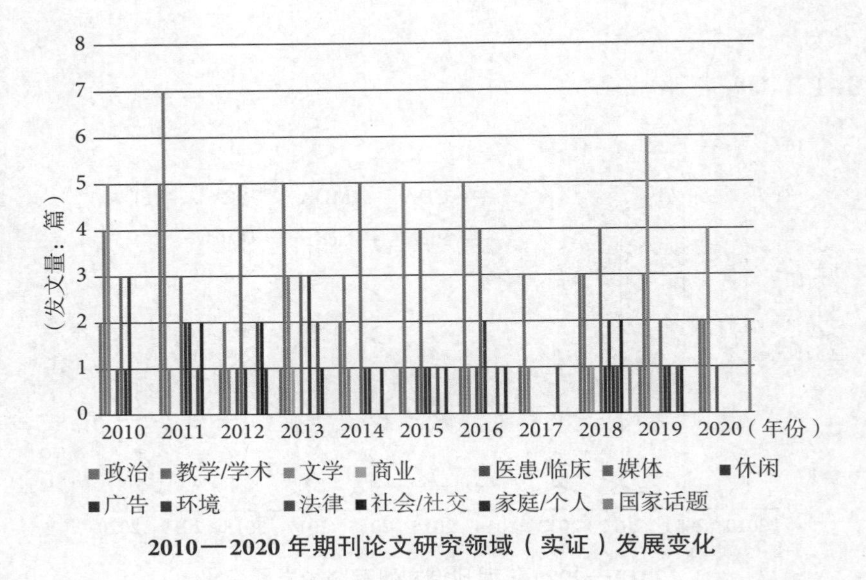

2010—2020 年期刊论文研究领域（实证）发展变化

[C]

C-1

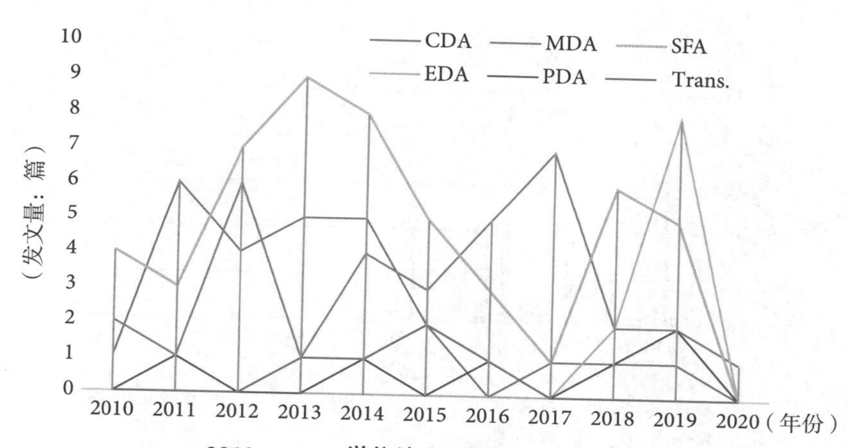

2010—2020 学位论文研究路径发展变化

C-2

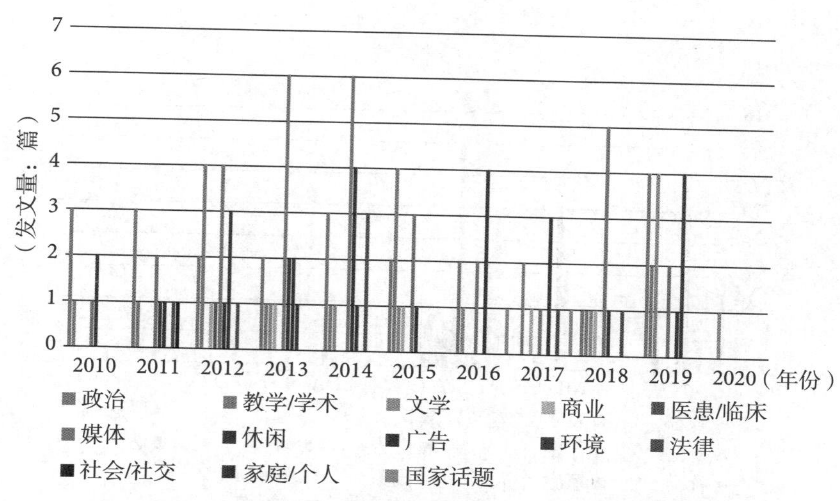

2010—2020 学位论文研究领域（实证）发展变化

[D]

D–1

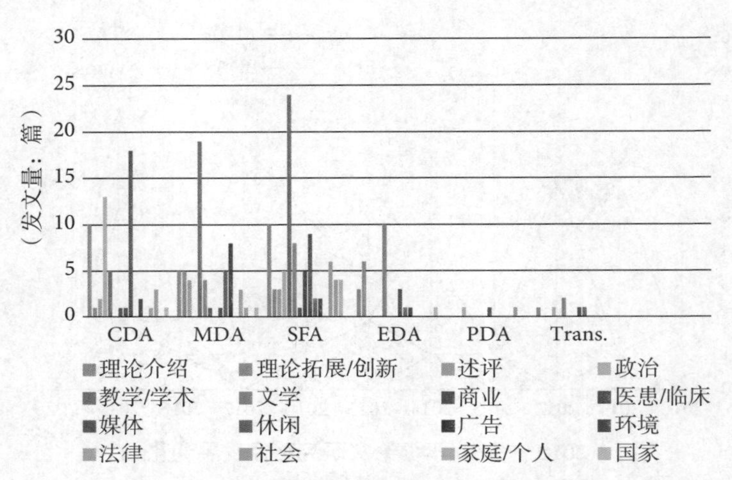

期刊论文中研究路径与研究领域的关系

D–2

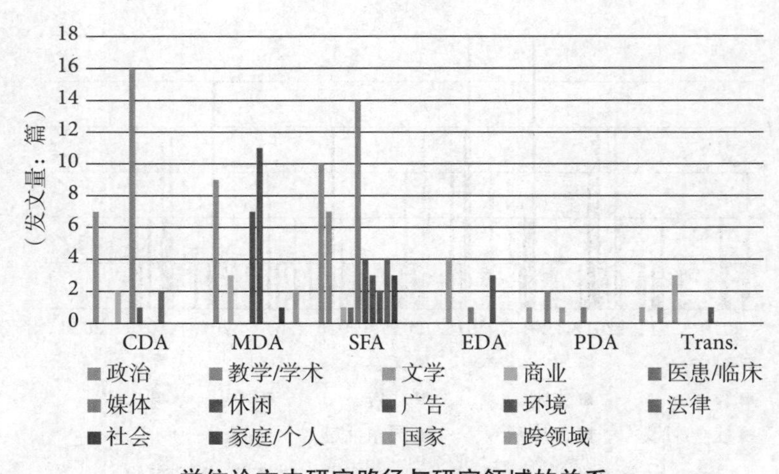

学位论文中研究路径与研究领域的关系

[E]

说明：以下五个不同的英语译本根据的源语篇应该不是同一个版本；为了保证英语译文的真实性，这里不做任何改动。

汉语源语篇：杨伯峻（2006：138–140）

12.1 颜渊问仁。子曰："克己复礼为仁。一日克己复礼，天下归仁焉。为仁由己，而由人乎哉？"

颜渊曰："请问其目。"子曰："非礼勿视，非礼勿听，非礼勿言，非礼勿动。"

颜渊曰："回虽不敏，请事斯语矣。"

12.2 仲弓问仁。子曰："出门如见大宾，使民如承大祭。己所不欲，勿施于人。在邦无怨，在家无怨。"

仲弓曰："雍虽不敏，请事斯语矣。"

12.3 司马牛问仁。子曰："仁者其言也讱。"

曰："其言也讱，斯谓之仁已乎？"子曰："为之难，言之得无讱乎？"

12.4 司马牛问君子。子曰："君子不忧不惧。"

曰："不忧不惧，斯谓之君子已乎？"子曰："内省不疚，夫何忧何惧？"

12.5 司马牛忧曰："人皆有兄弟，吾独亡。"子夏曰："商闻之矣：死生有命，富贵在天。君子敬而无失，与人恭而有礼。四海之内，皆兄弟也。君子何患乎无兄弟也？"

E–1

英语翻译版本 1：Ku (1898: 95–97)

1. A disciple of Confucius, the favourite Yen Hui, enquired what constituted a moral life. Confucius answered, "Renounce yourself and conform to the ideal of decency and good sense".

"If one could only," Confucius went on to say, "live a moral life, renouncing himself and conforming to the ideal of decency and good sense for one single day, the world would become moral. To be moral, a man depends entirely upon himself and not upon others."

The disciple then asked for practical rules to be observed in living a moral life.

Confucius answered, "Whatsoever things are contrary to the ideal of decency and good sense, do not look upon them. Whatsoever things are contrary to the ideal of decency and good sense, do not listen to them. Whatsoever things are contrary to the ideal of decency and good sense, do not utter them with your mouth. Lastly, let nothing in whatsoever things you do, act or move, be contrary to the ideal of decency and good sense."

2. Another disciple of Confucius on another occasion asked what constituted a moral life.

Confucius answered, "When going out into the world, behave always as if you were at an audience before the Emperor; in dealing with the people, act as if you were at worship before God. Whatsoever things you do not wish that others should do unto you, do not do unto them. In your public life in the State as well as in your private life in your family, give no one a just cause of complaint against you."

The disciple then said: "Unworthy and remiss though I am, I shall try to make what you have just said the rule of my life."

3. Another disciple asked what constituted a moral character.

Confucius answered, "A man of moral character is one who is sparing of his words."

"To be sparing of words: does that alone," asked the disciple, "constitute a moral character?"

"Why," replied Confucius, "When a man feels the difficulty of living a moral life, would he be otherwise than sparing of his words?"

4. The same disciple asked what constituted a good and wise man.

Confucius answered, "A good and wise man is without anxiety and without fear." "To be without anxiety and without fear: does that alone," asked the disciple, "constitute a good and wise man?"

"Why," replied Confucius, "When a man finds within himself no cause for self-reproach, what has he to be anxious about; what has he to fear?"

5. A disciple of Confucius was unhappy, exclaiming often: "All men have their brothers: I alone have none." Upon which another disciple said to him, "I have heard it said that Life and Death are pre-ordained, and riches and honours come from God. A good and wise man is serious and without blame. In his conduct towards others he behaves with earnestness, and with judgment and good sense. In that way he will find all men within the corners of the Earth his brothers. What reason, then, has a good and wise man to complain that he has no brothers in his home?"

E-2

英语翻译版本 2：Legge (1861/2011: 250–253)

Chapter I. 1. Yen Yuan asked about perfect virtue. The Master said, "To subdue one's self and return to propriety, is perfect virtue. If a man can for one day subdue himself and return to propriety, an under heaven will ascribe perfect virtue to him. Is the practice of perfect virtue from a man himself, or is it from others?"

2. Yen Yuan said, "I beg to ask the steps of that process." The Master replied, "Look not at what is contrary to propriety; listen not to what is contrary to propriety; speak not what is contrary to propriety; make no movement which is contrary to propriety." Yen Yuan then said, "Though I am deficient in intelligence and vigor, I will make it my business to practice this lesson."

Chapter Ⅱ. Chung-kung asked about perfect virtue. The Master said, "It is, when you go abroad, to behave to every one as if you were receiving a great guest; to employ the people as if you were assisting at a great sacrifice; not to do to others as you would not wish done to yourself; to have no murmuring against you in the country, and none in the family." Chung-kung said, "Though I am deficient in intelligence and vigor, I will make it my business to practice this lesson."

Chapter Ⅲ. 1. Sze-ma Niu asked about perfect virtue.

2. The Master said, "The man of perfect virtue is cautious and slow in his speech."

3. "Cautious and slow in his speech!" said Niu; — "is this what is meant by perfect virtue?" The Master said, "When a man feels the difficulty of doing, can he be other than cautious and slow in speaking?"

Chapter Ⅳ. 1. Sze-ma Niu asked about the superior man. The Master said, "The superior man has neither anxiety nor fear."

2. "Being without anxiety or fear!" said Niu; — "does this constitute what we call the superior man?"

3. The Master said, "When internal examination discovers nothing wrong, what is there to be anxious about, what is there to fear?"

Chapter Ⅴ. 1. Sze-ma Niu, full of anxiety, said, "Other men all have their brothers, I only have not."

2. Tsze-hsia said to him, "There is the following saying which I have

heard: —

3. 'Death and life have their determined appointment; riches and honors depend upon Heaven.'"

4. "Let the superior man never fail reverentially to order his own conduct, and let him be respectful to others and observant of propriety: — then all within the four seas will be his brothers. What has the superior man to do with being distressed because he has no brothers?"

E–3

英语翻译版本 3：Waley (1938: 162–164)

1. Yen Hui asked about Goodness. The Master said, "He who can himself submit to ritual is Good. If (a ruler) could for one day 'himself submit to ritual,' everyone under Heaven would respond to his Goodness. For Goodness is something that must have its source in the ruler himself; it cannot be got from others."

Yen Hui said, I beg to ask for the more detailed items of this (submission to ritual). The Master said, To look at nothing in defiance of ritual, to listen to nothing in defiance of ritual, to speak of nothing in defiance of ritual, never to stir hand or foot in defiance of ritual. Yen Hui said, I know that I am not clever; but this is a saying that, with your permission, I shall try to put into practice.

2. Jan Jung asked about Goodness. The Master said, Behave when away from home as though you were in the presence of an important guest. Deal with the common people as though you were officiating at an important sacrifice. Do not do to others what you would not like yourself. Then there will be no feelings of opposition to you, whether it is the affairs of a State that you are handling or the affairs of a Family."

Jan Jung said, I know that I am not clever; but this is a saying that, with your permission, I shall try to put into practice.

3. Ssu-ma Niu asked about Goodness. The Master said, The Good (jen) man is chary (jen) of speech." Ssu-ma Niu said, So that is what is meant by Goodness—to be chary of speech? The Master said, Seeing that the doing of it is so difficult, how can one be otherwise than chary of talking about it?

4. Ssu-ma Niu asked about the meaning of the term Gentleman. The Master said, The Gentleman neither grieves nor fears. Ssu-ma Niu said, So

that is what is meant by being a gentleman—neither to grieve nor to fear? The Master said, On looking within himself he finds no taint; so why should he either grieve or fear?

5. Ssu-ma Niu grieved, saying, Everyone else has brothers; I alone have none. Tzu-hsia said, I have heard this saying, "Death and life are the decree of Heaven; wealth and rank depend upon the will of Heaven. If a gentleman attends to business and does not idle away his time, if he behaves with courtesy to others and observes the rulers of ritual, then all within the Four Seas are his brothers." How can any true gentleman grieve that he is without brothers?

E–4

英语翻译版本 4：Lau (1979: 112–113)

1. Yen Yuan asked about benevolence. The Master said, "To return to the observance of the rites through overcoming the self constitutes benevolence. If for a single day a man could return to the observance of the rites through overcoming himself, then the whole Empire would consider benevolence to be his. However, the practice of benevolence depends on oneself alone, and not on others."

Yen Yuan said, "I should like you to list the items." The Master said, "Do not look unless it is in accordance with the rites; do not listen unless it is in accordance with the rites; do not speak unless it is in accordance with the rites; do not move unless it is in accordance with the rites."

Yen Yuan said, "Though I am not quick, I shall direct my efforts towards what you have said."

2. Chung-kung asked about benevolence. The Master said, "When abroad behave as though you were receiving an important guest. When employing the services of the common people behave as though you were officiating at an important sacrifice. Do not impose on others what you yourself do not desire. In this way you will be free from ill will whether in a state or in a noble family."

Chung-kung said, "Though I am not quick, I shall direct my efforts towards what you have said."

3. Ssu-ma Niu asked about benevolence. The Master said, "The mark of the benevolent man is that he is loath to speak."

"In that case, can a man be said to be benevolent simply because he is loath to speak?"

The Master said, "When to act is difficult, is it any wonder that one is loath to speak?"

4. Ssu-ma Niu asked about the gentleman. The Master said, "The gentleman is free from worries and fears."

"In that case, can a man be said to be a gentleman simply because he is free from worries and fears?"

The Master said, "If, on self-examining, a man finds nothing to reproach himself for, what worries and fears can he have?"

5. Ssu-ma. Niu appeared worried, saying, "All men have brothers. I alone have none." Tzu-hsia said, "I have heard it said: life and death are a matter of Destiny; wealth and honour depend on Heaven. The gentleman is reverent and does nothing amiss, is respectful towards others and observant of the rites, and all within the Four Seas are his brothers. What need is there for the gentleman to worry about not having any brothers?"

E–5

英语翻译版本 5：许渊冲 (2005: 56–57)

12.1 Yan Yuan asked about benevolence. The Master said, "A benevolent man will control himself in conformity with the rules of propriety. Once every man can control himself in conformity with the rules of propriety, the world will be in good order. Benevolence depends on oneself, not on others." Yan Yuan asked about the details. The Master said, "Do not look at anything nor listen to anything nor speak of anything nor do anything against the rules of propriety." Then Yan Yuan said, "Dull as I am, I would put your instruction into practice."

12.2 Zhong Gong asked about benevolence. The Master said, "Behave out-of-doors as if you were before a very important person. Serve the people as if you were attending a very important sacrificial service. Do not do to others what you would not have others do to you. Do nothing to bring a complaint against you at home or abroad." Zhong Gong said, "Dull as I am, I would put your instruction into practice."

12.3 Sima Niu asked about benevolence. The Master said, "A benevolent man is cautious in speaking." Sima Niu said, "Is it benevolence to be cautious only in speaking?" The Master said, "Could a benevolent man not to be cautious in speaking when he finds it difficult to put what he says into practice?"

12.4 Sima Niu asked about an intelligentleman. The Master said, "An intelligentleman has no worry and no fear." Sima Niu said, "Can he be an intelligentleman, who simply has no worry and no fear?" The Master said, "If a man finds nothing wrong on looking within himself, what is there to worry about and to fear?"

12.5 Sima Niu said worriedly, "Other men have brothers, but I have none." Zi Xia said, "I have heard that life and death are decided by fate, and wealth and honor depend on Heaven. A cultured man will respect others and will not go beyond what is right. If he is respectful and observes the rules of propriety, then all men within the four seas will be fraternal to him. Why need he worry about having no brothers?".

[F]

F-1

Save the Rhino

Just last year poachers killed 1,004 rhinos to fuel the illegal trade of rhino horn in China and Vietnam. To fight such crime, U.K.-based Save the Rhino International funds rhino conservation projects in Asia and Africa. Stick Communications, a South African agency, designed this series of ads as a reminder of the rhinos' dwindling population. (Photo: Stick/Facebook)

F-2

Every Dugong Left in African Waters

Based in Johannesburg, the Endangered Wildlife Trust focuses on conservation of the region's threatened species and ecosystems. This ad spotlights the plight of the dugong, a threatened ocean species also known as the sea cow. Cousin to the manatee, dugongs graze on sea grasses in the shallow parts of the Indian and western Pacific oceans. Hunters target them for meat, oil, skin, bones, and teeth, rapidly destroying their population. (Photo: Endangered Wildlife Trust)

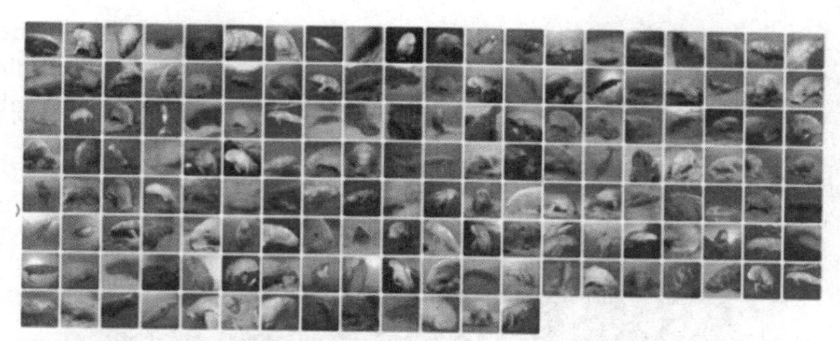

F-3

Without Animals, the Circus Is More Human

"The only circus that we want to support is one in which men are to be admired for their artistic performance," says the manifesto of Lega Antivivisezione. The nonprofit has been pushing for animal rights legislation in Italy since 1977. LAV designed this campaign to influence public perception and inspire regulations monitoring circuses and zoos that treat animals unfairly. (Photo: Lega Antivivisezione/Facebook)

F-4

Stop Wildlife Crime

The World Wildlife Fund's Stop Wildlife Crime campaign targets the biggest threat to elephants, rhinos, and tigers. The poaching of these beloved animals not only endangers their population but also funds criminal activities. According to WWF, wildlife crime is the fifth-most-profitable illegal trade in the world and is estimated to take in nearly $10 billion in profit every year. (Photo: WWF)

F-5

Animals Are Not Clowns（lpda）

"A big round of applause for the flaming hoops, the injuries, and the electric shocks," reads this satirical circus poster from Acção Animal and the Portuguese League for Animal Rights. It's a jarring reminder of the sad reality behind the animal entertainment industry. (Photo: @lifelonghealth/Twitter)

F-6

A World Without Bees

What would a world without bees be like? Pretty tasteless, actually. Bees pollinate a third of the world's crops and play a key role in three-quarters of the foods that provide us with not just nutrition but the simple joys of life. The massive die-off of honeybees in recent years due to pesticide exposure, disease, parasites, and poor nutrition—yes, bees face their own food crisis—threatens the viability of some of our favorite chow as well as a crop we depend on for clothing. Here's what you might miss if we don't take action to save the bees. (Source: University of Kentucky College of Agriculture, Food and Environment)

[G]

We Are Leading the Blue Revolution

"At Mowi, we have embraced sustainability as an opportunity and are very proud of producing food that is healthy for people and good for local communities and the planet. Leading a Blue Revolution is not easy but we believe Mowi's unique strengths of a global presence, being fully integrated and a front runner on environmental stewardship and innovation will make a positive impact in the world."

Ivan Vindheim, CEO.

Working in Harmony with the Sea

Our corporate ethos rests ultimately on the belief that by farming the ocean we can sustainably produce healthy, nutritious and affordable food for society at large. Our stewardship of the environment is essential to reach our long-term goals and to safeguard the interests of future generations.

We pursue an integrated sustainability strategy aligned with the United Nation's Sustainable Development Goals (SDGs). In this strategy, long-term targets have been established for all of our guiding principles.

Leading the Blue Revolution Plan

Mowi, the world's leading aquaculture company, has released its Sustainability Strategy called "The Blue Revolution Plan".

With our oceans covering 70 percent of our planet's surface yet only 2% of our calorie intake is seafood, there is great potential for the ocean to produce more sustainable food.

"This plan will allow us to achieve our goal of producing more food from the ocean thus meeting the demands of a growing population while respecting the planet and helping local communities to flourish," said Catarina Martins, chief sustainability officer at Mowi. "In committing to leading the Blue Revolution, we have set the bar high and while our sustainability targets will not be achieved overnight, they will be achieved through key innovations, partnerships and a shared vision."

The Blue Revolution Plan is built around a tasty and nutritious product; financial responsibility and transparency; and taking care of our planet and its people.

"As we enter 2020, the world is facing global challenges such as climate change and plastic pollution," Martins adds. "The Blue Revolution Plan will help us to focus on being part of the solution to those challenges where we operate an eco-efficient value chain and raise our salmon in harmony with nature."

[H]

Sustainable Production

The ocean is one of the main systems of our planetary biosphere. It accounts for almost half of the planet's biological production, but a much smaller proportion of human food—about 2% of overall calorie intake and 15% of protein intake. This includes both farm-raised and wild-caught fish. We know that global consumption of farm-raised seafood will increase in the future, both in terms of overall volumes and as a percentage of the global food supply, for the following reasons:

• The global population is growing at an unprecedented rate.

• The middle class is growing in large emerging markets.

• The health benefits of seafood are increasingly being promoted by global health authorities.

• Aquaculture is more carbon-efficient than land-based livestock production.

• The supply of wild fish has limited growth potential.

• Soil erosion necessitates new ways of thinking about how to feed the world.

These global trends offer the seafood industry a unique opportunity to deliver food that is both healthy and sustainable. Salmon farming companies are increasingly developing their sustainability strategies. Mowi's sustainability strategy is called Leading the Blue Revolution Plan.

[I]

Fox Hunting

Home

[1] **Celebrate the Tradition**

[2] Established in 1894 and [3] recognized in 1905, [4] the Loudoun Hunt continues to hunt a pack of American and Crossbred foxhounds in a live-hunt in Loudoun County, Virginia. [5] Our kennels are located just outside of Leesburg. [6] We hunt Wednesdays, Saturdays, holidays, and occasional bye-days. [7] We pride ourselves on [8] being one of the friendliest and most inclusive hunts in the area, [9] just come out with us [10] and we'll show you! [11] We hunt fox in the traditional format, with our hounds, with [12] the mounted field and spectators following by horse, on foot, or by car. [13] Our Capping Fees are among the most reasonable [14] you will find with any hunt in the area.

About Us

Whether you have ridden to hounds for a lifetime, or are just learning about fox hunting, we at Loudoun Hunt want you to come and enjoy the many aspects of our sport with us! So what will you find while hunting with the Loudoun Hunt?

• A good time! Making foxhunting fun is our primary objective.

• Lots of hound work. You will not be at the back of an eighty person field where cannot see or hear the hounds work. Our small fields are ideal for those just learning how to hunt, making young horses for hunting, or those who simply want to watch hounds work... this is the reason we are out here, after all!

• Fences of reasonable height

• Jumping and Non-Jumping fields. Everyone has a place in our Field.

• Tailgates after meets. Members bring food and drink to share with the Field and guests to relax after a day in the saddle.

• Our Hunt Staff and Officers are always willing to answer questions to make your day out with us even more enjoyable. You will find yourself in the company of some of the most personable and knowledgeable foxhunters in Virginia. Many of our members have been hunting with the Loudoun Hunt for decades and keep coming back year after year to enjoy our superior sport and a good time.

• Invites to other Hunt related events, including our Summer Trail Rides, Hunt Breakfasts, Benefit Horse Show, and more!

Check out our Fox Hunting & Events page above for current News, Events, Meet Times and Locations, and General Updates... we hope to see you out hunting with all those at the Loudoun Hunt!

Not interested in riding? No Problem! All are welcome to attend our social events, and we often have individuals who follow hounds and hunting on foot.

[J]

生态文明建设到底有多重要?

3月5日下午，在参加十三届全国人大二次会议内蒙古代表团审议时，习近平总书记强调要保持加强生态文明建设的战略定力。为什么要保持这一战略定力，生态文明建设到底有多重要?

从可持续发展看，生态文明建设关系中华民族永续发展。生态环境没有替代品，用之不觉，失之难存。当今世界，国家发展模式林林总总，但唯有经济与环境并重、遵循自然发展规律的发展，才是最有价值、最可持续、最具实践意义的发展。我们在有着近14亿人口的国家建设现代化，绝不能重复“先污染后治理”“边污染边治理”的老路，绝不容许“吃祖宗饭、断子孙路”，必须高度重视生态文明建设，走一条绿色、低碳、可持续发展之路。在这个问题上，我们没有别的选择。

从人民美好生活需要看，生态文明建设关系党的使命宗旨。新时代，广大人民群众热切期盼加快提高生态环境质量，只有大力推进生态文明建设，提供更多优质生态产品，才能不断满足人民日益增长的优美生态环境需要。我国经济在快速发展的同时积累下诸多环境问题，我们在生态环境方面欠账太多，如果不从现在起就把这项工作紧紧抓起来，将来会付出更大的代价！生态环境里面有很大的政治，既要算经济账，更要算政治账，算大账、算长远账，绝不能急功近利、因小失大。

从经济发展方式看，生态文明建设关系我国经济高质量发展和现代化建设。环境保护与经济发展同行，将产生变革性力量。我国经济已由高速增长阶段转向高质量发展阶段。高质量发展是体现新发展理念的发展，是绿色发展成为普遍形态的发展。加强生态文明建设，就要坚持绿色发展，改变传统的“大量生产、大量消耗、大量排放”的生产模式和消费模式，使资源、生产、消费等要素相匹配相适应，是构建高质量现代化经济体系的必然要求，是实现经济社会发展和生态环境保护协调统一、人与自然和谐共生的根本之策。

从全球环境问题看，生态文明建设关系中国的大国生态责任担当。中国是大国，生态环境搞好了，既是自身受益，更是对世界生态环境保护做出的重大贡献。中国虽然正处于全面建成小康社会的关键时期，工业化、城镇化加快发展的重要阶段，发展经济、改善民生任务十分繁重，但仍然以最大决心和最积极态度参与全球应对气候变化，真心实意、真抓实干为全球环境治理、生态安全作奉献，树立起全球生态文明建设重要参与者、贡献者、引领者的良好形象，大大提升了在全球环境治理体系中的话语权和影响力。

[K]

Providing Efficient, Cost-Conscious, and Time-Sensitive Solutions to Environmental Challenges Since 1989

EnviroScience, Inc. is a team of over 100 expert biologists, commercial divers, environmental scientists, and environmental engineers headquartered in Ohio, with additional offices in Nashville, Tennessee, Richmond, Virginia and Akron, Ohio. Since 1989, EnviroScience has provided expert technical services to help our clients meet their environmental design and regulatory requirements. Our clients include federal, state, and municipal governments, ODOT and other DOTs, the railroad industry, utilities, mining, and manufacturing, engineering firms, and private individuals. EnviroScience is often considered a "niche" environmental consultant due to our ecological consulting focus and nationally-recognized ecological services and environmental compliance for freshwater mussels, bats, fisheries, aquatic surveys, and stream and wetland management. For example, EnviroScience has completed nationwide surveys of streams, rivers, coastal areas, and other aquatic resources under the five-year National Aquatic Resource Surveys (NARS) contract with USEPA.

Few firms in the country retain as many biologists, licensed engineers, divers, and scientists under one roof and the majority of our staff have over 10 years of experience in their fields. Because of our team's diverse professional background, we are able to provide comprehensive in-house services and an integrated approach to solving environmental challenges, saving clients time, reducing costs, and ensuring high-quality work products. We always put our clients' needs first, by only using resources that are absolutely necessary and completing projects on time and within or below budget. Because of this business model, we hold Master Service Agreements with a number of national transportation and utility companies.

Our Services:
Aquatic Survey
Commercial Diving
Ecological Restoration
Ecological Services

Emergency Response
Endangered Mussel Surveys
Laboratory & Analysis
Stormwater Management
Environmental Compliance Services
Threatened & Endangered Species
Wetlands & Streams

Our experts take all key aspects of freshwater aquatic environments into consideration. From meeting the challenges of environmental disasters, to measuring water toxicity with bioassay, to restoring streams to a functional and natural state, the team at EnviroScience are leaders in environmental services.

Consult with EnviroScience, Inc. environmental expert or find out more about our services.